経営の才覚

THE KNACK

創業期に必ず直面する試練と解決

ノーム・ブロドスキー
ボー・バーリンガム
上原裕美子 訳

あわせて八十年間近い、喜びと信頼に満ちた結婚生活を支えてくれている
エレーン・ジェローム・ブロドスキーと
リサ・マイゼル・バーリンガムに。

THE KNACK
HOW STREET-SMART ENTREPRENEURS LEARN TO HANDLE WHATEVER COMES UP
by Norm Brodsky and Bo Burlingham

This edition published by arrangement with Portfolio, a member of Penguin Group (USA) Inc.
Through Tuttle-Mori Agency, Inc., Tokyo

目次

序章 「才覚」を身につける方法

ビジネスをする上では、誰もが必ず師《メンター》と呼べる存在から影響を受けている。だが、そのメンターの果たす役割に気づいているとは限らない。私にとっての最初にして最高のメンターは、ニューヨークに住む一人のビジネスマンだった。個人経営の個人営業で訪問販売を行なっていた人物だ。顧客の自宅を訪ね、衣服、家電など、まるで移動デパートのようにあらゆるものを販売する。仕入れから経理、債務の管理、売掛金の回収に至るまで、業務の全範囲を一人で扱う。私も何度か訪問ルートに同行したことがあった。私が数多くの質問を投げかけ、彼が仕事のロジックを説明する。そうやって私は、現在でも活用している最も重要なビジネス上のコンセプトを学んでいった。

だが、当時は受けている授業の価値をわかっていなかった。何しろたった八歳だったのだから。その訪問販売員というのは、父のことなのだ。

今思えば皮肉な話かもしれないが、成長期の私は、ビジネスに対する関心はまったく持っていなかった。父のあとを継ぎたいという気持ちもなく、大学を出て、ロースクールに通い、法曹界で身を立てようと思っていた。だが人生とはおかしなもので、最終的にはビジネスの世界に足を踏み入れることになる。そうなって初めて、父が教えてくれたものの大きさを実感するようになった。

たとえば、売上総利益（粗利益）の重要性を最初に説明してくれたのも父だった。「でかい儲け」

という言い方をしていたが、考え方は同じだ。「つねに儲けのでかい、いい取引をすること」と、父は言っていた。それから「代金を回収できる相手だけを顧客にすること」、「他人につけこまないこと」、「公正であること」。父から学んだこれらの大切なルールは、今の私の意識にしっかり埋め込まれている。

表現も独特だった。私が将来のこと、たとえば期末試験のような先の予定を不安がると、父は「心配は二度するものじゃない」と言った。そして「宿題はやったのか？　試験勉強はしているか？」と尋ねる。やっていると答えると、「だったら、心配は一回で充分だ」。言い換えれば、取り越し苦労で時間と労力をムダにするな、ということだ。

何を人生の目的にすればいいかわからない、と不満を漏らしたときには、こう言われた。「足元には何百万ドルだって埋まっている。ただ、お前がそれを見つけなければならないだけだ」。この言葉の意味も、自分が企業家になって初めて理解したように思う。

またあるときは、欲しいものについて口に出したところ、「頼まなければ手に入らないぞ」と言われたので、即座に小遣いの値上げを要求してみた。すると父は笑って「なかなかやるな。だが、頼んだからといって得られるとは限らない」と返した。これが売り込み方を教える最初のレッスンだったと理解したのは、ずいぶんあとになってからだ。

こうしたレッスンは、知らず知らずのうちに私の中に根づいていった。思考に習慣として染み込んだおかげで、いくつかは自覚もせずに反射的に行なえるようになった。たとえば、問題や課題を基本的な構成要素に噛み砕いて把握する癖も、父のやり方から学びとった最高の習慣の一つだ。父はビジネス、そして人生における大半の問題は基本的にシンプルである、と信じていた。たとえ最初は複雑に見えるとしても、だ。そうした問題に対処するためには、根本的な要素を検討し、本当は何が起こっているのか見極めなければいけない。表面に見えていることが本当の問題だと決めつけてはならない。これらの教えは、年月が経った今でも、私にとって何より重要なビジネスツールの一部だ。

実際のところ、優れた企業家を生み出すのは、そうした「思考の習慣」ではないだろうか。私自身も三十年にわたって企業家としての人生を送り、八社以上の立ち上げに携わった。その中には、ビジネス雑誌『インク』が選出する「インク５００」で「急成長している株式非公開企業」に三年連続で選ばれたメッセンジャービジネスもある。また、レバレッジド・バイアウト（ＬＢＯ）によって一億一〇〇〇万ドルで売却した文書保管ビジネスもある。その過程で、男性・女性を問わず多くの優れた企業家たちと出会う機会に恵まれ、彼らがほぼ共通してこの「思考の習慣」を備えていることに気づいた。つまりはそれこそが、私たち企業家の成功の秘密なのだ（いや、「成功の秘密の一つ」と言い直したほうがいいだろう。人生を共にするパートナーの存在も、成功を後押しする大切な要素だ。私には三十九年連れ添っている妻のエレーンがいるが、彼女がいなければ、これまでに享受してきた成功には決して手が届かなかっただろうと思う）。

誰もがこうした話を聞きたがるわけではないとわかっている。ビジネスを始めようとする人の多くは、段階ごとの手順や、目標達成に利用できる具体的な法則などを求める。だが残念ながら、そうした手順や法則は存在しない。身につけることができるのは、さまざまな状況に対処し、さまざまな機会を活用していくことのできる「考え方」だ。それを習得したからといってすべての行動で成功するという保証はないが、チャンスを大きく膨らませることは間違いない。失うよりも得るほうが多いだろうし、試合に参加しつづけていれば、トップに立てる機会も増えてくる。

どんな人生を望むにしても、そこに到達するための手段として、今ここで述べている思考の習慣はほとんど誰でも獲得し活用できるはずだと思う。もちろん、誰もが同じレベルで、あるいは同じ方法で成功するわけではない。何の世界でも同じだが、ビジネスの世界にも、他人より上手にゲームをプレーしていく能力に恵まれた人々がいる。私たち全員がタイガー・ウッズになれるわけではないし、ピカソやシェイクスピアになれるわけでもない。だが、ゴルフを学んだり、絵の描き方を学んだり、戯曲の執筆を学んだりすることなら誰にでもできる。そして、経済的に自足する方法を学ぶことも、誰でも可能なのだ。

付け加えておきたいのだが、私は過去十七年間をかけて吟味を重ね、こうした見解を培ってきた。第一章で紹介するボビー・ストーンとヘレン・ストーンを指導する立場になって以来、繰り返し検証を行なってきたのだ。そして、この二人との仕事がきっかけになり、『インク』誌のボー・バーリンガムによって記事で取り上げられた。のちに私は、彼と共著で「ストリート・スマート」というコラムを執筆することになる。一九九五年十二月に連載がスタートしてから、記事を通じて、起業を目指す人々や起業の過程にある人々、またはすでに事業を経営しさまざまな問題と格闘している人々など、文字どおり何千人と知り合った。アメリカ国内各地、カナダやメキシコ、あるいは韓国やリトアニア、ブラジル、シンガポール、南アフリカといった遠方の人もいた。ソフトウェア開発業者、保険仲介業者、ヘッドハンター、芸術家、スイミングプールの建設業者、コンクリート道路の舗装工、家具大工、ウェブ・デザイナー、機械工具のセールスマン、それから精肉店の店主にパン屋、燭台メーカーもいた(いや、精肉店はいなかったかもしれないが、それ以外の業種の人たちと知り合ったのは本当だ)。タイルメーカー、画像診断施設、化粧品会社、ふいご製造工場、就職斡旋サービス、バイオリン販売、投資会社、コンサルティング事業、IT系、映画館チェーン、その他この世界に存在するありとあらゆるタイプのビジネスの人々と接点を持った。

私は受けとったEメールのすべてに目を通し、可能な限り返信した。その中から年に八通から九通のメールを選び、実際にその送り主の事業の顧問指導をしたりもした。本書ではその一部も紹介している。巨大なビジネスをしたい、保育所を立ち上げたい、あるいは単に財政的自立を果たして家族と共に過ごす時間を増やしたいなど、彼らの目標は多岐にわたっていた。つまりは誰もが、それぞれに異なる幸せの定義を持っているのだ。共通しているのは、自分自身のためにもっと幸せで、もっと豊かで、もっと満たされた人生を送りたいという願い。そして子供や孫の世代のために、もっとよい世界を創っていきたいという願いである。それを可能にする思考の習慣を身につけられるように助けていきたいというのが、私の目標だった。彼らの一部が成し遂げた成果から判断する限り、私の努力はまるっきりムダだったわけではないと信じている。もちろん、彼ら自身の力を多少なりとも軽んじるつもりはない。それぞれの事業を構築したのは本人の行動であって、私のやったことではないからだ。

もう一つ指摘しておこう。父の言葉を借りれば「どんなことにも対処できるようになる」ための思考の習慣を習得するにあたって、私のような、あるいは父親のような指導役が必ず必要だというわけではない。私が培ってきた習慣の多くは、昔ながらの方法、つまりは失敗して、面目を失って、自分を奮い立たせて、同じ失敗を繰り返さない方法を模索することによって得てきたものだ。しかし、「利口な人間は自分の失敗から学ぶ。賢い人間なら他人の失敗から学ぶ」という表現を、あなたも聞いたことがあるだろう。私はそうやって利口になろうとしてきたのではないかと思うし、本書を通して、読者が賢くなるための手助けができれば、と願っている。

第一章　ビジネスを成功させる方法

私がビジネス・メンターとして、そして起業の講師としてのキャリアをスタートしたのは、一九九二年の一月、寒々しい夕べのことだった。妻のエレーンと共にレストランで、共通の友人であるボビーとヘレンのストーン夫妻と会っていた。夫妻から前もって、普段より安い店で食事をしようと提案されていたのだが、店に着いてからその理由がわかった。ボビーが仕事をクビになったと打ち明けたのだ。十四年間も続けてきたコンピュータ機材販売の職を失ったという。彼は非常に動揺しており、また怒りをつのらせてもいた。そしてもう二度と人の下では働かない、と誓っていた。これからは妻のヘレンがやっている在宅ビジネスを手伝うつもりだという。ニューヨークのノースベルモアにある自宅地下室を拠点にした、コンピュータサプライ用品を販売するビジネスだ。

「それはいいね」と私は言った。「事業計画書はあるのか?」

「事業計画書って?」ボビーが問い返す。

「今後の予想される展開を整理した、仕事のプランのことだ。必要だよ。それがあれば存続性のある事業かどうか判断できる」

私が説明すると、ボビーは「間違いなく存続性のあるビジネスなんだ」と言った。

「ヘレンと、アシスタントでパートタイムのポーラだけで、営業担当者も雇わずに七年も続いてきたんだから。その点、僕はそれなりに経験あるセールスマンなんだから、存続しないわけがないだろう？」

しかしヘレンは、これ以上ないというほど強く反対していた。

「この人、何もわかってないの。お金は全然ないのよ。勘定だって払えない。メインに使っている納入業者に支払いをするのに、住宅担保ローンを検討しているくらいだっていうのに」

ボビーに言わせれば、ヘレンは悲観的すぎる。ヘレンに言わせれば、ボビーは自分の言っていることがまるでわかっていない。そこで私は言った。

「私の提案を聞いてくれないか。拙速はいけない。資料を全部持ってうちに来てくれ。腰を落ち着けて、存続性のあるビジネスかどうか確認しようじゃないか」

そうすれば私からちょっとしたアドバイスもできるだろうし、あとは二人で何とかできるだろう――そんなふうに考えていたのだが、結果的には必要なのは「ちょっとしたアドバイス」どころではなかった。一から教える必要があったのだ。

あとから考えてみれば、この展開自体が、非常に大きな意味を持っていた。レストランで話した時点では、ビジネスについてどれだけ教えられるものなのか、私にもよくわかっていなかったのだ。事業家ではない中年の男女、しかも、成功する事業構築について文字どおり何の知識もない相手を前にして、その方法を教えることなどそもそも可能なのか。それとも体験から学んでもらうしかないのか。私には判断がつかなかった。私自身は生涯をかけてビジネスに関する知識を学んできた。多くの教訓はぼろぼろに打ちのめされて身についたものだ。取った学位は法律と会計。教室ではビジネスについて何も学ばなかったことは間違いない。実践では、学校で教えられた知識の多くを捨てる必要があった。そうは言っても、ビジネス上の才覚のうち、どの程度が先天的なもので、どの程度が過去の教えによるものなのか。ビジネスとの関連を意識していなかった子供時代に、どれだけ学んでいるものなのか。わからない。だが、私はそれを解明したいと思った。

大切なことを第一に

数日後、ボビーとヘレンは、私が頼んでおいた資料をすべて携えて我が家を訪れた。事業の売上、支出、過去一年間の経費などなど——言い換えれば、ヘレンが得ている収入および売掛金のすべてと、ヘレンが支払っている支出と買掛金のすべてだ。数字の確認は夕食のあとにしよう、と私は言った。だが、先に話し合っておきたかったのは、二人の目標だ。このときに限らず、私はつねに「目標」に関する話題を先頭に持ってきたいと考えている。

最初に理解しておいていただきたいことがある。あらゆるビジネスの第一目標は、事業の存続力の有無を見極められるまで、とにかく生き延び、継続させることだ。どんな事業であろうと、どれほどの資本があろうと関係ない。事業に存続力があるかどうかは、現実世界で転がしてみるまではわからない。だが存続性の確認は別の目標に至るステップの一つに過ぎず、私が本当に知りたいのはその「別の目標」のほうなのだ。その事業を通じて到達したいと思っている本当の夢を、私は聞きたい。それはビジネスによって実現するものではないかもしれない。過程で手に入るものかもしれないし、目指す事業を鑑みればきわめて非現実的な目標かもしれない。とにかく、その人を駆り立てる真の要因である形而上学的な動機を確認しておきたいのだ。

ボビーとヘレンは、事業で生計を立てたい、と言った。充分な動機だ。だが、ボビーの希望はそれだけではなかった。当時の彼の本当の望みは、クビにされた会社への仕返しだった。そう思うのは無理もないが、おそらくは人間関係が壊れるくらいで、何の得にもならない。ボビーとヘレンが掲げる長期的目標は、財政的に自立し、こんな状況に二度と陥らないようにすることだ。仕返しはその目標と何も関係がない。目標をはっきりさせたことで、私たちはそうした感情的しこりの排除に成功した。目標を定め、すぐ事業の存続性の話題に戻る。私はボビーとヘレンに向かって、次のように話した。

「これが現実的なビジネスかどうかわからないし、きみたちが現実的なビジネスとして経営していけるのかどうかもわからない。まずは、試してみる価値があるかどうか見極める必要がある。せめて書類上だけでも、うまく行く可能性があると見える状態でなくてはならないんだ」

ボビーは即座にマーケティングプランと業績予測について語りはじめた。私はそれをさえぎり、ヘレンに向かって、把握している全情報を見せてほしいと頼んだ。ヘレンが資料を広げ説明を始める。「説明しなくていい、読めるから」と私は言って、資料に目を通し手早く計算をする。そして「ヘレン。昨年はきみよりも、アシスタントのポーラのほうが多く稼いでいるね」と指摘し、数字を示してみせた。

「これが、同じ年のきみの売上高だ。そしてこちらが、ポーラの分を除くきみの支出額合計。これをさっきの数字から差し引けば、きみの稼ぎが出る。ボビー、読みあげてくれるかな？」

「一万ドルだ」とボビーが言う。

「そう、一万ドルだ。オーケー、次はここを見てほしい。これは、ヘレンがポーラに支払った額の合計だ。数字はどうなっている？」

「一万五〇〇〇ドル」

「この意味は理解できるか？」

ボビーは「損失が出ているということだと思う」と答えた。

「よろしい」と私は答え、ヘレンに向き直る。「きみは損をしている。そこでいくつか決めなくてはならない点がある。ビジネスは書類の上では存続性がある。だが、間違いなく支出を減らさなくてはならないし、いくらか増資の必要も出てくるだろう。具体的な金額は今はまだわからないが、きみの貯金の少なからぬ割合を占めるはずだ。それを進んで出す気持ちがあるのかな？」

二人が必要とする資本は、ヘレンの貯金口座から出さざるを得ないであろうことを、私は知っていた。ヘレンは、少し考えなくては答えられない、と言った。

翌日、二人はアシスタントのポーラを解雇した。ボビーが事業を手伝うことになったので、両方に給料は払えなくなったから、とポーラには説明した。ヘレンの話によると、これを告げたときのヘレンもボビーも涙を流したという。

「取り乱して泣いてしまったわ。だって夫がされたばかりのことを、今度は私たちが別な人に対してしているんですもの」

だが、事業をうまく行かせたいなら、それは踏まなければならないステップだった。ヘレン自身の表現によれば、この決断によって「現実に真正面から殴りつけられ」たという。あとは自宅の地下室で、夫婦だけの力でやっていかなくてはならない。ポーラを手放したのは、二人が長期にわたってその現実に取り組んでいくということを意味していた。

事業計画書の作成

たいていの人は、初めての起業に対し不安を感じる。だからこそ、事業計画を立てる意味がある。プロセスの神秘性を取り去る役割を果たすからだ。状況から感情的要素を多少なりと排除できる。しかし、まずはキャッシュフローを理解していなければ事業計画書の作成は不可能だし、初めて起業しようとする人はおしなべて理解していないと言ってもいいだろう。売上高や、銀行に預けている金額を、キャッシュフローと混同してしまう。成功するために必要なのは売上をあげることだと信じている。だが本当に必要なのは適切な売上だ。それが不適切なら、倒産へとまっすぐに突き進むハメになりうる。

悲劇を避けるためには、まず資本が有限であることを認識しなくてはならない。全員にあてはまる話だ。無制限の資本でビジネスを始める者など存在しない。言い換えれば、重要なのは第一に事業を立ち上げるだけの資本が確実に手元にあるようにすること、そして第二に、その資本が存続性を見極められるまで事業を維持できる金額であるようにすることである。ここで言うところの存続性とは、事業が必要な支払いにあてられるキャッシュを内部的・自発的に発生させられる時点に達することを意味している。そうなれば、ビジネスは自力で生き延びていく。事業計画書の作成とは、基本的に、その時点に達する方法について最も妥当な見積もりを立てることなのだ。

事業計画と言っても、何も複雑なものを求めているわけではない。必要な修正を入れたごく普通の損益計算書と、キャッシュフロー計算書があればいい。まずは一年間分の合理的な月間売上予測を立てたいだけなのだ。ボビーにもそれを求めたのだが、彼が持ち出してきたのは途方もないシロモノだった。よくあることだが、彼はあまりにも楽観的すぎた。初めて起業する人間は誰でも楽観的だ。それと同時に、死ぬほど怯えている。おかしな話だし、危険なことでもある。みずからの限られた資本の使い方について、悪い判断をしかねないからだ。

ボビーの場合は、一からやり直す必要があった。彼の予測は、「実際に売れるであろう数字」ではなく、「生活していくにあたって、これくらいは必要だと思う数字」に基づいていた。予測の根拠は、昔の職場で一台あたり一万二〇〇〇ドルから二万ドルのコンピュータ掃除用の機材を販売していたときの業績だ。注文一件あたり四〇ドル程度のコンピュータサプライ用品販売では、状況は異なるかもしれない。そんな考えは、ボビーの脳裏に少しも浮かばなかったのだ。そこで私は、できるだけ焦点を絞って考えるよう促した。このときは一九九二年の一月だったので、「七月を例に考えてみよう」と切り出す。「七月にはどれだけ売れるだろう?」

「二万ドルは」と、ボビーが答えた。

「ひと月は二十営業日ある。つまり一日一〇〇〇ドルだ。それは現実的だろうか? 注文が一回あたり平均四〇ドルだから、一日に二五件の注文を受けると話していることになる。一日八時間とすれば、一時間三件の電話注文が来ることになる。つまり二〇分に一件の注文だ。それを一カ月。できるのか?」

重要なのは、ボビーを現実と向きあわせることだった。私が求めていたのは合理的な予測、根拠のある推測だ。ボビーは自分の七月売上予測に現実味がないと理解した。そこで新たな予測を立て直し、私と一緒に試行錯誤して、ひと月ごとに検討を重ね、最終的に年間の売上予測を作成した。

それができれば、次が最も重要不可欠なステップ、粗利益の計算である。合理的な売上予測が出たなら、商品カテゴリごとに内訳を出し、売上原価を計算する。サービス業でも同様だ。その売上原価を売上から引けば、粗利益が出る。売上に対する割合として示せば、それが利益率だ。私の考えでは、いかなる新規事業においても、利益率こそが最重要の指標である。事業に関するその他すべてのこと——必要な資本の額、販売数量、負担できる諸経費、存続性の判断にかかる時間、そして存続性そのもの——を決定するのも、粗利益なのだ。

たとえば、製造または仕入れに九〇セントかかる財を一ドルで売っているとしよう。粗利益は品物一点あたり一〇セント、つまり売上の一〇%だ。諸経費をまかなうのに月五〇〇〇ドルかかると仮定する。その五〇〇〇ドルを確保するには、月間五万ドルの売上を出さなければならない。代金の回収に三カ月かかると考えてみよう。毎月の収支を取るのに必要な五〇〇〇ドルを得るために、一〇万ドル以上は売上をあげなくてはならない。一般的に考えて、これは存続性のあるビジネスではない。

粗利益は判断の基軸ともなる。自分の給料、賃料、電話代、光熱費、コピー代などなど、すべての経費を粗利益から出せなくてはならない。利益率が一〇%なら、収支を合わせるだけでも支出一ドルあたり一〇ドルの売上が必要だ。もし利益率が四〇%なら、支出一ドルあたり必要な売上は二・五ドルでいい。限られた資本でやっているなら、この差が非常に重要だ。利益率が高ければ、費用をカバーするのに必要な売上高も少なくて済むし、資本もそれだけ長続きする。一般的に新興企業の生死を決めるのは資本の持続力だ。

ボビーとヘレンにとって何より重要なレッスンは、粗利益を理解することだった。そこで私は二人に自分で計算をさせた。一つ一つ段階を踏んで説明し、カテゴリごとの売上の内訳の出し方を教え、売上原価と利益率の計算を教えた。次は支出の内訳リストだ。固定経費を計算し、売上、売上原価、諸経費をまとめて月ごとの損益計算書を自力で作成させた。それから月間キャッシュフロー予測の立て方を教え、それをあわせて年間のキャッシュフロー計算書を作れるようにした。二人が確実にコツを飲み込めるまで私が手伝い、残りは自宅でやってもらう。使うのは紙と鉛筆のみ。コンピュータは使ってはいけない。

それもこれも、すべて学びのプロセスだった。自分の手で業績予測を書き、自分で計算し、一年分の数字を出してみれば、二つの成果が出る。一つ目は、ビジネスの感覚をつかみはじめること。そして二つ目は、現実を理解しはじめることだ。売上が必ず利益に結びつくとは限らず、また、売上や利益の計上は必ずしもキャッシュの創出とイコールではないと理解する。その関係性を把握するようになる。

また、事業計画書の作成には、必要な開業資金の額を把握するという目的もある。その数字はキャッシュフロー計算書から見えてくるはずだ。たいていの場合、累積キャッシュフローはひと月ごとに悪化の一途をたどるが、ゆくゆくは底を打って上向きに転じる。そうなれば、書類上で見る限り、そのビジネスには存続性がある。キャッシュフロー改善の見込みが立たないなら存続可能とは言えないので、何か別の仕事を探すべきだろう。事業に存続性があると仮定した場合、必要な立ち上げ資金は、理論的には計算書上で赤字額が最大となるときの金額に等しい。事業にそれだけの額を投じておけば、資金不足に陥る危険性は回避できるはずだ。ただし、これも「理論的には」であるが。実際には、立ち上げに必要な資金は少なくともその一・五倍で考えるようにしている。ボビーとヘレンの場合は、最も業績の厳しい月に約一万五〇〇〇ドルの現金流出が見込まれていた。ゆえに、おそらく二万五〇〇〇ドルの初期投資が必要だと私は言ったのだが、二人が出せるのはわずか一万五〇〇〇ドルだった。

初期投資に余裕を持たせる理由は二つある。第一に、何事も自分が予想した以上にコストがかかり、予想したほど利益は得られない。だから、おそらく実際にはキャッシュフロー計算書の予測数値以上の資本が必要になる。第二に、感情的・心理的要素も無視できない。最初から余裕を持った支出額を想定し徐々に支出していく場合と、「必要な資本はすべて投じきった」と考えていたところへ追加支出を迫られる場合では、心境は大きく異なるはずだ。

事業計画書を作成すれば、ビジネスが生き残るための手順を学ぶことになる。それが次のフェーズだ。ボビーとヘレンに対しては、「生き残る」という概念を彼らの理解できる言葉、チェックできる

▶ノームに聞け！

親愛なるノーム
私は在宅で設計業を営み、提携する小売店に業務用什器や関連設備を販売しています。25%から30%の利益率で経営していこうとしているのですが、それでいいのかどうかわかりません。値段を下げたらどれくらい売上が増えるだろうか、とどうしても考えてしまいます。
ノーバート

ノーバートへ
心配する内容が間違っていますよ。値段を上げたら売上はどれくらい減るだろうか、と考えるべきです。粗利益や純利益は、売上高よりもはるかに重要なのです。私なら、売上高10万ドルで２万ドルの粗利を得るよりも、売上高５万ドルで２万ドルの粗利を得るほうがずっといいと考えます。なぜでしょうか？　そのほうが心配事も少ないし、出荷数も少ないし、必要な人材も何もかも少なくて済むからです。私があなたの立場ならば、利益率を下げる方法ではなく、上げる方法を探します。仕入れに関して、もっといい取引ができるかもしれません。運送費を削減できるかもしれません。確かに値段を下げたほうが合理的な場合もありますが、それで売上が増えると確信できない限り――もっと言えば、値下げに見合うだけの売上増が見込めると確信できない限り、値下げに踏み切ってはいけません。
ノーム

数字へと噛み砕いて説明した。たとえば五〇％の利幅で掃除用品を売るのと、一〇％の利幅で磁気媒体を売るのでは、何が違うか。二人はその差を確認し、粗利益や信用貸し、売掛金回収といった要素がキャッシュフローに与える影響を理解しはじめた。また、書類上だけではなく現実でも事業が存続可能であるか見極めるにあたり、見極めにかけられる時間を決めるのがキャッシュフローであると納得し、そのプロセスを理解して、事業継続のために焦点を絞らなければならない領域を把握した。

いや、正しくはヘレンが把握したと言うべきだろう。彼女は非常に呑み込みが早かった。ボビーのほうは少し時間がかかったが、彼の場合はその後も、特に売上至上主義（セールス・メンタリティ）の面で多くの課題にぶつかった。

売上至上主義の克服

初めて事業に着手する企業家のほとんど全員が、「売上至上主義」とでも呼ぶべきメンタリティを抱えている。毎月、毎日、毎時間単位で売上が伸びる様子を見たくてたまらないのだ。私の場合は週単位の売上数字だった。かかわってきた投資家の多くが会計士だったが、彼らも利益については何も聞いてこなかった。知りたがったのは売上数字だけ。それこそが売上至上主義である。売上を出すことだけに意識が集中してしまう。少ない資本で在宅ビジネスを行なっている場合は、特に危険な状態だ。

なぜだろうか。理由は、事業存続に必要なのはキャッシュであって、売上はキャッシュとイコールではないからだ。現金がなくなればビジネスは続かない。一巻の終わりだ。それもこれも、基本に戻れば、資本は限られているという事実にぶちあたる。支出をカバーするだけの粗利益が得られていないなら、資本金を切り崩してその差を埋めなければならない。切り崩しすぎれば、あっという間に底を突く。そうした現実から、あらゆる新規事業にとって最も重要な二つの原則が導き出される。

第一に、資本を守ること。短期間でプラスのキャッシュフローがあがると確信できる対象にのみ、支出をするべきだ。そして第二に、できるだけ最大の月間利益率を維持すること。いかなる状況であっても、利幅の薄い売上を追求してはいけない。

単純すぎるルールだと思われるだろうか。だが、これを守るには自制心が必要だ。たいていは例の売上至上主義が原因となって、ルールを破ってしまう可能性が高い。ボビーもその典型的な例だった。何しろ十四年半も売上だけを考えるよう訓練されてきたのだ。粗利益など、耳にしたこともなかっただろう。彼の仕事は与えられた値段で可能な限り多くの商品を売ることであって、値段がどれだけ高かろうと、生み出す粗利益がどれだけ少なかろうと、関係がなかった。

では、業績の悪い月のボビーはどうしていたのだろうか。仮に、事業計画における月間の売上予測が二万ドルだったとしよう。二万ドル稼げば収支はトントンなのだが、ある月は最終週になっても、売上が一万ドルしか出ていなかった。彼は焦りはじめる。取引先に電話をかけまくり、値下げをすれば一万ドル相当の注文をしてくれるという客を見つける。交渉を経て、客にとってかなりお買い得な値段を提示する。ボビーはハッピーだ。目標額を達成したし、多数の商品をさばいた。そして帰宅してヘレンに言う。「やったぞ。目標額を達成だ」

だが、彼の行為の本当の意味を考えてみたい。第一に、採算はとれなかった。交渉で決まった値段では、売上に対する利益率が一〇％になる。採算をとるには四〇％の利益率で二万ドルの売上、つまり八〇〇〇ドルの粗利益をあげなければならなかった。四〇％の利益率で最初の一万ドルを売り上げ、一〇％の利益率で残りの一万ドルを売り上げたのだから、粗利益はあわせて五〇〇〇ドルだ。利幅は四〇%ではなく、二五%だったことになる。これでは支出をカバーできない。三〇〇〇ドル不足するので、それを資本金から埋め合わせなければならない。こんな状況が五カ月も続けば、ヘレンが投じた一万五〇〇〇ドルの初期投資はそっくりなくなってしまうだろう。

第二に、彼は時間をムダにした。利益率の高い顧客、一般的には購入量の少ない顧客を確保するために時間を使うべきだった。ここでもう一つのルールが確認できる。利益率の高い顧客との関係性発展に時間をかける一方で、利益率の低い顧客には向こうから求められるのを待ち、値段を上げるべきなのだ。先ほどの例でのボビーは、一人の顧客と一万ドルの取引をした。この顧客が支払い不能だったり、時間がかかったり、あるいは何十回も催促の電話をかけてようやく支払いをするような人物だったとしたら、どうなるだろうか。しかも、ボビーとヘレンの懐に入る金額はごくわずかだ。これはリスクにほかならないし、顧客がたった一人しかいなければ、当然リスクは高まる。ボビーは知らず知らずのうちに賭けに出てしまっていたのだ。まぎれもなく売上至上主義の産物である。委託販売員は自分の給料がどこから出るか心配をしなくていいからだ。

誤解しないでいただきたい、売上至上主義は害にしかならないとは思っていない。バランスが取れてさえいれば問題ないのだ。売上至上主義があるからといって、ビジネスにかかわるその他の要素を把握できないとは限らないし、逆に言えば把握できなければ生き残れない。月間業績の低下を回避するためだけに、多くの割高な間違いをしてしまうだろう。だが、たとえ数字の振るわない月が何カ月も続くとしても、利益率を下げるよりはマシなのだ。セールスパーソンにとって――起業家のほとんどはセールスマンタイプだ――これはひどく受け入れがたいことであるのはわかっているが、それでも重要だ。理由は、自分の目標を考えてみるといい。事業計画を立てる前に決めていた究極的な目的は何だったたか。ボビーとヘレンの場合は財政的自立だ。このビジネスでその目標に到達しうるのか、考えなくてはならない。それなのに売上至上主義のせいで、「事業の存続性を見極める」という長期的な目標が、「売上ノルマを達成する」という短期的目標にすりかわってしまう。業績の悪い月が続くなら、そこから何かの見解を引き出せるはずだ。その事業には存続性がないのかもしれないし、あるいは、自分には高い利益率で商品を販売して目標を達成する能力がないのかもしれない。そうだとしたら、検討が必要だ。

こうしたケースでは、販売量が多く利益率が低い月間業績で自分を騙してしまう場合が多い。値段を競合他社よりも下げればいいのだから、簡単な話だ。好きなだけ売上を出せる。自分はちゃんとやっていると思うだろう。売上数字が伸びつづけている限り現金不足にはならないし、支払いの前に代金を回収すればいい。問題は、売上増だけではなく、手に負える以上の買掛金も抱え込んでしまうことだ。すでに破綻は始まっているのに、自分でそれに気づかない。突然に業績の悪い月が何カ月か続けば、手元の現金は消えてなくなり、すべてを失う。そんなことがつねに起こりうるのだ。悲劇を回避するには、先ほど示したルールに従い、数字をしっかりと見守らなければならない。入念に数字を確認していれば、全体の絵が見えてくる。何が起こっているか具体的にわかってくる。感じられる。全体像がクリアになれば、手ごたえも確かなものになり、これでやっていけると実感するようになるだろう。あるいは、あきらめて別なことを試すべきタイミングだと実感するかもしれない。

だが、道を踏み外さずにいるのは簡単な話ではない。ボビーとヘレンも例外ではなかった。一年目の二人はひっきりなしに喧嘩をしていた。ヘレンはボビーに対し、ちゃんとした仕事に就くべきだ、と言いつづけていた。身内も友人も同じことを言った。当時はまだボビーの解雇手当が続いていたし、COBRA（失業後も健康保険を維持できる保険制度）の援助も受けていた。ヘレンは、それらが終わったときにどうなるか考えて不安に駆られていた。

二人に対する私の役割は、ものごとを全体の絵の中で正しく把握できるよう手を貸すことであり、ボビーを利益率の高い売上に集中させておくことだった。二人は平均四〇%の利益率を維持しなくてはならなかったのに、ボビーは利幅九%の売上でもオーケーと考えてしまう。そこで私はヘレンに利益率の管理をさせた。売上の利幅が二〇%を切るようなら、ヘレンにお伺いを立てなければならない。返事はおおむねノーだ。ボビーは苦戦した。あるときは三〇〇〇ドルの注文がとれるチャンスがあったのだが、利益率が一三%で三九〇ドルにしかならないため、ヘレンの許可は下りなかった。「みすみす売上を逃しておいて、どうやって事業を成長させられるんだ?」とボビーはぼやいた。売上がビジネスを危険にさらす仕組みがどうにも理解できなかったのだ。彼が十四年間かけて学んできたこととは、何もかもが正反対だった。

それでも、ボビーは何とかルールを守った。利益率は徐々に改善され、顧客基盤が拡大した。しかし初年度が終わる時点で三人で顔を合わせて確認したところ、ボビーの解雇手当がなければ五〇〇〇ドルの赤字だったことがわかった。補助金のない二年目は一年目よりも厳しくなる。私は最初からそれを警告していたし、実際に二年目に二カ月連続で業績低迷が続いたときには危機的状況に陥った。私が教えた選択肢は二つ。貯金から一万ドルを追加投入するか、あるいは二カ月間は自分たちの給料なしで行くか。ボビーとヘレンは後者を選んだ。

そうした波乱に見舞われたにもかかわらず、二人は確実に要領をつかんでいった。一年半にわたって月間の数字を追いつづけ、商品カテゴリごとに売上と粗利益をチェックし、支出も十種類のカテゴリに分けて確認した。「事業が広がれば、わかりにくい支出も出てくるのが普通だ。とにかく注意すること。気をつけていても、どうしても増えてしまう場合もある」と私は伝えていたが、ボビーは果敢に問題に取り組み、ヘレンも時間が経つにつれて自信を深めていったようだった。

クリティカルマス

ビジネスを進める上で、どんなときにも禁物なのは、安心しきってしまうことだ。危機を脱した、絶対に安全だ、と考えはじめてしまってはいけない。創業時だけではない。どんな規模の企業であっても、事業発展のどの段階であっても、同じことだ。良かれ悪しかれ、ビジネスには根本的な変化が生じる。私はビジネスは生き物だと考える。生き物は変化する。人間も変わる。植物だって変わる。ビジネスも同じだ。理由は顧客ニーズの多様化かもしれないし、顧客のタイプの変化かもしれない。あるいは、新たな競合他社が市場に参入する可能性もある。何十種類もの理由が考えられる。とにかく変化は何かしら起きるものだし、おそらく最初はそれに気づかない。隠れている場合が少なくないからだ。それが悪い変化だったとしたら、迅速に対処しなければ、こちらの身が滅ぼされかねない。

ボビーとヘレンが数字のチェックを始めた時点で、私の頭にはそうした考えがあった。彼らの当座の生き残りだけを考えていたわけではない。ビジネスの変化をゼロから見ていってほしかったのだ。そうすればあとあと必ず生じる変化も認識できる。だが、狙いはそれだけではなかった。どういう展開になるにしても、永遠に創立まもない会社でいられるわけではない。立ち上げフェーズが終わり、私の呼ぶところの「クリティカルマス」に達する時期について考えておきたいと思っていた。

ここでの「クリティカルマス」とは、成功する新興企業が遅かれ早かれ必ず到達する分岐点という意味で使っている。たいていの場合は顧客基盤の規模、活動口座の数など、主な要素が特定のレベルに達する状態のことで、十種類くらいのバリエーションがあるだろう。だが突き詰めればどれも同じ内容を意味している。クリティカルマスを達成するとは、すなわち、みずからの力でキャッシュフローを黒字転換点まで持っていくことだ。単に収支が合うだけの状態ではない。程度の差はあっても、事業を維持できるだけの現金が毎月自動的に増え、外部からの新たな資金投入がなくとも成長していける段階に達した状態を意味している。

これはいかなる新事業にとっても大きなターニングポイントだ。クリティカルマスに達する前のビジネスは、いわば「駆け出し」の状態で、外部資本によって生き延びている。まだヘソの緒がつながっているのだ。クリティカルマスを過ぎると、ビジネスは自立し、自己維持し、自分の力で世界を進んでいく存在となる。それこそが、存続性見極めの次に目指すべき目標だ。そのためには目標のラインがどこにあるか見極めなければならない。

ボビーとヘレンの場合、クリティカルマスの到達を決めるのは顧客基盤だった。とりわけ重要なのは常連客の数だ。実際、しだいに一部の顧客がひいき客となって、ほとんど自動的にコンピュータサプライ用品の注文を繰り返してくれるようになっていた。ファックスや電話で注文を催促しなければならない顧客もいたが、逆に言えばその程度しか手間はかからなかった。顧客基盤が充分に広がりさえすれば、収支が合うだけの売上をあげることができるようになる。だが、具体的にどれだけの規模の顧客基盤が必要なのか。常連客がおおむね一定の間隔で注文を繰り返してくれるなら、その顧客数から販売数量を想定できる。特定の期間、たとえば翌年度中に今の顧客基盤からどれだけの売上があがるか予測できるというわけだ。毎月毎月の額には当然ながらバラツキが出て、業績の良い月が悪い月を相殺する。ボビーたちの場合、利益率、諸経費、不良債権率、売掛金の回収と勘定の支払いにかかる期間もわかっていたから、売上がもたらすキャッシュフローの予測を立てることも可能だ。

キャッシュフロー、売上高、その他の要因の相関関係を具体的にはじき出せたなら、クリティカルマスの判断はきわめて容易である。逆算してみるだけでいい。ボビーとヘレンの場合、事業を自立させるにあたって確保しなければならない月間のキャッシュフローもわかっていたので、その数字から月間売上平均の目標値を出せる。次に、その売上高を出すのに必要な顧客基盤の規模を計算する。それが二人のクリティカルマスだ。クリティカルマスに到達すれば、もうヘレンの貯金を緊急援助として頼らずに済むようになる。事業に何らかの根本的変質が起こらないと仮定すれば、あとは顧客基盤を維持すればいい。

いったんクリティカルマスに到達してしまえば、そこから事業を成長させるかどうかは選択の問題だ。クリティカルマス到達前と比べて、非常に大切な変化である――選択肢が生まれるというのは意外な話ではないし、好ましい変化だが、これが大きな影響をもたらしうる。立ち上げフェーズには思いもよらなかったような可能性の世界が開かれるからだ。外部資本で生き延びているあいだは、立ち上げた事業の確立に全力を注がなければならない。獲得可能な最大規模へと顧客基盤を広げるまでは、新商品やサービスを試すにあたっても慎重に注意を払わなければならない。実験的なことをする金銭的・時間的余裕はないのだ。私が先に挙げた原則を思い出していただきたいのだが、すべては「資本は限られている」という根本的事実に集約される。とにかく資本が尽きる前に、存続性を確保するための手をできるだけ尽くさなければならない。

クリティカルマスに達して、その制約から解放されれば、全体像が変わる。もはや貯金や銀行ローン、あるいは外部の投資家による資本で商売していくわけではない。クリティカルマス到達後は内部的に発生する資金によって営業していくのだ。利益があがれば蓄えになる。一部を事業に再投資したいと思うかもしれないし、そうすべきだと私は思う。確固たる顧客基盤を抱えているなら、なおのこと新しい道の開拓は重要だ。新たな借入をして、利益から返済していくこともできる。もちろん若干はリスキーだが、今なら実験的なことをしてみる贅沢も許される。何しろ、他人のカネではない、自分のカネで回すようになったのだから。賢く投資をすれば、自社と顧客にとって有益なチャンスをつかめるし、事業の強化につながる。事業を危険に晒さずにチャンスに賭けることができる。

だからといって見境のない行動に出てはいけない。残念ながら、クリティカルマスに到達してから無茶を始める企業家は多い。そうした企業家はたいていの場合、幸運と勘の組み合わせか何かでクリティカルマスに到達しただけであって、ビジネスのダイナミクスを理解してもいなければ、売上至上主義の問題と真剣に向き合ってもいないのだ。それなのにたまたま何とかなってしまったせいで、なおさら売上至上主義が助長される。そしてまったく新しい感情が働くようになる。恐怖心は薄れ、興奮と高揚感と、陶酔に近い意気込みを抱きはじめる。警告はあっさりと切り捨ててしまう。新しい機会が生じれば、すかさずそれに飛びつきたがる。事業基盤が強固であれば、それでもしばらくはやっていけるだろう。だが、ルールを守らず数字も把握していなければ、遅かれ早かれトラブルが起きる。感情のバランスをとってくれるのは数字だからだ。数字は、成功による自信過剰を防ぐ。資金が内部的に発生しているとしても、決して無限ではないこと、枯渇する可能性が消えたわけではないことを思い出させる。

要するに、我を忘れてしまわないよう気をつけていなければならないのだ。感情的に決断しない方法を身につけなければならない。時間はかかるが重要なことだ。客観的な視点を維持して、自分の行動とその理由、そして起こりうる結果を可能な限りはっきりと把握していなければならない。何らかの材料が客観性維持に役立つこともあるだろう。最終的に感情に沿った決断を下す場合もあるかもしれないが、それは少なくとも選択の結果であるはずだ。

ボビーとヘレンも、創業から二、三年ほど経って、この状況にたどり着いた。決断すべき選択肢が数多く存在していた。これからどの程度の速度で成長していきたいのか。どの程度の規模に到達したいのか。在宅での業務を続けたいのか、従業員を抱えたいのか。決めるのは彼らだ。二人はその時点で、賢い選択をするために必要な材料を獲得していた。何より重要なのは、すでに、創業時に自分たちで決めた目標を達成していたことだ。初年度の売上高は一六万二三〇〇ドルだったが、三年目には四八万二〇〇〇ドルに届いた。平均利益率は三九％を保っている。資金的な自立は実現していた。

「いろんなことが変わって何だか変な感じだった」とヘレンは振り返って語っている。

「二、三カ月前、ボビーが私に『前の職場から戻って来いって言われたら、どうしようか?』って言ったの。私は『絶対にダメ』って答えた。誰かの下ではもう働きたくない。どうして自分たちの才能を手放す必要があるかしら。自分で自分の面倒を見るくらいの頭はあるし、昔よりも今のほうがずっと安定してると思う」

ボビーも、「誰かのために働いていると、立場はつねに不安定だ」と言った。

「本当にそうなんだ。特に、今のような時代では。知り合いもたくさん職を失った。僕はヘレンに、『僕に関しては、それだけは二度と起こらないね』と言ったよ。とてもいい気持ちだった」

「ボビーがつねづね言っていたことで、あとになって正しかったとわかったことがあるの。保障は仕事が与えるものじゃなくて、自分の中に感じる自信がもたらすものなんだ、ってこと」

そう語る二人に、私は言葉を重ねた。

「そのとおり。もはや雇用の保障など存在しない。自尊心と、生計の立て方に関する知識だけが、身を守るすべとなるのだ」

「ボビーは、人の下で働いていたときでさえ、同じことを言っていたの」とヘレン。「ただの楽観的な口癖にすぎないと思ってた。でも、結果的には言葉どおりとなったというわけね」

▶ノームに聞け！

親愛なるノーム

34歳の者ですが、事業の立ち上げと経営に苦戦しています。仕事をするのと事業を構築するのをいっぺんにやろうとしていて、崖っぷちぎりぎりを走っているような気がしています。広告、資金繰り、その他すべてのことで失敗しています。とにかく何もかも失態ばかりです。現時点での自分の強みは、痛みに耐える意志だけだという気がします。愚かな私のせいで手遅れになる前に、キャッシュフローがついてきてくれることを祈るばかりです。

スコット

スコットへ

あなたのメールを読んで、自分が33歳で初めて本物の事業を立ち上げたときのことを思い出しました。お気持ちはよくわかります。信じられないかもしれませんが、今の経験は、いつの日か懐かしく振り返るものとなります。この経験こそが、あなたの持つ資質を教えてくれるのです。事業が失敗しないことを願いますが、仮に失敗したとしても、あなたはそこから重要な教訓を学ぶでしょうし、必ずや次のビジネスは成功するでしょう。だから踏ん張ってください。

ノーム

まとめ――真の「損益」を決めるポイント

❶ 感情に引きずられて、真の目標の達成を困難にするような軽率な判断を下してはいけない。

❷ キャッシュフローを理解し、そこから起こりうる展開を事前に把握すること。

❸ 「売上至上主義」の克服、手遅れになる前に、ビジネスにふさわしい考え方でバランスをとること。

❹ 数字を正しく把握するコツを身につけ、事業の変化を予測・認識できるようになること。

第二章　正しい行動

ボビーとヘレンのために初めてビジネスメンター役を買って出て以来、私は事業を立ち上げようとする人々や、すでに事業を立ち上げた人々、何十人もとかかわってきた。彼らから何度となく、「成功する企業家になるには何が必要か」という問いを受けているが、私は「最も重要な資質は回復力だ」と答えるようにしている。ここで言う回復力とは、失敗から立ち直り、不利な状況をひっくり返し、間違いから何かを勝ち取る力のことだ。

理由は簡単。誰でも必ず失敗をするからだ。誰しも、事業を続ける限りは失敗も重ねつづける。やがて利口になって間違いをしなくなるものだ、と私たちは思いたがるが、そんな考えは捨てることだ。失敗はなくせない。新しい失敗が前の失敗とは別のものになることは期待できるかもしれないが、受ける痛みは変わらないだろう。毎回同じように悩まされ、同じように苛立たしい気持ちにさせられる。だが、どんなに動揺し心が乱れても、重要なのはその失敗が最高の教師であると忘れないでいることだ。失敗が与える教訓に心を開いてさえいれば、それは決してムダにはならない。

私が経営する文書保管サービス会社シティストレージで起きた、典型的なエピソードを披露しよう。以前、大口顧客の一社を失ってしまったことがあった。今でもよく覚えているが、あれは金曜の午後五時――こうした事態はいつも金曜の午後五時に起きるような気がする――車に乗っていた私のもとへ、一人の営業担当者から電話がかかってきた。たった今、顧客からファックスが届いたという。送り主は大手法律事務所。三カ月後の契約満了時で預けている文書の箱をすべて引き上げるという通告だった。

文書保管ビジネスにおいて荷物を引き上げるというのは一大事だ。顧客自身にとっては面倒であるだけではなく、何種類かの撤去費用がかかる。つまりこれは、顧客からの断固とした絶縁状なのだ。しかも、このときは完全に青天の霹靂だった。私は唖然とし、「何を言ってるんだ?」と問い詰めた。「一体どうしてあの顧客を失うなんてことになる? 何があった?」

営業担当者には答えがわからなかった。そして、顧客から答えを聞かせてもらうこともできなかった。法律事務所の担当者は我々に会うどころか、電話で話そうともしない。我々が急いで送ったメッセージにも、そっけない返信が返ってきただけだった。

「もう最終決定は下されました」

明らかに我々は失態を犯していた。この顧客の契約を成立させた担当者は五年前に退職しており、それ以来、本来あるべき密な関係性を結んでいなかったのだ。ファックスを受けとってから一週間ほどした頃、ようやく、この法律事務所の役員と顔を合わせる機会を作ることができた。改善案を出したがムダだった。状況は取り返しのつかないところへ進んでしまっていたのだ。割安な料金を提示することはできても、長年のあいだに悪化した問題を解決することはできなかった。競合他社が魅力的な条件を提示し、その顧客を獲得していった。

私はマネージャーと営業チームを集め、「我々はここから何を学んだ? 未来に向けて、どのように変わっていかなければいけないのだろうか?」と問いかけた。失敗をしたこと自体が教訓ではないとわかっていたからだ。失敗はする。だが、このときは問題の見極めに時間がかかりすぎたのが敗因だった。我々はそれ以降、契約満了の一年半前に各顧客のもとを訪れ、更新の交渉をしていこうと決めた、相手がためらいを見せるようなら、その時点で即座に何か問題があると気づくことができる。まだ修復する時間があるうちに、だ。

この新方針を実施しはじめてすぐに、非常に重要な発見があった。我々が知らなかっただけで、不満を抱えた顧客はほかにも存在していたのだ。ある顧客はオンラインの情報提供システムは使いにくいと感じていた。そこでシステムを改善した。別の顧客は預ける量が大幅に増えたのだからレートが下がってしかるべきではないかと感じていた。確かにそのとおりだったので、料金を修正した。別の顧客は在庫管理システムの一部の機能に不満を感じていた。その点も変更した。また別の顧客は定期的なレポートが送られてこないことに立腹していた。そこで月間レポートの発行を始めた。

そうして新方針導入から四カ月で、四件の改善を行ない、四社の顧客を満足させ、四件の顧客口座の維持を確かなものにした。これらはすべて一つの失敗から生まれた成果なのだ。長期的に見れば、例の失敗は我が社にとって最善の出来事の一つとなったのである。

『恋はデジャ・ブ』症候群

失敗から学ぶことがなければ、いくら回復力があっても意味がない。当然の話なのだが、私が『恋はデジャ・ブ』症候群と呼ぶ状態に陥っている人々にとって、それがきわめて難しい課題となる。一九九三年の映画『恋はデジャ・ブ』でビル・マーレイが演じた主人公は、ひょんなことから、朝起きるたびに同じ一日を繰り返すようになってしまった。『恋はデジャ・ブ』症候群とは、この主人公と同じように、失敗をして痛手を受けたにもかかわらず何度も似たような行動を繰り返し、自滅的なパターンにはまってしまう傾向のことだ。

たとえば私の知っている一人の男は、衣料品関連の事業を成功させ、その収益の少なからぬ額を投じて自分と妻のために大邸宅を建てた。事業がつまずいたとき、彼にはその苦境に耐えるだけの財力がなかった。最終的には会社も自宅も失ってしまう。その後の彼はどうしたか。再び別の衣料品事業を立ち上げ、軌道に乗せ、利益を引き出して新しい豪邸を建て、事業がつまずき、会社と自宅を失った。二度連続で同じ結果になったのだ。

この例は読者が思うほど珍しい話ではない。繰り返し企業買収を行ない、さらに投資家から莫大な資金を調達し、自分も相当の給料と福利厚生を受けとって、その会社のチャンスをつぶしてしまう男もいる。本人は明らかに、どの事業も大成功すると信じていて、自分は自分の儲けを一銭残らず受け取る権利があると考えている。だが、そのたびごとに振り出し、すなわち破産状態に戻るのだ。この男は、五回もこのパターンを繰り返していた。

もう一つ、私の友人のラルフ（仮名だが）の話を紹介しよう。ラルフの転落は投機によるものだった。彼は事業を立ち上げ、軌道に乗せて運営していく手腕には秀でていたが、そこからさらにビジネスチャンスを追求していこうとして、借入金を使い猛然と投機を始める傾向があった。必要な融資を受けるためなら何でもやった。財務諸表の改竄にまで手をつけたほどだ。詐欺を働こうという意図があったわけではない。ただ事業成長にあまりにも執着しすぎて、事態が悪化する可能性を検討しなかったのだ。当然ながら、何かをやりすぎると必ずほころびが出る。ラルフが山のようなトラブルに囲まれるようになるのは、時間の問題でしかなかった。

これらの例は極端に聞こえるかもしれないが、『恋はデジャ・ブ』症候群は決して稀有な病気ではない。程度の差こそあれ、誰にでも必ず、繰り返しトラブルにつながるような考え方の癖や習慣がある。改めるのは非常に困難だ。そもそも、自分自身が問題の原因になっているとは認めたくないものである。犯人はきっと別にいる。自分の求めたとおりに仕事をしない部下がいたとか、コントロールできない事態が起きたとか。そうやって不幸の原因を他者になすりつけるほうが、自分で責任を取るよりはるかに簡単だ。だから自分を棚に上げてしまう。だが、足を引っ張ってきたのは自分にほかならない。私たちが学びうる最も貴重な教訓は、みずからの弱さに向き合うことで見えてくるはずだ。

これは私の経験から話している。とりわけ、ビジネスにおいて私が犯した最大の失敗――一九八八年にメッセンジャーサービス業を破産させた経験は大きかった。私はパーフェクト・クーリエという名の会社を一から立ち上げ、年商三〇〇〇万ドルにまで育て上げ、インク誌が選出する「急成長している株式非公開企業」500社のランキングに三年連続で選ばれ、それからシティポスタルという株式公開企業を合併し、一九八七年には同じくインク誌の「急成長している株式公開企業」100社のランキングに入った。だが私は満足しなかった。一億ドル規模の会社を創る、という夢を持っていたのだ。そこで手っ取り早い手段に飛びつき、一九八七年にスカイ・クーリエという年商七〇〇〇万ドルの会社を吸収合併した。

だが、スカイ・クーリエは問題を抱えていた。爆弾を抱えていたと言ったほうがいいかもしれない。可及的速やかに五〇〇万ドルの現金を注入する必要があったので、それをパーフェクト・クーリエ事業から捻出した。それ自体は必ずしも間違いだったというわけではない。スカイ部門が失敗し、投資した金が失われたとしても、パーフェクト・クーリエ自体は生き延びて、以前と変わらぬ速度で成長を続けていく可能性はあった。その後、スカイ部門にさらに二〇〇万ドルの資金投入が必要になり、再びパーフェクト・クーリエの財源から用立てた。加えて、スカイ部門を存続させるために、パーフェクト・クーリエの信用を担保に何百万ドルもの借り入れを行なった。

最後の二つの行動が重大な間違いだった。これらのせいで、そもそもの母体であるパーフェクト・クーリエが危機に陥ったのだ。再度資金を調達しなければパーフェクト・クーリエが倒れる、という状況に陥った。それに加えて信用保証上のトラブルまで起こせば、もはや事業を生き延びさせることは不可能になってしまう。

しかし、そうした危険のさなかだったにもかかわらず、私は後戻りしようとは考えなかった。後退せねばならぬとは思わなかった。どんなことが起きようと対処できる自信があった。それ以前にも厳しい状況は経験していたので、自分は決して負けないと思っていた。不測の事態の不可避性を計算に入れていなかったのだ。まず一九八七年十月にニューヨーク株式市場が暴落した。スカイ・クーリエの主たる取引先だったフィナンシャル・プリンター（株式、投資信託など、ディスクロージャー支援を目的に必要な情報整理や冊子の印刷を行なう会社）の数社は、特に大きな打撃を受ける。一夜にしてスカイ部門の売上のうち五〇％が失われた。その一方で、二十年以上前から登場していたはずのファックス機が突如として世間に広く浸透し、メッセンジャービジネスに壊滅的な影響を与えた。書類は配達させるのではなく、ファックスで送るのが一般的になったのだ。数カ月も経たぬうちに、パーフェクト・クーリエの事業は四〇％近くも縮小してしまった。

一つならともかく、複数の要因となると、もはやお手上げだ。一九八八年九月に、私が経営していた全事業で、債権者からの保護を求めて連邦破産法第十一条の適用を申請した。三年経って適用から脱却した際には、三〇〇〇人だった従業員は五十人前後にまで減り、売上高も一億ドルから、わずか二五〇〇万ドルへとしぼんでいた。

正直な話、これは自分のアイデンティティが揺らぐほどのショックだった。頭が充分に冷えて、一体何が起きたのか、どうしてそうなったのか正しく把握できるようになるまで、二、三年がかかってしまった。時間がかかった理由の一つは、都合のいい言い訳がたくさん思い浮かんだせいだった。大体、株式市場が暴落して、それと同時にファックス機がヒットするなんて、誰に予想できるというのだ。だが内心では、状況を非難するのはお門違いだとわかっていた。真に考えるべき問いは別にある。会社はどのようにして、こうした展開に対してこれほど脆弱になってしまったのか？

その問いの答えを把握するのは、私にとってはすさまじく困難なことだった。破産したのは私の性格と、私の判断プロセスに拠るところが大きいと認めなければならなかったからだ。だが、それが真実だと自分でもわかっていたし、最終的には己を奮い立たせて真正面から向き合った。安定し収益性もあった大切なビジネスを、採るべきではないリスクにあえてさらし、私がこの手で破壊した。しかも、そうさせたのは私が生まれつき持っている性質だった。私はリスクを好む。崖っぷちに踏み出して下を眺めるのも好きだ。私の『恋はデジャ・ブ』症候群の陰にはそうした性質があった。このときは状況が背中を押して崖から転落させたのだが、そもそも私がそんなぎりぎりの場所に近づいてはいけなかったのだ。愚かしいリスクに賭け、所有していたものすべてを危険にさらした。結果として、何百人という人々が仕事を失った。私も含めて多くの人が、悪夢を味わわされたのだ。

こうした事実に向き合う作業は結果的に、私のビジネスキャリア全体の中でも最大の飛躍を促す経験となった。自分の性格を変えようと決意したわけではない。そんなことはできないとわかっていたし、そうしたいわけでもなかった。むしろ、二度と『恋はデジャ・ブ』症候群の無限ループに陥らないためにはどうしたらよいか、その方法に意識を集中するようにした。たとえば自分が周囲のアドバイスにほとんど耳を傾けてこなかったこと、その結果として適切な忠告を何度も無視してきたことに気づいた。そこで意識的にもっとしっかり周囲の意見を聴くようにし、受け入れるにせよ受け入れないにせよ、忠告の内容を確実に理解するよう心がけた。また、私と異なる性質を持ち、その判断を私が尊敬している人々に、必ず意見を求めるようにした。さらに、大きな決定を下す前に、それがもたらす結果を検討するステップを欠かさないよう、自分で自分にルールを定めた。

だが一番大きかったのはリスクに対する考えを改めたことだ。勘違いしないでいただきたいのだが、私は今も変わらず、リスクを喜んで担う人間だ。だが最近ではきちんと計算したリスクだけを取ることにしている。特に、自分の決定がほかの人々の雇用を犠牲にしかねない危険性に関しては、慎重に計算を行なう。それこそが間違いなく、破産をめぐる一連の体験から私が学んだ最も重要な教訓だった。従業員を解雇するという辛い痛みを体験し、ＣＥＯたる者が従業員の人生に対して担っている大きな責任について、理解を新たにした。

その理解をもとに、今の私が重要な判断を下す際に必ず用いている基本ルールが生まれた。「つねに元本を守れ」だ。存続性のある事業を現在進行形で運営しているなら、その繁栄を最優先におき、会社を危機にさらすような真似は絶対にしてはいけない。リスキーな賭けに投資するのはかまわない。ただし、投じたカネをすべて失い、予測もしていなかった悲劇が訪れたとしても、基幹事業が安全でいられるなら、という条件つきだ。例の一件以来、私はこのルールをかたくなに守っている。結果として事業はより健全になり、私はより幸せになった。一番よかったのは、目覚めると必ず同じ日付になっていた『恋はデジャ・ブ』の主人公と違って、毎朝きちんと新しい一日を迎えていることかもしれないのだが。

一にフォーカス、二にフォーカス

回復力、そして失敗から学ぶ力のほかに、企業家にとって必要なのは、自制心と焦点（フォーカス）を揺るがさない能力だ。事業構築の経験がない人間にはこれがわからない。成功の秘密は絶好のチャンスを見つけることだと思ってしまう。今でもよく憶えているのだが、あるとき古い友人がうちの会社にふらっと立ち寄ってくれたことがあった。文書保管を専門とする我が社を、その友人が訪れるのは、数年ぶりだった。倉庫に置かれた何千何万という保管箱を見渡して、彼は自分の目が信じられない様子だった。

「素晴らしい。きみは機会を見つけ、たちまちそれを事業として成功させたんだな。本当に驚きだ！」

わかってないな、と私は思った。文書保管ビジネスをその段階まで持ってくるのに、私は十年以上の歳月をかけた。それが真実だ。だが多くの人はそんなことは聞きたがらない。成功する企業家は魔法の杖を持っていると思いたがるのだ。ふさわしい機会さえあれば、あら不思議、ビジネスのできあがり！

これは企業家精神にまつわる最大の神話の一つであり、企業家予備軍の多くが、このせいで厄介な事態に陥る。成功を約束するチャンスを見極められると期待して、さまざまなビジネスチャンスを追いかけ、時間と金をムダにする。だが世界は優れたビジネスチャンスにあふれていると同時に、どれ一つとして成功を約束などしないのだ。好機を見つけるのは比較的易しい。難しく必要不可欠なのは、チャンスが自立し安定した事業へと変わるまで、単一の機会に焦点を絞っていられるだけの自制心とスタミナだ。

起業のプロセスには、フォーカスが決定的な役割を果たす二つのフェーズがある。好機があっても、多くの場合この二段階で焦点が散漫となり、ときにはそれが致命傷になりうる。第一フェーズは、いざ着手せんとした瞬間だ。自分が見出した機会に心を奪われてしまっているので、やろうとしてみて初めて、それができないと気づく例は少なくない。私のところにも頻繁に、一度に十種類ものビジネスアイディアを検討している人から連絡が入る。そうした人々は、どれが一番有望だろうかとアドバイスを求めてくる。私は彼らにこう答える。

「質問が間違っている。『自分はどのビジネスをやりたいのか。どれが一番気に入っているか。自分の人生の目標に一番しっくり来るのはどれか』と問うべきだ」

起業と経営を本気で考えているのなら、可能性の中から一つのチャンスを選ぶことから始めなくてはならない。どんな理由でもいいから、その他の選択肢よりも自分にとって魅力的な道を一つだけ選びとるのだ。次に綿密な調査を行なう。できればその業界で実際に働く期間を作りたい。最低でも、業界の主な既存企業についてあらゆる情報を把握し、現実的なビジネスの動き方を知っておかなければならない。業界団体に関する情報を入手したり、関連ビジネスの人間と会話したり、顧客に取材したりするなど、方法は何でもかまわない。

つねに念頭に置かなければならないのは、長期的に取り組む準備をするという点だ。少なくとも五年はその事業に完全に集中する計画を立てたほうがいい。それ以外の生活のすべてを投げ打てと言っているわけではない。だが、会社の足場がしっかりと固まるまでは選んだ道に専念すべきだし、それには長い長い時間がかかることもあるのだ。

だから、自分がその事業を楽しんでやっていけるかどうかだけではなく、自分に実現力があるかどうか見極めることが重要となってくる。この事業で成功するために必要なリソースとスキルを、自分は持っているのか。このビジネスで目指す場所に到達できると考えるのは筋が通っているのか。単一の機会にしっかりと焦点を置き、ほかの要素を頭から追い出していなければ、こうした質問に答えを出すのはきわめて困難になるだろう。

だが、さらに大きな壁にぶつかるのは次の段階、やろうと決意して取り組みはじめたあとだ。すぐに、これまで想像もしなかったような別の機会が数多く転がっていることに気づく。そちらのほうが非常に魅力的に思えてしまう。注意していなければ主たる目的が失われ、それと同時に成功する可能性も失われるのだ。

いかなる事業であっても、立ち上げ当初に実現性の有無を検討しておくべき点が一つある。事業に存続性を持たせる――すなわち、事業が内部的に発生するキャッシュフローで自己維持できるようにするための顧客基盤確立の機会があるか。どんな種類の顧客がそうした基盤を構成するのか、どうやって彼らを引き込むことができるか、最初に見極めなくてはならない。その上で、その基盤構築に焦点を絞って邁進しなければならないのだ。

簡単なことではない。かなりの自制心が必要だし、そんなものを最初から備えている人間は少ない。第一章で紹介したボビー・ストーンを思い出していただきたい。彼は典型的な例だ。私が知っている「初起業家」は、ほとんどが焦点の維持に苦労していた。時間とお金という二種類のリソースには限りがあること、どちらもムダにできる余裕などないことを忘れてしまう。理解していただきたいのだが、視野を狭くするべきだと言っているわけではないのだ。焦点を定める必要はあれど、かたくなに凝り固まってはいけない。どのみち、自分の採ろうとしているアプローチは成功しないのかもしれないのだ。

私が文書保管サービス業を起こしたときの最初のアプローチはうまく行かなかった。着手した時点では、同業他社に関する情報がたいして得られなかったので、顧客の探し方や料金の相場といった基本的なものごとがわからなかった。配達業をやっていた頃は、競争力のある価格と優れたサービスを提供し、最新のテクノロジーを駆使して効果を出している。それと同じアプローチでやってみようと考えた。

ターゲット顧客は、大手の法律事務所と会計事務所だ。そこで、法律・会計事務所の所長らが参加

▶ノームに聞け！

親愛なるノーム

高校生の頃、私は父と共に家具を造り、それを工芸品フェアで販売していました。事業は簡単に成長しそうでしたが、父は仕事を広げたいとは考えませんでした。現在の私は、義弟と共に、家具製作・販売事業の立ち上げを検討しています。その仕事でしっかりした会社を築いていこうと思います。問題は、自分たちの実際の働きぶりがどうも想像しにくいことなんです。たいした職歴もない２人の男が、これまでの経験とはまったく違う環境でやっていく姿を、どのように具体的に描いていけばよいでしょうか。とても難しいです。　　　　ジェイス

ジェイスへ

お話を読む限りでは、築きたいと思っている会社をすでに描けていると思います。問題はそれとは別に２つあるのではないでしょうか。まず１つは、自分を充分に信頼していないことです。あなたは、あなたが思うよりもビジネスについて知っています。そして２つ目は、先を見すぎているという点です。工場を構えられるようになる以前に、まずは事業を確立しなければなりませんし、ビジネスというのはおしなべて小規模でスタートするものなのです。私のアドバイスとしては、あなたとあなたの義理の弟さんが５年後にどんな立場になっていたいか、というプランをまとめることをお勧めします。その上できちんとした短期的目標を定めるのです。父上の足跡をたどり、家具を工芸品フェアで販売するのがよいでしょう。売りながらつてを作っていくのです。興味を持ち、手を貸そうと考える人がいるかもしれません。それから、起業経験のあるメンターを探しましょう。実績不足であることは、ビジネスの障害とはなりません。　　　ノーム

する見本市にブースを出展し、売り込みをした。思い描いたこともないほど優れたサービスを、競合他社と変わらぬ料金でご提供しますよ、と約束した。実際には、その料金は我が社の希望よりかなり低かったのだが、それなりの利益をあげるには充分な額だ。ところが驚いたことに、誰も食いつかなかったのである。たった一社の顧客すらつかまらなかった。我々は売り込みと価格設定のアプローチ全般を変更しなければならず、そうしてようやく効果的な方法を見つけ出した。

つまり、フォーカス（焦点、集中力）と同時にフレキシビリティ（融通性、柔軟性）が必要なのだ。さまざまな選択肢に気を散らしてしまってはいけないが、視野が狭くなりすぎてトラブルの兆候を無視してしまってもいけない。そして、トラブルの兆候は往々にしてどこかにあるものだ。ビジネスのアイディアが想定どおりに進むことなど、決してないと言ってもいいだろう。具体的な実現方法をしっかり見極めなければならない。観察し、耳を傾け、質問し、実験し、修正し、コンセプトをブラッシュアップし、顧客基盤を着実に拡大していかねばならない。それが事業を構築するということなのだ。途中でフォーカスさえ失われなければ、多くの場合、成功する。そして最終的には大きく報われる。いずれはビジネス自体が勢いに乗り、全面的な支えを必要としなくなるだろう。そうしたら心ゆくまで別のビジネスチャンスを追いかければいい。

周辺的な視点

集中力と柔軟性。そのバランスのうち、柔軟性の部分について、もう少し言葉を重ねたいと思う。私は「周辺的な視点」という表現を使う。わざとものごとの周辺に目を向けることで、他人から見れば解決しようのない問題に解決策を見つける力のことだ。

私が二〇〇〇年に文書保管サービスと並行して始めた機密文書破棄サービスでも、その手の問題にぶつかったことがある。このサービスを立ち上げたタイミングは最適だった。わずか二年ほどで事業は爆発的に成長し、売上高は月間一五〇％というスピードで増えていた。実に胸躍る展開だったのだが、業界のどの企業も直面していた問題が浮き彫りになった。この業界に特化された既製の業務支援ソフトウェアが存在していなかったのだ。作業を追跡し、会計報告を作成し、自動的に請求プロセスを進めるソフトウェアがない。

我々はこうした業務を扱えるソフトウェアを八方手を尽くして探した。何十という同業他社とも相談したが、どこも同じ問題にぶつかっていることを知った。そこで業界の外に目を向け、似たようなソフトウェアのニーズがあると見られるビジネスを確認して回った。ミネラルウォーター流通業者もその一つだったが、類似しているのは見た目だけであって、実際の業務内容は似通っていないと気づかされるばかりだった。文書保管サービスの顧客にソフトウェア開発会社があったので、その顧客にも連絡し、文書破棄業界のためのソフトウェアを開発してほしいと頼んでみた。やってみよう、しかし時間がかかるという返事が返ってきた。文書破棄サービスの市場がまだ充分に大きくなかったので、その商品に大々的な投資をするだけの必然性が認められなかったのだ。「数年は待ってほしい」と顧客は言った。

だが、我々は待てなかった。適切なソフトウェアがなければ、管理と請求をすべて手作業でやらざるを得ない。請求作業だけでも月に三日か四日はかかる。ミスの発生も避けられない。請求書の形式も揃わない。顧客は文句を言う。しかも、売上がきわめて急速に伸びていたので、近い将来に状況がなお悪化することは目に見えていた。

共同経営者のサムは、「何とかしなければ」と言った。

「確かに。だが、何をする?」と私が言う。

「わからない。みんなはどうしようもないというが、何か道はあるはずだ」

おそらくその瞬間に、私は、何が何でも自分でソリューションを見つけようと決意したのだと思う。事態を難しくしていたのは、文書破棄ビジネスが手がけるサービスの多様性だ。たとえば我が社の場合、収益の四〇%は主に「一掃」と呼ばれるイレギュラーな特殊作業から生じていた。慎重な扱いを要する文書が長期にわたり大量に蓄積してしまったので、それを一括で破棄したいと考えている顧客のためのサービスだ。出向いて書類を引き取り、シュレッダーにかけ、書類が確実な方法で破棄されたことを保証する証明書を顧客に提出する。

その他の六〇%の業務は定期的なサービスである。顧客の敷地内に、投入口のついた回収箱を置く。慎重に破棄すべき書類を、顧客の従業員がそこに入れる。ただし回収箱は二種類あって、扱いが異なる。まず、我々がキャビネットと呼ぶ家具のような回収箱の場合、我が社のスタッフが出向いて中身をすべて取り出し、容器は元の場所に設置しておく。そしてもう一つ、コンテナと呼ぶ家庭用ゴミ収集箱に似た車輪つきの容器の場合、スタッフが容器ごと運び出し、かわりに空の回収箱と交換することになっている。

つまり、設置場所で箱の中身だけを引き取る業務と、箱ごと交換する業務があり、それに加えて特殊業務が行なわれていて、それぞれまったく違う作業内容だったのだ。容器のサイズもさまざまだし、料金や支払い条件も、容器のサイズ、サービスのタイプ、回収の頻度といった数々の要件に応じて顧客ごとに異なっている。そうしたバラツキのすべてを管理する追跡・請求システムが必要だったのだが、それは簡単に見つかるものではなかった。箱を動かさないサービスにはちょうどいいシステムを見つけても、箱を交換するサービスの管理には適さない。逆も同様だ。しかも、定期回収業務と特殊業務とが完全に分離していたため、誰もが非常に困惑していた。

しかし私は、内心では、我々全員が間違った方法で問題に取り組んでいるとわかっていた。皆が探していたのはいわゆるグローバルソリューションだ。文書破棄ビジネスを扱う会社のあらゆるタイプの業務をカバーするシステムを求めていた。そうではなくて、問題を一度に一つずつ解決するようにしてみたらどうだろうか。

はっきりとは説明できないのだが、その答えを思いつくにあたって活躍したのが、「周辺的な視点」だった。自分以外の誰もが特殊業務を中心に考えていることがわかっていたので、私は反対側、つまりレギュラーの回収箱に注目してみることにした。試行錯誤を経て、ある日、社長であるルイス・ウェイナーのオフィスに足を運び、「解決策がわかった」と伝えた。

「すべての文書破棄業務を一台のコンピュータで処理することは可能だ。しかも、新しいソフトも機材も要らない」

実は、このときの私は完璧な解決策を思いついていたわけではなかった。まだ見極められていない部分もあったのだが、ルイスと共に問題を検討すれば見えてくるだろうと思ったのだ。

ルイスは明らかに疑念の表情を浮かべて、「オーケー、聞こう」と言った。

「保管箱で使っているのと同じシステムを使えるはずだ」と私は答えた。説明しておかなければならないが、文書保管ビジネスでは、バーコードと携帯型スキャナーを使って箱を管理する。まずバーコードを印字したシートを顧客に送り、顧客がそれを、保管してほしい書類を入れた箱に貼り付ける。ドライバーが客先に出向いて箱を引き取り、その場でバーコードをスキャンして読み取る。スキャナーからレシートが出るので、それを顧客に渡す。オフィスで情報をコンピュータにダウンロードし、請求書とレポートを発行するという仕組みだ。

ルイスは「何を考えているんだ?」と言った。「破棄文書の回収箱にもバーコードを貼るのか?」

「そう、各キャビネットにバーコードをつける。コンテナのほうは、背後に小さなプラスチックのスリーブ（袖）をつけておく。設置場所と顧客と箱のサイズやタイプを特定できるバーコードを台紙に印字し、その台紙をラミネート加工して、スリーブに差し込んでおく。担当者はバーコードをスキャンして、持ち去るコンテナから台紙を抜き取り、かわりに置いていく空のコンテナに差し入れる。そうすればバーコードそのものはいつも同じ場所にあるというわけだ」

ルイスはしばし考え込んだ。「オーケー。特殊業務のほうはどうする?」

「そうなんだ、それはどうしようか?」私は、この部分はまだ思いついていなかったのだ。

「あれはうちのビジネスの四割を占めるんだぞ」

そう言ったルイスに対し、私は「いや、違う」と返した。急にある考えがひらめいたのだ。「占めているのは収益の四割だ。月間にこなす特別業務の数はどれくらいになる?」

「わからない。五件か六件か、多くても十件か」

「通常の回収箱の数は一〇〇〇個くらいある。箱一つ一つを独立した仕事と考えてみよう。回収はひと月に一回と想定した場合、全体の仕事数が一〇一〇件で、そのうち特殊業務は一〇件。それは四割じゃない。一%未満だ。さっきの方法で九九%の問題を解決したことになる」

ルイスはうなり、私はさらに話を続けた。

「それに、一〇件の特殊業務に関する情報を入力させるのに、どれくらいかかる?　一五分か?　三〇分か?　何でもないじゃないか。手作業で簡単にできる」

ルイスは考えた。それからゆっくりとうなずき、「なるほど。試す価値はありそうだ」と言った。

だが、最初に思ったほど、そのソリューションは単純でもなければ完璧でもなかった。どのバーコードが一番使いやすいか見極めるまで、試行錯誤を繰り返さなければならなかった（文書保管ビジネスのほうでは、異なる目的に合わせて異なるバーコードを使っていたからだ）。そして最終的に一つのタイプに落ち着く。それなら全情報を管理できるのだが、サイズごとに九九九箱にしか使えないという難点があった。しばらく使ってみて、二、三年後に改良を加えた。だが、これで追跡と請求に関する問題は解決したし、コンピュータ作成のレシートと明細を顧客に渡せるという新たな利点も生まれた。システムで作業の追跡が容易になったので、顧客は我が社の仕事ぶりを以前よりも細かくチェックできるようになり、請求の正確性にも信頼が高まった。これは競合他社をしのぐ我が社のアドバンテージだった。ただし、他社もそれぞれ独自のシステムを開発するまでの話ではあったが。

X要因

もう一つ、企業家として必ず持っていなければいけない資質というものがある。もしかしたら、これが最重要のポイントかもしれない。しかも、教えられることも学習することもできない資質だ。「持っている」か、「持っていない」か、どちらかしかない。

誤解しないでいただきたい。事業を立ち上げ、成長させるにあたり、知っておくべきことは何であろうと後天的に学習可能だと思っている。新規立ち上げ事業のすべてが存続力のある会社になるわけではないが、前述したとおり、特定の思考の習慣を身につけ、特定の原則を守れば、成功のチャンスを最大化し、失敗した場合も損失を最小限にとどめることは可能だ。しかも、そうした習慣や原則が何であるか学ぶこと自体は誰であっても可能なのだ。

だが、それらをうまく適用していくためには、それ以上の何かが必要となる。スキルというより性格的な特徴であり、目に見えない奥深い部分に潜んでいるものだ。試練に阻まれるまでは本人も気づかないのではないかと思う。だが意識にかかわらず、この資質は確かに存在するし、それによって誰もができないと思うことを達成する人が存在することも、また間違いないのだ。

マルキという女性の例を挙げたい。妻のエレーンを通じて知り合った女性で、離婚し、三人の子を持つ母だった。当時は家庭教師、講師、事務などの仕事で生計を立てていたが、その生活に満足していなかった。乳幼児のための保育所を開くという夢があったのだ。彼女はエレーンにその話をして、エレーンが彼女を私に引き合わせたというわけだった。

あいにく保育所というビジネスはきわめて厳しく、ニューヨーク州で立ち上げるには相当の資金がなければいけない。マルキにそんな財力はなかった。それに、子供を受け入れる以前に州の認可を取らなければならないし、取得には一年かかる。時間だけではない、数々の監査にパスしなければいけないので、該当する防火・安全・保健衛生規約をすべて満たした場所を用意する必要がある。つまり、建設費を払った上に、認可申請が受理されるまでは収入もないまま相当の期間にわたって賃料を払いつづけることになる。認可が下りなかった場合でも、投資した金は戻らない。たとえ認可は取りつけても、そこでようやくスタート地点に立ったにすぎないのだ。事業構築のプロセスはそれからである。

マルキと初めて会った時点で、彼女に成功の可能性がほとんどないのは明らかだった。せいぜい一〇%といったところだろう。資金もないし、ビジネス経験もないし、支えてくれるパートナーもいない。人を雇ったことも、接客をしたこともない。契約交渉の経験もない。どんな事業を立ち上げるにしても、苦労するのは目に見えていた。保育所など、彼女の手に負える範囲をはるかに超えている。しかし私は、夢を追いかけようとする人をくじくような真似はしたくなかったし、マルキの決意は固かった。そこで顧問役を務めることに同意した。

まずはビジネスとしての保育所オープンにかかわる要件の確認だ。障害となる要素はめまいがするほど山積みだった。金銭的リスクを最小化するためには、場所は賃貸ではなく購入したほうがいいだろうという結論になった。認可が取得できなかった場合は売却できるので、長期リースでがんじがらめになることもないからだ。

そういうわけでマルキは、何とかして物件を見つけ、購入契約をまとめ、必要な改築を行ない、住宅ローンを支払った上で、認可が下りれば、事業を首尾よく立ち上げるために必要なすべての準備をしなければならなくなった。準備というのは、市場調査、運営資金の調達、料金設定の見極めなどなどだ。しかも、それらを本業とは別のプライベートな時間に片づけなくてはならない。今やっている仕事を辞めて専念する金銭的余裕はないからだ。

自分が何を始めてしまったか理解したら、きっとマルキはあきらめるだろう。私はそう思っていた。だがそれは私の見当違いだった。彼女は即座に市場調査に飛び込んでいき、地域の保育所をすべてチェックして回った。別の州の経験豊富な保育所経営者と親しくなり、その人物から多数の貴重なアドバイスをもらった。必要とするさまざまな認可申請書類を取り寄せ、取得に向けて踏むべきステップを確認した。その一方で、手元にある名刺の連絡先に片っ端からコンタクトを取り、出資してくれる知り合いを見つけ、最終的には約一五万ドルを調達した。ほとんどが家族や友人から集めた資金だ。

だが、何より見事だったのは不動産契約だ。まず、これから空き家になろうとしている建物を見つけた。オーナーは別のビルに引っ越すことになっていたが、具体的な引渡し日を決められない状態だった。マルキはオーナーに充分な時間的余裕を与えることができた。むしろ彼女のほうが時間を必要としていたからだ。ろくな職歴のない彼女は即座に住宅ローンを組むことができないし、頭金も少ししか用意できない。だが保育所の運営が始まってしばらくすれば、立場も改善されるだろうと踏んでいた。

そこで新旧オーナーは契約を交わした。マルキはその物件に対する現在の住宅ローンを引き継ぎ、希望価格に対して小額の頭金を支払う。売り手はマルキに第二抵当権を与える。一定期間が過ぎればマルキが借り換えをして第二抵当を清算する。契約成立日に関しても余裕を持った日取りで、双方が合意した。マルキにとっては支払いが実際に発生する前に、保育所の認可申請を行なうことができる。結果として、保育所立ち上げ前の段階で彼女が負うコストは予測よりもかなり少なくなったのである。

すべての準備が整うのに二年がかかった。マルキは踏ん張りつづけ、そして一九九九年七月に保育所をオープンさせた。信じられないほどの成果だ。本人はこれでようやく目標に手が届いたと感じたが、本当の挑戦はそこから先だった。

なぜだろうか。理由は、営業を始めて売上をあげるようになると、すべてが変わるからだ。新たなタイプのプレッシャーを感じるようになるし、これまで以上に迅速に問題に対処しなければならなくなる。顧客がつく前ならば、対処の遅れはたいした問題ではない。必要な什器の納入が遅れても、苛立ったり腹を立てたりはするかもしれないが、深刻な影響が生じるわけではない。だが営業を開始してから従業員が仕事に来なかったり、こちらが提供できないものを顧客に求められたりするとなれば、話はまったく別だ。判断しなければならない。行動を起こさなければならない。突如として問題が山積みとなり、そのすべてが迅速な回答を要する。初めて起業した企業家なら、それぞれの問題に同じ反応を示してしまう可能性が高い。パニックを起こすのだ。問題の大半が実は対処可能なものであっても、そんなことは関係なくなってしまう。本人にとっては、どれも破滅的事態にしか思えないからだ。

成功したいなら、パニックは抑えなければならない。自分には問題に対処する力があると自信を持ち、問題に対する考え方を変えるのだ。面倒なものごとが次から次へと起こるのはビジネスをやる上で普通のことだと受け入れて、その過程を楽しむことを学ぶ。そのためには、解決策を見つける楽しさと興奮にのめりこんでしまえばいい。

そうした発想の転換ができないタイプの人もいる。マルキもおそらくそのタイプだろうと私は思っていた。理由の一つは、彼女が判断を下すのに不慣れだったからだ。たくさんの意見を入れて熟考することを好むタイプだった。状況によっては美徳となる性質だが、事業立ち上げプロセスを容易にするものではない。

実際のところ、最初の数カ月のマルキは惨憺たる様子に見えた。苛立ちを募らせ、思うようにいかぬ状況に圧倒され、預かる子供の両親にどう対応したらよいかわからずにいた。ちゃんとした従業員は永遠に見つからないのではないかと考えていた。雇ったスタッフは遅刻したり早退したりする。預かる子供の人数に対して州の条例で決められた割合の大人の数を維持するため、代わりを探して彼女が奔走しなければならなかった。どの困難も乗り越えられないと思えたし、どの問題も「最後の藁」（ラクダの背に荷物をどんどん乗せていくと、しだいに負担が増し、最終的に藁のような軽いものを一本加えただけで背骨が折れることがある、ということわざから）のように感じられた。

保育所開業にあたっての数多くの障害を克服してきたあとで、さらに多くの問題を抱えることになるとは、マルキにとって落胆以外のなにものでもなかった。彼女はビジネスに向いていないと私は考えた。幸い、あらかじめ避難経路は用意してある。不動産を売って、金銭的な苦労を伴わない別のビジネスに切り替えればいい。妻のエレーンも、その案をマルキに促した。

だがマルキはあきらめなかった。そして少しずつ少しずつ考え方が変わりはじめた。エレーンと私に状況を説明する言葉に変化が感じられた。問題の悪さに焦点を置くのではなく、妥当な解決策を提示し、意見を求めるようになった。同時に事業も成長を続け、さらに多くの問題を抱えていったが、徐々に動揺もしなくなっていった。初年度末の時点では、しっかりと抑制できていた。

これが、ほぼ十年前の話だ。保育所は大いに成功し、今では子供であふれかえっている。空き待ちのリストすらできている。そしてマルキには、経営のプロセスを以前よりも楽しむ気持ちがある。本人も認めるとおり、当初はイヤでイヤでたまらなかったし、続けていけるのかと自問した瞬間も一度ならずあった。だが彼女は持ちこたえた。どんな問題が起きても対処できると気づくにつれ、姿勢も徐々に変化した。何らかのターニングポイントがあったのか、と尋ねると、彼女はそれを肯定した。

「エレーンに、辞めることもできると言われたときですよ」

何が彼女を踏ん張らせたのか、マルキにはわからないし、私にもわからない。熱意、執念、粘り強さ、真の根性だったと言えるかもしれないし、あるいは単に頑固なだけだったのかもしれない。それが何であれ、どこから生じたものであれ、企業家として持ちうる最も大切な資質であることは確かだ。究極的にはそれこそが私たちの成功と失敗とを隔てるのである。

▶ノームに聞け！

親愛なるノーム

私は49歳の転職希望者です。1975年にトラック輸送業を始めました。90年代なかばには、28人の社員を抱えるまでに成長しました。そして売却を決意し、97年に全額現金によるバイアウトを実現させ、売却後9カ月の休暇を取り、家を建て、新たな仕事を探しはじめました。最終的にコンピュータ業界で販売の仕事に落ち着いたのですが、オーナーと衝突してしまいました。それまでに他人の下で働いたことがなかった私は、「裸の王様」的な考え方の根深さを把握できていなかったのです。周囲と足並みを揃えることができず、2年でクビになりました。しばらく無職の状態を経て、再就職しようとしているところです。ですが、自分は石頭すぎて他人と一緒に働けないのではないか、という気がします。私はこの先、一社員としての幸せを見出すことができるのでしょうか。希望はあるのでしょうか、それとも、廃馬は撃たれる運命なのでしょうか。

ブルース

ブルースへ

頭が固すぎるせいで、長期にわたって誰かの下で勤めつづけられない人間は、少なくありません。私も、もう誰かの下では働けないと思っていますが、それは誰かと共に働けないという意味ではないのです。フリーランスになることを検討してみてください。たとえば訪問販売などです。事業経営に携わりたいのなら、経験ある企業家の助けを必要としている小企業を探すことです。それでもうまく行かなければ、自分で起業なさってください。

ノーム

まとめ――真の「損益」を決めるポイント

❶ 持続する者が勝利する。回復力を持ち、失敗を歓迎すること。それが優れたビジネスパーソンとなる方法だ。

❷ 言い訳をせず、事態が誤った方向に進んだ理由を自分の心の奥深くに探すこと。

❸ フォーカスと自制心は、機会の特定よりも重要だ。だが、バランスを取るフレキシビリティも備える必要がある。

❹ 解決策が目の前にあることは滅多にない。さまざまな角度に目を向けてそれを見出す方法を学ぶ必要がある。

第三章　立ち上げに失敗する理由

初めて起業しようとする人物が周囲から受ける間違ったアドバイスの多さたるや、はたして生き延びられる会社があるのかと疑問に思ってしまうほどだ。たとえば、成功するにはユニークな商品やサービスが必要だ、という台詞は一度ならず耳にするだろう。他人が持っていない何かを持て、と。あるいは、できるだけ競争の少ないビジネスを選ぶべきだとか、自分だけの市場を持つべきだ、とか。私のアドバイスは正反対だ。初めてその市場に出る存在になどなりたくないし、競争相手は多いほうがいい。確かに他社とは異なる存在でありたいとは思うが、同じ業界で儲ける人間が増えれば増えるほど、自分もやっていきやすくなる。実際のところ、私が新規事業を始める際は、三つのシンプルな判断基準に照らして考えるようにしている。その三つが、初めて開業しようとする人々の八割に有効だと思っている。

まず第一に、コンセプトは一〇〇年以上前からあるようなものが好ましい。まあ、一〇〇年は経っていなくてもいいかもしれないが。重要なのは、有効性が立証された定評あるコンセプト、誰でも理解するコンセプトであることだ。新しいもの、革命的なものではない。なぜか。理由は、市場を一から開発する作業ほど高くつくものはないからだ。

私はそれを、一九八〇年代初期にアトランタでメッセンジャービジネスを始めた際、散々な目に遭って学んだ。当時、アトランタの企業は、主に秘書にタクシーなどで運ばせて届け物をやり取りしていた。秘書たちは我が社のようなサービスの登場を喜ばなかった。社外に出られるのが楽しかったからだ。しかも、企業側はサービスの必要性を認識していない。だから我々はダイレクトメールを送り、広告を出し、ＰＲキャンペーンを展開しなければならなかった。だが、宣伝しようとしていたのは配達サービスであって、何か抜本的な新技術というわけではない。正直言って、多額のコストがかかり、かなりの大損をした。そんな状況になるよりも、世界で最も大きく、最も競争の激しい市場に参入し、何百という他社と直接対決していくほうがいい。

もちろん、競争をしていくのであれば、顧客に対して他社との差別化ができていなければならない。そこで第二の判断基準だ。時代とずれた業界が好ましい。必ずしも「古めかしい」という意味ではない。私が言うのは、大半の業者の形態が顧客と合致しなくなっているビジネスのことだ。顧客ニーズが変化したのかもしれないし、業者のほうが注意を払っていないのかもしれない。最新のテクノロジーを導入していないのかもしれない。いずれにせよ何らかの変化があり、業界がそれを追いかけていないという状況を見つけ、そこに入り込むのだ。

私が経営する文書保管サービス会社、シティストレージがその典型的な例である。最初にこの事業を検討した際、二、三の大手を除いて、文書保管サービス会社はほとんど開店休業であることに気づいた。古い倉庫に使われることのない文書を保管しているだけなのだ。だが一方で業界は完全に変化していた。主要都市の土地の価格があがり、企業は使っているファイルであっても、できるだけ敷地外に保管したいと考えるようになった。つまり、ファイルは引き続き必要に応じて取り出せなくてはならない。文書保管という事業はいったん収納して終わりではなく、保存・整理と取り出しを目的とするビジネスへと変わっていたのだが、それに気づいた者はほとんどいないようだった。例外は、のちに合併したアイアン・マウンテンとピエース・リーという業界大手二社だ。この二社は変化を認識し、郊外に巨大かつ近代的な保存・検索用の施設を建築した。その過程で業界を先導する勢力となっていった。

私はここに機会があると感じた。だが、わからないこともあった。どうしてほかの企業は休眠状態なのか。なぜそれでも営業していられるのか。どうして顧客基盤を失っていないのか。答えは、一部の得意客が預けたファイルを動かそうとしないからだ、ということがわかった。近代的な倉庫を持つ他社が登場したからといって、書類を街の外の遠い場所に動かしたくはない。一時間以内に特定のファイルが必要になったらどうするというのだ？

ここから、新規事業成功のための第三の判断基準が浮かんだ。ニッチ（隙間）であることだ。私は巨大で近代的な施設を、あえて市内に作ろうと考えた。最新技術を駆使し、設備を保存・整理と取り出しに特化した設計にして、古い文書保管サービス企業との差別化を図ろう。大手企業とは立地条件で差別化し、顧客から保管場所への近さをアピールしよう。

実際のところ、ニッチを押さえるというのはあらゆる新規事業にとって必須事項なのだが、その理由は一般に考えられているようなものとは違う。新規事業が存続性を勝ち取るまで初期資本が持続するよう、高い利益率を保つ必要があることはすでに述べたが、その点と関係がある。新参者は価格競争ができない。値段で競えば倒産してしまうからだ。その一方で顧客を獲得しなければならない。つまり、相場の値段で、より多くの価値を提供しなければならない。

だが、直接原価を増やさず、粗利益を削らず、初期資本を使い果たすことなしに、どうやって多くの価値を提供すればいいのか。その答えはたいていの場合、自分が選んだニッチな領域に転がっている。たとえば私は、最新の保存・整理技術を活用し、競合他社よりもはるかに天井の高い倉庫を建てれば、直接原価を削減できると気づいた。他社が一万平方フィートに四万箱から五万箱を保管するところ、うちでは同じ広さで一五万箱以上を置けるようにしたのだ。

一〇〇年前からのコンセプトで、時代とずれた業界で、ニッチな領域を押さえる。この三つが、私が考える事業立ち上げ成功の基準だ。「全員がこの基準に従ったとしたら、やっぱりやっていけないではないか」という見方もあるのはわかっている。確かにそれは正しいし、革新的なビジョンを持った天才たちをくじくつもりはない。技術進歩や、新しい産業の創出には大賛成だ。あなたが新たなエジソンであり、フレッド・スミス（FedEx創業者）であり、ビル・ゲイツであるというのなら、私が挙げた基準は忘れてもらってかまわない。ぜひ我が道を進み、世界を変えていただきたい。

だが、大半の人々はもっと控えめな目標を持って事業を始めるはずだ。生き延び、成長する会社にできれば本望だろう。あなたもそうしたタイプなら、私のアドバイスを受け入れることだ。革命的に新しいコンセプトでビジネスを生み出そうと試みるものではない。優れた古いコンセプトを見つけることだ。

買収か創業か

もう一つ、無視すべき一般的アドバイスがある。「一から立ち上げるよりも事業を買収したほうがいい」というアドバイスだ。すでに開業し営業しているビジネスを買えばリスクも低くなるし、節約になるし、目標も迅速に達成できると主張する人は多い。だが信じてはいけない。初めて起業する企業家、特に経営経験がない人たちにとって、ほとんどの場合、自分の力で土台から事業構築をしたほうが、生き残れる可能性はかなり高くなる。

理由はたくさんある。一つに、当初からかかわっていないビジネスを学ぶのは難しい。初期のステージで発生する試行錯誤の学習をすべてすっ飛ばしてしまうからだ。その事業をめぐる主な関係性を理解しない。緊急の際にはどうすべきかわからない。会社がまだ小さく、軌道に乗ろうと苦戦していた頃なら安く済んだ失敗も、はるかに高くついてしまう。

しかも、どんなに迅速に学習していったとしても、自分が事業を値踏みした時点では想像していなかった大きな壁にぶつかる可能性が高い。買収というのはきわめて厄介なのだ。気の済むまでデューディリジェンス（買収にあたっての適正調査）をしても、買収金を払ったあとになって、自分が何にかかわることになったのかはっきりとは理解できなし、その状態からもう戻れない。経験豊富なビジネスパーソンであっても手ひどく失敗をすることは多い。経験不足であれば、売り手の意のまま、あるいは売り手の代理人や仲介業者の意のままだ。相手の頭にあるのはただ一つ、「契約を成立させる」ことだけ。こちらに慎重さが足りないと、やすやすとぼられてしまうのがオチだ。

私の若き友人、ジョシュも、もう少しでそういう事態になるところだった。三〇代前半の彼は、二年ほど前に私のところへアドバイスを求めてきた。初の事業経営に乗り出そうとしていた彼は、買収の準備を進めていると話した。そのための知恵を貸してほしいのだという。数日後に打ち合わせの予定があり、その場で書類にサインして一〇万ドルの手付金を払う予定になっていた。うち六割は払い戻し不可だ。ジョシュの父はカナダで会社を経営しており、息子が間違った選択をしようとしていると考えたが、誰か経験豊富な人物に背中を押してもらえるならやってみてもよいと告げたらしい。そこでジョシュは私に、契約書を一読して意見を聞かせてくれないかと頼んできたというわけだった。私は了承した。

彼が買い取ろうとしていた会社は、ハーブ化粧水のメーカーだった。個人の販売代行者を通じて専門店やチェーン店へと商品を卸している小さな業者だ。事務所は現オーナーの自宅。オーナーの女性は三年か四年ほどその事業を続け、かなり上々な成果をあげてきた。少なくとも財務諸表からはそのように見えた。しかし妊娠をきっかけに売却を決める。売値は二五万ドルを希望していた。

その会社は、まさにジョシュが探していたタイプにぴったり一致しているように思えた。売値も手を出せる範囲だし、成長のポテンシャルも相当に見込める。創業から年数が浅いが、すでに黒字転換を果たしつつある。受けとった財務諸表によれば、二〇万一〇〇〇ドルの売上で、税引前利益が四万ドル生じている。つまり、利益率がほぼ二〇%だ。この数字は前年から大幅な伸びを見せている。前年は一七万五〇〇〇ドルの売上で利益が一万七〇〇〇ドル。さらにその前年は七万九〇〇〇ドルの売上で一万ドルの損失を出していた。

確かに数字は右肩上がりで伸びている。この勢いを維持して、堅調なビジネスを構築していけるとジョシュは考えた。そういう事業を自分の手で経営するのが長年の夢だったのだ。着手するのが待ちきれない。そこで売り主から渡された資料一式のコピーを送ってよこし、数日後には、売り主側の弁護士から受領した秘密保持契約のドラフトを携えて私のオフィスを訪れた。翌日の午前中には、契約にサインし、手付金を払う約束になっているのだという。

弁護士に電話し、約束はキャンセルするべきだ。私はそう言った。

「どういう意味です?」とジョシュ。「向こうは早く進めたがっているんです。別の候補者もいるらしいし」

「ジョシュ、きみはまだ何かにサインする段階ではない。とりあえず弁護士に電話して、四十八時間後にまた連絡すると伝えることはできるだろう」

どんな事業を買収するにあたっても、確認しなければならない最も基本的な問いがある。自分は一体何を買おうとしているのか。ジョシュは、その問いにきちんと答えるだけの充分な情報を揃えていなかった。それが問題だったのだ。彼は、良い製品ラインを持つ会社を買おうとしている、と思っていた。だがその製品ラインが具体的にどのように良いのか、それから商品の値段が適切なのかどうかさえ、ジョシュには説明できない。市場の状況を何も知らないからだ。

たとえば、最もひいきにしてくれている顧客を十社も挙げられない。顧客のそれぞれが売上に占める割合もわからない。顧客の購買パターンが年々どのように変化しているのかも知らない。同じ顧客が続けて買っているのか、それとも、離れていった顧客の分を埋めるべくつねに新たな顧客を開拓しつづけなければならないのか。一社か二社の顧客が売上の著しく大きな割合を占めているのか。そうだとしたら、理由は何なのか。

販売代行者の問題もある。会社は売上に基づき一五％の歩合を払うことになっていた。それならばなぜ、一年目は確かに一五％だった歩合の総額が、二年目には売上の一二％になり、三年目には七％になっているのか。販売代行者たちが辞めていったのか、「自己勘定」で売上を計上してしまっていたのか、それとも別の理由があるのか。そもそも、何人の代行者を抱えているのか。それぞれがどれだけの儲けをもたらしていて、一番の稼ぎ手はどれだけ売り上げているのか。

当然ながら、これは序の口だ。会社を買う契約をまとめる前にジョシュが答えを集めなければならない項目は、ほかにもたくさんあった。だが、何よりもまず、過去二年か三年分の売上数字を顧客ごと、販売代行者ごとに振り分けて確認してみないことには話は始まらない。因数分解した数字が出れば、この会社は実際問題として顧客が買いたいと思う製品ラインを持っているのか、代行者が売りたいと思う製品ラインを持っているのか確認することができる。その情報がなければ、まとめようとしている契約についてジョシュが時間をかけて調べる価値もない。財布を開く価値に関しては言わずもがなだ。

ジョシュは会社オーナーに連絡して、追加の情報を求めた。契約にサインされない状態で顧客や販売代行者の名前は明かせない、という返事が返ってくる。そこで私はジョシュにこうアドバイスした。

「それで構わない。顧客に1、2、3、4と番号を振り、販売代行者にA、B、C、Dと振ってもらえばいい。だが、サインする前に数字は見る必要がある」

さらに、先方弁護士に契約書の修正も求めるべきだと提案した。手付金の一〇〇%を、三週間以内ならいつでもジョシュの好きなときに返金可能としておくのだ。迅速に判断するのが前提だが、何らかの理由で考えを変えられる余地はあったほうがいい。弁護士は同意し、書類を作り直した。

だが結果的には変更は不要だった。数日後、ジョシュのもとに頼んでおいた追加資料が届く。そこには彼が思っていたのとはまったく異なる会社の姿が描き出されていた。まず、毎年繰り返し購入をしている顧客は全体の一五%だけで、それが売上の約三〇%を占めている。言い換えればこの事業を買収した場合、ジョシュは顧客の八五%、売上高の七〇%をつねに開拓しつづけていかなければならない。それでようやく収支が合う程度だ。さらに、新たな営業戦力も必要だ。販売代行者の離職率は年に五〇%を超えていたのである。

この会社を買い取ったところで、ジョシュが得られるものを想像するのは難しかった。商品も並外れて素晴らしいというわけではないらしい。もし並外れて素晴らしかったとしたら、もっと多くの顧客が再注文しているはずだからだ。名前が売れているとは言いがたいし、献身的なセールスマンはこれから育てなければならない。逆に、事業を始めるにあたって必要となる化粧品の調合に関しては、どこかの別の研究所を雇って作らせるという手段もあった。二五万ドルもかからない。要するに本当にハーブ化粧水の会社をやりたいのであれば、買収せずにジョシュ自身で用意したほうが合理的とい

▶ノームに聞け！

親愛なるノーム

私は北東部で写真現像取扱店を数店ほど経営していたのですが、1年ほど前にフロリダに引っ越してきました。フロリダで商業用印刷事業の権利を買い取り、週に80時間もかけて基本を学んできました。そろそろ広告を出せる段階になったのですが、大失敗をするのではないかと不安です。特に価格設定の面で失敗するのではないか、と。コンサルタントを雇ってアドバイスをもらうべきでしょうか。

サム

サムへ

私ならまず間違いなく雇いません。あなたにはビジネスの経験がありますし、コンサルタントを見つけたとしても、あなたのほうがずっといい直感を持っているはずです。それに加えて、コンサルタントの意見に同意できなかった場合、おそらくあなたはそれに従わないでしょう（従うべきではありません）。自分の考えと違った場合は従わないアドバイスをもらうために、わざわざお金を払う必要があるのでしょうか？　むしろ私なら業界リサーチをします。競合相手を見極め、他社の料金設定を確認し、提供している質やサービスなどを調べます。それから自分で判断を下してください。

ノーム

うわけだ。

結局ジョシュは、ハーブ化粧水はもういい、という気分になった。売り主には、契約を詰めていく気はないと告げた。ジョシュとしても喜んで手を引いたわけではなかったが、数字を突き詰めて議論していくことができなかったのだ。私が最後に彼に会ったときは、また別の事業を買収しようと探しているところだった。いいビジネスが見つかったのか、それとも自分でビジネスを始めるほうがいいとようやく認識するに至ったか、私は知らない。

間違った事業計画

資金を調達するためには事業計画書が必要だ。大半の人がそう考えるが、その意味を取り違えている例は少なくない。もちろんビジネスを立ち上げて運営していくには資金が必要なのは確かだし、その調達にはおそらく事業計画が必要だろう。だが資金は最優先で必要なものではないし、理にかなった使い方ができる状態になっていなければ、むしろ調達作業にフォーカスを置いたせいで大きな失敗をするかもしれない。

残念なことに、私が頻繁に受けとる事業計画書から判断する限りでは、多くの人がこの失敗をしている。内容は詳細かつ念入りで、写真や図、棒グラフ、円グラフ、フローチャートが満載で、およそ思いつく限りの数字が説明され、しかも高級紙にカラーで印刷された、一〇〇ページにわたる事業計画書——確かに、素晴らしい出来栄えだ。ただし問題が一つだけ。数字が意味をなさないのだ。現実世界の事業では絶対に実現しない数字が並べられているのである。

特に忘れられないのは、クッキー販売ビジネスを始めようと五万ドルの資金調達を試みていた夫婦から受けとった、見た目はかなりプロらしい事業計画書だ。それによると、夫婦は五万ドルの資金を利用して、わずか二年で会社の売上をゼロから二九〇万ドルにしていくことになっている。断っておくが、そんなスピードで成長するのはどんな事業であろうときわめて困難だ。外部資本を五万ドルしか持たないクッキー販売のようなビジネスでは不可能だと言ってもいい。売上目標に達するはるか以前に資金が尽きてしまう。書類上では数字のつじつまも取れ、完璧に帳尻があっているのも、逆に私の疑念を即座に高めるばかりだった。

その事業計画を書いたのは夫のほうだったが、この男はビジネス経験がほとんどなく、高性能な事業計画作成ソフトを使って書いたに違いなかった。数字を細かく見てみると、どのようにしてこれほど突飛な推測が出てきたのか理解できた。まず一つに、彼は売掛金に対しておよそ二十日間というバカバカしいほど短い回収期間を設定している。その一方で、ベンダーへの支払いは六十日に引き伸ばしていいと考えているようだ。また、必要な備品の量を少なく見積もった上、自分のサインだけで、追加担保もなしに何でも欲しいものをリースできると想定していた。どれもまったく現実性の感じられない仮定だ。より現実的な数字に置き換えることができれば、夫婦には少なくともさらに二〇万ドルの外部資本が必要だとわかるだろう。それであれば、一年目に二九〇万ドルの売上高を達成するチャンスもなくはない。

この男が意図的に誰かを欺こうとしていた、と言いたいわけではない。率直なところ、彼が自分のしたことを理解していたかどうかも怪しいと思う。私の読みでは、自分で事業をやりたいという飽くなき欲望とアイディアを持った人間がたいていはそうであるように、とにかく開業に必要な資本を集めることだけしか考えていなかったのだ。

では、一体どのように資金を調達するか。事業計画書があればいいはずだ。彼はそう思ってソフトウェアを買い求めた。そのソフトが、計画書作成のプロセスを順を追って指示してくれた。次に、彼が集められると踏んだ資本だけで二年後には目標を達成するビジネスになるよう、計画の整合性が取れるまで数字を調整してつじつまを合わせたのだろう。

そうして数字はきれいに収まり、完成した書類はこれ以上ないというほど印象的な仕上がりになった。私はほぼ三十年にわたってビジネスにかかわっているが、あれほどの計画書は見たことがないし、自分で作成したこともない。だが中身は、おいしいクッキーのレシピではなかった。大惨事のレシピだったのだ。

初めての事業計画書は絶対に自分の手で作成しなければならない、と私は固く信じている。作成にあたっては特別なソフトウェアなど必要ない。次に挙げる四つの質問にできるだけ正直に答えなければならないだけだ。

1　コンセプトは何か
2　どのように売っていくつもりか
3　販売する財の生産および運搬にいくらかかると見られるか
4　実際に着手し、売上をあげはじめた時点で、何が起こると予想されるか

この四点を検討する狙いは、その事業の具体的な動きを可能な限りつまびらかにすることである。自分が何を売り、いくらの値をつけ、誰を顧客とし、その顧客をどのようにつかまえ、どれだけの時間で一件の取引を成立させるか。それらを自分の目でまっすぐに見つめなければならない。おのれの経済状況を言い訳に思考を曇らせてはいけない。生計を立てたり、開業資金を調達したりといった懸

念事項はいったん脇に置いてしまうのだ。そうした問題は時期が来れば検討できる。最初に重要なのは、自分の主な前提条件をしっかりと書面化していくことだ。

なぜか。それは、資金調達を始めたあとではなく、始める前にこうした想定条件の有効性を検証しておく必要があるからだ。訂正するチャンスのあるうちに、失敗の可能性をできるだけ多く想定しておかなければならない。

そして、初めての事業計画では誰でも必ず失敗をする。本当だ。賢さや慎重さは関係ない。何らかの大きな不具合がある。たとえば私がメッセンジャービジネスを始めた際も、三十日で代金を回収しようと考えていた。そして実際の売掛金回収には五十九日かかると思い知らされた。文書保管ビジネスを始めた際は、月間保管費を一箱あたり三五セントに設定できると考えた。実際には、一箱二二セントにしないとそれなりの数の顧客を集めるのは無理だとわかった。計画した値段よりも、四〇%近く安い金額だ。

要するに、そうした間違いを発見する時間を自分に与える必要があるのだ。すべての間違いに事前に気づけるというわけではないが、最小限に抑えることはできる。そのための方法がリサーチだ。業界にかかわる企業が通常はどれくらいの期間で納入業者に支払いをしているのか、売掛金の回収にどれだけの期間をかけているのか見極める。まずは少しだけ商品を売ってみる。安上がりなオフィススペースや事務用品を探す。リース業者を訪ねてどんな条件で貸してもらえるか確かめる。最大限に準備が整うよう、思いつく限りのことをやってみる。その上で初めて、付随する要素を考えたり、資金調達について検討したりする準備が整うのだ。

長期的には、そのリサーチが事業において実践しうる最高の投資となるだろう。宿題を済ませておけば、必要な開業資金を調達できる可能性もぐっと高まる。さらに重要な点として、その資金の使い方についてより優れた判断ができるだろう。外部資本にはもう頼らなくてよい時期が来るまで資本を長持ちさせられる可能性もかなり高くなる。つまり、ビジネスがみずからのキャッシュフローで自己維持できるようになるまで、という意味だ。それこそが目標なのだから。

最も重要なリソース

開業資金の確保は重要だが、確保した開業資金を失う危険性は、企業家が担う最大のリスクというわけではない。しっかり働けば最終的には取り戻せる可能性もある。だが、失う可能性のあるリソースはほかにもあり、こちらのほうは二度と取り戻せない。その観点から言えば、お金よりもはるかに重要で、はるかに貴重なもの。それを失えば夢を実現するチャンスさえ失いかねない。私が言っているそれとは、時間のことだ。

ロブ・レヴィンの例を紹介しよう。雑誌を発行する計画についてアドバイスを求めてきた人物だ。雑誌のタイトルは『ニューヨーク・エンタプライズ・レポート』。成功した企業家へのインタビューや、専門家によるハウツーものの記事を掲載して、ニューヨークの都市部で事業を展開している小企業の経営者や幹部に販売するつもりなのだという。面会には同意したが、正直言って、どうして了承してしまったのか今でもわからない。ビジネス雑誌の発行を始めるなど、本当にひどいアイディアだと思ったからだ。雑誌業界は何年も低迷が続いていて、回復のめどは立っていなかった。定評あるビジネス誌の存続さえ怪しいのだから、新たに発行するとなればさらに厳しいに違いない。大手と競うだけではなく、インターネットで提供される無料の情報とも対抗していかなければならない。もっと簡単に、もっと実入りがよい方法で生計を立てる道はいくらでもあった。

しかし私は、他人の夢の追求をくじくような真似は絶対にするまい、というルールを自分に課していた。私は、彼らのアプローチに対して思うところを述べるだけだ。私自身のビジネス経験に基づけば間違いなく失敗するであろうことをやろうとしている人には、別の選択肢を提案する。だが、ある人間にとって合理的な道が他人にとっては失敗のレシピとなるときもあるだろう。だから、アドバイスをしている相手について可能な限り多くを知ることから始めるようにしている。

ロブ・レヴィンは、初めて事業を立ち上げようとする企業家にしては、かなり洗練されたビジネスパーソンだった。一九九一年に大学を卒業したあと、会計士として監査法人アーサー・アンダーセンで四年間勤務した。それから大学院に入り直してＭＢＡを取得。その後に、年商一〇〇〇万ドルの企業から二五〇〇万ドルの企業まで、比較的小規模な三社でＣＦＯ（最高財務責任者）やＣＥＯの座に就いた。私に連絡をしてくる一年前に三社目を離れ、コンサルタントの仕事などをしながら、事業立ち上げの可能性を探っていた。とはいうものの、彼自身に三〇万ドルの貯金があり、妻もちゃんとした仕事に就いているとはいえ、いつまでも安定収入のない状態は続けられない。妻がまもなく第一子の出産を控えていたからだ。

ロブは、雑誌が成功への切符になると確信し、情熱を燃やしていた。彼の計画はすべてがその確信に基づいていた。すでに七万五〇〇〇ドルを投じてウェブサイトを作っていたが、雑誌を発行しなければ、収益はもちろん存続性すら期待できない。セミナーを開催したり、業界関係者の交流会を開催したりして儲けを出すことも計画していたのだが、それもプラットフォームとして利用できる雑誌がなければ困難と思われた。問題は、そうした出版物を首尾よく立ち上げられる可能性はどれくらいあるのか、という点だ。

二人で数字を確認し、私は、可能性は低いと結論づけた。私を含め、新規事業を始めようとする企業家すべてに共通することだが、ロブは自分が生み出せるであろう売上高と、その発生にかかる時間について、あまりに楽観的だった。また、諸経費を著しく低く見積もっていた。特に、ある数字が私の目に飛び込んできた。彼はダイレクトメールでその雑誌の購読を売り込む予定で、反応率を一〇％と計算していたのだ。ダイレクトメールのことは詳しくないが、新しい雑誌に一〇％の反応率が見込めた例は一つも知らない。仮に成功したとしても、一％か二％が現実的だろう。つまり、ロブが計算した数の有料購読者数が集まるには、彼の予測よりもはるかに長い期間と、はるかに高い経費がかかるのだ。

私は「このアプローチはうまく行かない」と告げた。

「アイディアに存続性があるかどうか把握する前に、資金が尽きるだろう。違うやり方をしなければダメだ。雑誌はあきらめるという案は考えなかったのか？」

彼の顔にショックと怒りが浮かぶのがわかった。まるで私が彼を侮辱したかのようだった。あとから話してくれたところによると、この提案で心が張り裂けそうになったのだという。彼の自尊心には大きすぎる打撃だった。

だが、理屈は単純だった。広告収入がなければ雑誌は生き延びられないが、広告出稿を検討する企業は必ず最初の質問として「購読者は何人いる？」と尋ねるだろう。確固たる数字を答えられなければ、広告での売上はあげられない。その数字を確保し、購読者基盤を構築する一番早い方法は、ビジネス組織や業界団体の会員を対象として無料配布をすることだ。影響力が立証されていない出版物に広告を出す価値があるのかと企業は疑念を抱くだろうが、少なくともリーチする人数がわかれば、そのチャンスに賭けてみたいと考える広告主も出てくるかもしれない。

仮にどうしても有料購読にこだわるなら、必要な収益を生み出すチャンスはない。貴重な時間を多く浪費する結果になるだろうし、そうなればたとえ資金を使い尽くす前に手を引いたとしても、大きなダメージとなって帰ってくるだろう。おそらくどこかで会社勤めをしなければならなくなるだろうし、返済しなければならない額も少なくはないはずだ。最後の職場を離れる前の時点と同じ状態に戻るには、一年以上がかかる。当然ながら失敗から大切な教訓を学ぶだろうし、雑誌立ち上げをもう一度試してみるだけの資金が調達できる可能性もなくはないだろう。だが、そうしているあいだにも三年か四年が経ち、結局は何の成果も結ばないまま、ただスタート地点に戻るだけなのだ。雑誌をあきらめれば、少なくとも今のウェブサイトやコンサルタントの仕事で成功していける可能性はある。

これは彼の聞きたい話ではなかった。立ち去るときのロブは怒りに身を震わせていた。私は、最初は無料購読で始めて、のちに有料購読制に切り替えることも可能だと指摘して、ささくれだってしまった彼の気持ちを和ませようとした。だが、その方法は理論的には可能とはいえ、無料購読で成功してから有料制に切り替えるような判断は絶対にしないだろう、と内心では確信していた。ビジネスとしての観点から言って、そうする必要性がないからだ。ロブの自尊心が満たされるだけで、会社にとっては何の得もなく、ただ時間とお金をムダにするのではないかと私は懸念していた。

いずれにしても、決断を下すのは彼であり、また彼一人で決めなければならない。「あなたのお金、あなたの時間なのだから、自分の直感に従うことだ。私には経験があるが、だからといって正しいとは限らないのだから」と、立ち去る彼に向かって私は言った。一日ほど経ってから電話があり、アドバイスを受け入れることにしたと伝えられた。自分で調べてみたところ、ダイレクトメールの反応率に関する私の意見が正しいとわかったのだ。確かに反論できなかったので、有料購読ではなく無料購読をベースに計画を練り直すつもりだという。私は彼の幸運を祈った。二、三カ月後に再び電話があり、雑誌の創刊号の巻頭特集として私にインタビューをしたいと言ってきた。もちろん、了承した。

結果的には、ニューヨークを対象としたビジネス雑誌を発行するというのは、それほど悪いアイディアではなかった。『ニューヨーク・エンタプライズ・レポート』は大成功となり、今も堅調に発行を続けている。もちろん、彼が別の事業でもっと大きな儲けを出していた可能性もあるだろう。だが彼は自分の情熱に従い、自分のやりたい仕事をやっている。それこそ、最大の投資利益を確保するよりもずっと重要なことではないだろうか。その一方で、最初のプランにこだわっていたら成功しなかったであろうことは、本人も認めている。「振り返ってみると、私は何に対しても楽観的すぎました」とロブは話している。

「あのままでは間違いなく資金が尽きていたでしょう。疑う余地もありません。当時はそれがわかりませんでしたが、今はわかります。先を見すぎていて、たとえば翌年に対してフォーカスを当てられていなかったのですね」

何より重要な点として、この軌道修正を通じて、ロブは人生における三年、あるいはそれ以上の時間を失わずに済んだ。無駄骨を折るのではなく、彼にとって価値あるビジネスの基盤を築くために、同じ時間を使うことができた。今のロブが手がけているのは、情熱がある限りはずっと続けていける仕事であり、また、やってみたいことならどんな内容でも試すことのできる仕事なのである。

▶ノームに聞け！

親愛なるノーム
　私は教育施設のオープンを予定しているのですが、入学申し込みが1件もありません。フェアやフェスティバルを利用して情報を広め、新聞広告を出し、施設の一般公開もしました。利用料金の設定は競合他社よりも低いですし、入学金も取りません。それなのに入学者がいないのです。私はあと何をすればいいのでしょう。

キャシー

キャシーへ
　最初に立てたマーケティング戦略で成果が出ないからといって、事業が成功しないと考えてはいけません。私がメッセンジャービジネスを始めたときは、大量にダイレクトメールをうち、「最初の５回の配達は無料」と告知しました。ところが反応はゼロだったのです。当惑したのですが、ある会社の支店長にこう言われました。「我が社では毎日何十件という配達を出しているんです。５件なんて誤差の範囲ですよ。あと50件はあるのですから」と。それが市場だったのです。あなたの場合、受講生の親たちが主に懸念しているのは、おそらく料金ではないのでしょう。子供を通わせようと思うなら、親はその施設のことを知り、信頼し、肯定する必要があるのです。私があなただったとしたら、コミュニティクラブや社交グループ、キリスト教の教会、ユダヤ教の集会にコンタクトしてみます。あなたのサービスが子供たちにどれほど良い効果をもたらすか、地域の人々の証言を載せたパンフレットを配布してみてください。そのあとで一般公開をするのも大切ですし、料金設定も重要となってくるかもしれませんが、まずは信頼を確立することです。

ノーム

まとめ──真の「損益」を決めるポイント

❶ 競合他社が多いのはいいことだ。市場を教育するのはきわめて高くつく作業なのだから。

❷ 初めて開業する場合は、既存の事業を買い取るよりも、自分で始めたほうがいい。

❸ 最初の事業計画はシンプルにするべきだ。そして潜在的な投資家に向けてではなく、自分自身のために書くべきである。

❹ 時間はお金より貴重だ。浪費しないよう気をつけなくてはならない。

第四章　お金のある場所

今度は「お金」について話そう。ビジネスを始めたい人間にとって、資金調達方法ほどミステリアスなものはない。調査と検証を済ませた確かで優れたビジネスアイディアを持っているのに、どんなに頑張っても一人の投資家も見つけられないということは少なくない。「私のやっていることの何が間違っているんでしょうか？」「どうやったら、あなたのような理解ある人を見つけられるんでしょうか？」と、彼らは尋ねる。彼らに必要なのは私の理解ではない。投資家に対する理解なのだ。

ジョーダンとセスの例を紹介したい。彼らは中小企業向けのインターネット開発サービス事業を立ち上げており、それを全国展開できると考えていた。開業・運転資金として自分たちの貯金から二〇万ドルを投じ、売上は初年度が四万二〇〇〇ドル、二年目には二四万六〇〇〇ドルまで伸ばした。その過程で市場について多くを学び、拡大するための戦略をまとめあげた。二人はマンハッタンで印刷仲買事業も成功させていたので、その会社で結んだ契約を活用するという方法だ。新規事業をこの先五年かけて成長させるにあたり、必要だと算出した金額は二〇〇万ドル。投資してくれそうな相手へのアプローチ準備も整いつつあった。ジョーダンから、事業計画書に目を通して何かアドバイスをしてほしいと頼まれた私は、ぜひ見ようと答えた。

事業計画書が到着したのは、実際に顔を合わせる前の日だった。これまで見てきた中で最も感じのいい計画書で、長さは三五ページ、社名とロゴが刷られたハードカバーの体裁になっている。文章は簡潔で要領を得ており、事業内容や市場、進めようとしている戦略の背景事情が過不足なくきちんと記述されている。数字も筋が通っているように見える。だが、いくつかの点が私の注意を引いた。ジョーダンとセスの登場を待って、具体的にどこから投資を得ようとしているのか、と問いかけてみた。二、三日後に数人のベンチャー・キャピタリストとの会合が予定されているのだという。私は「このプランを買うベンチャー・キャピタリストはいないと思う」と言った。

ベンチャー・キャピタリストの視点から考えてみると、その事業計画書には少なくとも三点の問題があった。第一に、期待できる投資利益率や、最終的な清算方法について何も述べていない。投資家が投資するのは、自分が求める利益率を実現するビジネスだけだ。そういう相手のもとへ足を運ぶにあたって、これは重大な情報不足だった。

第二に、計画書によれば投資の少なからぬ割合がオフィス家具や備品、その他の固定資産の購入に充てられることになっている。ベンチャー・キャピタリストなら、「どうして購入する？　なぜリースにしない？」と問うはずだ。ベンチャー・キャピタリストはレバレッジの活用を好む。もちろん、無理のない範囲で、ではあるが。開業資金を支える借入が多ければ多いほど、純資産が増える可能性も高まる。できるだけ小額の頭金で家を買うようなものだからだ。失敗した場合のリスクは大きいが、成功した場合の見返りも大きい。ジョーダンとセスは、自分たちが出資を頼もうとする相手の投資哲学を理解していなかった。これでツー・ストライクだ。

しかし、その事業計画書の最大の問題は、「予測資金源および使途について」と題されたページの小さな注記事項にあった。それによると、投資された二〇〇万ドルのうち二〇万ドル以上が「役員および関係会社の融資の返済」に充てられるという。創業者らが投資金の一割を、事業のためではなく自分の借金返済に使おうと計画しているのを知って、どこの誰が大金を投じる気になるだろう。ベンチャー・キャピタリストがそんなことを許すわけがない。おそらく契約を却下する充分な理由だと考えるはずだ。

反対に、ジョーダンとセスが次のように述べたらどうだろうか。

「私たちは過去二年間、自分たちで苦労して稼いだお金を使い、独力でこの会社の資金を工面してきました。今、私たちは皆さんの出資を必要としていますが、少なくとも皆さんが出資分を引き上げるまで、私たちも資金も引き上げません」

これを聞いたらベンチャー・キャピタリストは感銘を受けるだろう。とても好印象を与える要素だ。それなのに二人の事業計画では、大きなプラス要因となりうるものを、大きなマイナス要因へと変えてしまっている。

ベンチャー・キャピタリストのほかに出資を見込める相手はいるのか。そう尋ねると、ジョーダンとセスは、医者のグループと接点があると答えた。どうして医者なのかよくわからないのだが、資金調達を目指す人々はきまって医者のグループに接触する。まるで、医者はどんな事業を提示されようと、どんな額であろうと、つねに投資する余地があるかのようだ。

「その方々から、それぞれいくら集められそうなのか？」

ジョーダンとセスは、最低でも二五万ドルから投資してもらうつもりだと答えた。私が「きみたち、相手のことをよくわかっていないだろう」と言うと、二人はそのとおりだと認めた。

新規事業に対して、二五万ドルも投資したがる医者など、滅多にいるものではない。裕福な専門技能者はこうした問題に、親戚や友人、その他のアマチュア投資家の対応と足並みを揃えようとする傾向がある。確認したがる最初の質問は「私はいくら出さなければならないのか？」だ。誰にでも投資の基準額というものがある。一万ドルかもしれないし、二万ドル、あるいは一〇万ドルかもしれないが、いずれにしても、それを大きく上回る金額を得られる可能性は低い。思いやりの心からとりあえず売り口上には耳を傾けてもらえるかもしれないが、最初から彼らの関心を失っているのだ。その事業に投資するかどうか真剣に検討すらしないだろう。

　ゆえに、自分が頼もうとしている相手の投資基準額を事前に知っておくことが重要なのだ。相手が投資のプロでない場合はなおさらである。直接尋ねることができなければ、仲介者か会計士に相談してもいいし、そうした層の投資習慣を把握しているフィナンシャル・アドバイザーに相談できるかもしれない。おそらく平均的な投資額は二万五〇〇〇ドル程度だろうから、一〇〇万ドル調達するには四十人必要ということになる。そして相手の投資基準額がわかったら、相手が気持ちよく出せる額を気持ちよく出したくなるような、魅力ある投資内容へ仕立て直さなくてはならない。または、頼みに行くこと自体がムダだという判断をする場合もあるだろう。

　だが、少なくとも先に自分の宿題を済ませなければ話は始まらない。どんな投資家が相手でも、たいていチャンスは一度だけだ。それをふいにしてしまえば、運はめぐってこない。「作り直して戻って来い」とは言われない。自分の行動を自分で理解せずに赴いても、二度目のチャンスが得られる可能性は永遠に来ないだろう。機会を最大限に活用するためには、事業の計画を練るように、資金調達の戦略を練る必要があるのだ。市場を調査する。投資家についてできるだけ多くのことを知る。彼らが何を望み、どんな判断基準を持っているか。契約内容をどのような観点から評価するか。具体的な出資を頼む以前に、そうした情報を揃えておかなければならない。

　簡単に調べられることもある。たとえば相手が銀行なら、ローン契約で使っている正確な基準を喜んで提示してくれるだろう。ベンチャー・キャピタリストでも、適切な形で接触すれば、彼らの哲学を教えてくれるだろう。あるいは、すでにベンチャー支援を受けている事業家のもとを訪ねてアドバイスを求めてもいい。だが本当に必要な情報は、具体的に出資を求める過程で得られるものだ。だからこそ私は、ある程度の失敗はプロセスに組み込んでおくよう勧める。投資を頼む相手のリストに、四件か五件の見込みが薄そうな候補者を入れておき、却下されるだろうと知りつつ、最初のうちに接触するのだ。却下の一回一回から、何かを学ぶだろう。できるだけ多くを学べるようなプランを練っておくべきだ。

たとえば質問票を作って、断られた相手を再訪してもいい。今回は出資を頼むわけではないこと、相手の決断を尊重しており、再検討を頼みに来たわけではないことをはっきりさせる。その上で、自分は経験から学びたい、ノーと言った理由を教えていただけないだろうか、と頼んでみる。忌憚のない意見を言ってもらいたい、と求める。こちらに問題があったのか。事業計画の何かが理由だったのか。求めた額が不適切だったのか。

集めた情報は事業計画書を補強する材料となる。最も支援を得られやすそうな相手のもとへ赴く前に、プレゼンを改良できる。相手が重要視するものを理解し、相手が望むものを確実に提示できるようになる。安請け合いをするべきではないが、こちらのニーズと向こうの基準が一致しなければ接触しても何の意味もないからだ。

ジョーダンとセスには、おおむねそういったことを伝えたのだが、二人の考えは違っていた。そのまま先に進め、ベンチャー・キャピタリストに会いに行き、そして却下された。数週間してからジョーダンが私に電話をしてきて、セスとのパートナーシップ解消を決めた、と告げてきた。セスはあくまで自己資本である二〇万ドルを引き上げさせてくれる投資家を探しつづけたいと考えていた。ジョーダンは、そうした努力は時間のムダだと考えた。最終的に二人で一致した唯一の見解が、別々の道を行こう、という結論だったのだ。これは、ビジネスで得られる教訓がときには何より高くついてしまうことを示していると私は思う。

銀行の選択

開業資金の確保は確かに重要だが、いったん会社が立ち上がって営業を開始してからは、別の金銭面での取引関係に注意を向ける必要がある。つまりは銀行との関係性だ。次なる問題は「どういったタイプの銀行とつきあうべきか」に変わる。

事業拡大費用を工面するにあたり、融資の確保について私にアドバイスを求めてきた某CEOの念頭にあったのも、その疑問だった。彼は「インク500」に選ばれる企業のCEOだったが、売掛債権を担保にしようと計画していた。同社のCFOは銀行の利用を勧めていたが、会計士は動産・債権担保型融資（アセットベースド・レンディング／ABL）業者の利用を推奨している。CEO本人は現在利用している銀行に不満を感じており、いずれにしても使わないつもりでいた。だが、ABL業者の融資を利用すべきでない理由も、何かあるだろうか——というのが、そのCEOの相談だった。

私は、十種類は理由を考えつく、と告げ、いくつ確認したいのかと問い返した。

銀行との取引は非常に困難になることもある。それは知っているし、私自身も衝突の経験は豊富にある。彼らがときに顧客に対してどれほどひどい対応をするか、最初の会合の席に着かせるだけでもどれほど必死に働きかけなければならないか、まったく驚くほどだ。全般的に見れば、彼らは私がこれまでにぶつかった中でも最も無能なセールスパーソンの集団だと思う。だが、ビジネスには銀行が必要だし、銀行との関係性構築のチャンスは余さず活用すべきだ。現時点でローンが必要かどうかは関係ない。本当のところを言えば、ローンの必要がないにこしたことはない。重要なのは関係性を築くことなのだ。なぜなら、いつか本当に借入をしなければならない日が来るかもしれないし、そのときにＡＢＬ業者が唯一の選択肢というのは好ましくない。

誤解しないでいただきたい。動産・債権担保型の貸付業者そのものに対して何か反感を持っているわけではない。ほかで借入のできない会社にお金を貸すというのは、経済における大切な役割だ。それに、銀行と違って彼らは優れたセールスパーソンである。当人たちも認めるだろうが、銀行から融資を受けるより、彼らから借りるほうが高くつく。しかし相手のために多くのサービスをする（と主張する）。債権回収状況を監視し、顧客の信用調査を行ない、売掛金の最新状況の把握を手伝う。そればかりか、たいていの場合は監査済財務諸表の提出すら求めず、最短では二週間程度で、迅速かつ労なく融資契約を締結してくれる。

資本が少なく売掛金の多い成長途中の企業にとって、これらはどれも非常に魅力的に映るだろう。銀行にイヤな思いをさせられたあととなれば、なおさらだ。だが、欠点がある。ＡＢＬ業者から受ける融資は、銀行から受ける融資とは性質が異なる（ここで言う「銀行」とは、昔ながらの「銀行」と呼ばれる金融業者を示している。論旨の都合上、銀行の中のＡＢＬ部門は、ＡＢＬ業者に含めている）。主たる違いは一語で要約できるだろう。すなわち、「コントロール」だ。

ＡＢＬ業者から借入をすると、売掛金をめぐるコントロールを手放すことになる。顧客からの支払いは、もはや自分の手を経由すらしない。貸し手の金庫へとまっすぐに向かうのだ。勘定書を受けとり、現金の流れを示した会計記録を受けとるが、その現金を管理しているのはあくまでＡＢＬ業者である。意見の食い違いがあったり、事業が何らかのトラブルに巻き込まれたりした場合、すべてのカードを押さえているのはカネを貸しているほうだ。もちろん会社が存続したほうが好ましいのは確かだが、そんな状況では、厳しい時期をくぐりぬけようとするモチベーションがなくなってしまう。煎じ詰めれば、自分が借りた資金を返すのは自分ではなく、顧客になってしまうからだ。ＡＢＬ業者が滅多に監査済財務諸表の提出を求めないのは、これが理由である。大事なのは顧客の信用度であって、こちらの会社の信用度ではない。

相手が銀行であれば、状況は大きく変わってくる。銀行はＡＢＬ業者とは根本的に仕事が異なる。彼らは売掛金の管理で稼ぐつもりはない。きちんと回収できる「良いローン」を成立させることで利益が入る。銀行が売掛債権を担保にするのは、利子を添えた返済が見込めると考えた場合だけだ。売掛金が欲しいわけではない。取引にそれは含めてこないのだ。

つまりこの場合、売掛金のコントロールはこちらの手に残っている。こちらで責任を持って管理し、監視し、回収する。当然ながら回収状況について定期的な報告を求められるだろうし、何か状況が悪くなれば、銀行はいつでも追及できる。だがたとえそうなっても対応の余地があるし、生き残る可能性も高い。銀行側が、こちらのビジネスの成功を望んでいるからだ。営業続行の可否に興味を持ち、順調な返済を望んでいる。こちらが存続しなければ、彼らの望みは叶わない。

銀行から融資を受ける理由はマイナス点から身を守ることだけだと示唆しているわけではない。もっと大きな理由がある。借入をするなら、そこに関係性が生じる。先方の望みをこちらが理解している限り、その関係は良好だ。ＡＢＬ業者が探しているのは獲得すべき債権だが、銀行が探しているのは投資すべき優れた事業と、優れた経営者だ。だからこそ銀行から融資を受けるほうが困難になる。こちらの信用度を証明しなければならないからだ。また、だからこそ、融資を受けたあとの努力が重要となる。ＡＢＬ業者が、銀行からは得られないサービスを提供してくれるのも確かだが、それらは本来は企業が自分でやらなければならない作業ではないだろうか。

▶ノームに聞け！

親愛なるノーム

投資家を見つける方法についてアドバイスをいただきたいのです。自己資本がない場合、投資家の心をつかむ価値として、私自身はどんな貢献ができるでしょうか。約束手形にサインする以外のアイディアが浮かびません。

デイヴ

デイヴへ

スウェット・エクイティ（経営者に自己資本がない場合、かわりに自分が投じる労働力や技術、能力などを価値として提示すること）が外部投資家にとって充分な魅力ではない場合、約束手形で効果が出るとも思えません。おそらく、まずはあなたの手元にある名刺を活用するべきではないでしょうか。つまり、自分のアドレス帳に載っている人に電話しなければならないという意味です。親友や親戚も含みます。彼らからいくらかの出資を受けられないでしょうか。知人から資金を集められれば、外部の投資家の目には、それがあなたのお金として映ります。友人や家族から出資を受けることで、あなたは彼らとの今後の関係性をリスクにさらすわけです。あなたが自分の時間だけではなく、もっと重要なものを投じる覚悟があるかどうか見極めたい外部投資家にとって、その事実が意味を持つのです。

ノーム

選択の余地があると仮定して、ここに、銀行からの融資を選ぶべき真の理由がある。融資を受けるというのは、自分が借り手としての責任を理解していることを示し、ビジネスパーソンとしてそれに応えていく力があると証明していく機会なのだ。責務を果たすことができると証明し、関係性を構築するチャンスを得る。つまり融資とは、信頼を勝ち取るためのツールなのである。

融資の失い方

結局のところ、貸し借りにおける関係性を固めるには相互の信頼が必要だが、企業家のほうが銀行に対して信頼を感じることは多くはない。突如として返済を求められる不安をつねに感じているし、そんな事態はいつなんどきでも、いかなる理由でも起こりうる。私の知っているある会社は、ボーナスの支払いでミスを犯し、経営者が三世代にわたって五十年間もつきあってきた銀行に捨てられた。また別の会社は、銀行が規約を改定して今後は債権を担保にする融資はしないと決めたので、利用の継続を断られた。ほかにも、筆頭顧客の信用度が低いと見なされたために、締め出しを食らった会社もある。私も人生で二度、融資の解消を求められた経験があり、そんな経験はもう二度としたくないと思っている。言い換えれば二度目の経験が、今後の自分の身を守るすべを教えてくれたので、もう繰り返さずに済んでいるというわけだ。

私が最初に〝切られた〟のは、一九八五年、メッセンジャービジネスが猛烈なスピードで成長していたときのこと。当時、私の会社は十七種類もの事業体で構成されるビジネスに膨れ上がり、それぞれ同じ銀行と取引していた。何もかもうまく行っていると思っていたのだが、ある日、何の前触れもなしに、融資を打ち切るので三十日で完済せよと通知する文書を十七通受けとったのである。ショックを受け、憤りを感じた。融資担当者に連絡して「何をするんですか。せめて、こんな通知を送る前に連絡することはできなかったんですか？」と言った。相手は謝罪したが、そのあとに続く言葉は、本質的には「うせろ」という意味だった。彼の説明によると、その銀行は債権を担保とする貸付から手を引くことになったので、私の事業にはもう関心がないという。私は一カ月で新たな融資元を探さなければならなくなった。

二度目の経験は一九九五年。これは前回よりも格段にましな状況ではあった。このときも銀行から債権を担保に融資を受けていたのだが、その銀行が規約を変更し、これまでとは性質の異なる事業を融資対象と見なすことになった。だが前回と違って担当者が足を運び、事前に状況を説明した。

「当行では、お客様を三種類のグループに分けることにしました。最初のグループは、当行がぜひとも取引を継続したいお客様です。二番目は、そもそも取引すべきではなかったかたがた。三十日で返済していただくことになります。そして三番目のグループはまったく別で、御社のような良いお客様も含まれます。ただ、今回の方向転換に照らすと、融資基準を満たさなくなってしまうのです。新たな銀行を探すお手伝いをしますし、そのための時間も取っていただけます。圧力をかけるようなことはありませんが、できれば、半年以内に移行を完了したいと思っております」

この説明は私にとって啓示だった。突然、一回目のときは何が起きたかはっきりと理解できたのだ。前回の自分はグループ3ではなく、グループ2に分類された。振り返って、自分が冷静さを保ちさえすればグループ3に入れたかもしれない、と痛感した。激怒するかわりに、ただ担当者に向かって「何が問題なんでしょうか。何か対処できることはないでしょうか」と尋ねてみるべきだった。だが現実には、私の態度を見た銀行側は、できるだけ速やかに縁を切ろうという決心を固めたに違いない。企業家の多くが陥ってしまう間違いだ。

実際のところ、企業経営者が銀行との取引において陥る失策には、主に七種類のパターンがある。たいていの場合、関係性を損なっていると認識せずに犯してしまう失策だ。そうした失策を回避すれば、かなりの苦労を省くことができる。当然ながら、銀行側がいつの日か、こちらにはいかんともしがたい理由で切り捨てを決めないとも限らない。だが、せめてグループ3に入れる可能性は高くなるだろう。

失策1　財務諸表の提出が遅れる

銀行もビジネスだ。彼らが守らなければならない規制は、こちらよりもはるかに多い。銀行が確実にルールに従って営業するよう、監督機関が少なくとも年に一度は記録をチェックするし、内部監査官が四半期ごと、あるいは月ごとに調査を行なう。あなたが決められた日までに財務諸表を提出しなければ、記録は不完全なものとなり、監査される銀行担当者にとって不利となる。そうなれば担当者は、あなたに対してマイナスの印象を持つだろう。

失策2　未決済小切手の資金を運用する

融資限度額の引き下げと、利子の支払いを避けるため、受け取った小切手を即座に現金化して、銀行にとっては未決済の資金を使いはじめる会社もある。この手法には、銀行に負担を与えるという副作用が発生する。企業側は数ドルの節約になるかもしれないが、銀行側が得られるべき収益を奪うため、これもマイナスの印象となる。

失策3　対応を怠る

銀行はあなたの財務諸表について質問をすることが多いし、あなたには答えがわからない場合もあるだろう。それを苛立たしく思い、財務状況について問われると身構えてしまう企業家もいる。会計士に必要な情報を提供させるかわりに、口先だけでその場をしのぎ、要領を得ない無意味な反応だけを返す。だが銀行に監査が入れば担当者が同じ質問を受け、満足に答えられず、結果として叱責を受ける。これも、あなたに不利な要素となって返ってくるだろう。

失策4　関係性を軽視する

銀行の手助けを何も必要としないときには、相手を無視してしまいやすい。ほかに集中すべき重要事項はたくさんあるからだ。「銀行との関係維持に手間をかける必要はない。現状で充分じゃないか」と考える。だが、いざ何かが必要になってから焦っても、たいてい遅すぎるのだ。それまでに良い関係性を構築していなければ、求めるものを与えてもらえずに追い払われる可能性が高い。だからこそ、定期的に顔を合わせておくことが重要だ。私も共同経営者と共に、少なくとも三カ月に一度は銀行担当者と打ち合わせの機会を設けるようにしている。

失策5　銀行側に継続的に正確な情報を与えていない

私たち以上に、銀行というものは、悪いニュースで驚かされることを嫌う。ビジネスでは不測の事態も起こると理解しているが、問題の多くは予期しうるのだから、できるだけ早期に警告を受けておきたいと考える。また、あなたが事業をしっかり管理しているという安心も求めている。それが年間業績予測の提出を求める理由でもある。毎年毎年の予測が実績とかけ離れているとしたら、あなたがビジネスの方向性を正しく認識できていないと理解する。もっと悪ければ、危険なほど楽観的すぎると銀行側は判断するだろう。

失策6　ルールを無視する

銀行の融資には必ず条件がある。融資契約書に含まれる条項のことだ。それを理解しなかったり、忘れたり、単に無視してしまう例は少なくない。私の知っているある人物（仮にマーヴィンとしよう）は、共同経営者と討議して、会社から自分たちに五〇万ドルのボーナスを出すことにした。そうすれば税金を二度払わずに済むからだ（それを配当金として受けとった場合、会社はまず収益として五〇万ドルを申告して法人税を払い、次いで所得者が所得税を払わなければならない）。

残念ながら、彼らはその方法が負債資本比率におよぼす影響を見逃していた。このボーナスで会社の資本を減らす形となったことで、その比率は跳ね上がり、銀行側が定めた限度を超えた。銀行側から、負債資本比率が上がっていることへの状況改善の勧告を受ける結果となった。

失策7　自分が間違っているのに口論する

企業家は、自分が銀行から借りたお金は自分に権利があると考える場合が多い。特に、長らく銀行にとって良い顧客だった場合は、そのように考える。銀行の資本を自分の資本だと考えるようになり、銀行に返せと言われると腹立たしく感じる。だが、借り手が規約に違反した場合、銀行側はいつでも融資した額を取り戻す権利がある。そのために規約があるのだ。また、銀行側にも守らなければならないルールがあり、融資が当局の基準に達していなければ、深刻な規約違反となりかねない。

銀行側が融資規約を変更したからといって、抵抗するのも意味がない。私の場合もそうだった。反論しても昔の規約に戻ることなどありえないし、憤慨したからといって、銀行側が「融資規約を変えたのはこちらが悪い」などと言うわけもない。それどころか、面倒なヤツだという印象を与え、切り捨てられる理由が増えるだけだ。失策6で挙げたマーヴィンたちも、まさにこの状況に陥った。

わかっていただきたいのだが、今挙げた失策のどれ一つとして、それ自体が致命傷ではない。マーヴィンの場合ですら、彼が落ち着いて合理的に行動し、比率を適正に戻すプランを作ったならば、銀行との関係を回復することができただろう。関係性の構築には時間がかかるが、壊れるにも多少の時間がかかる。一つの失策が別の失策の温床となり、ダメージはたいていの場合は目に見えない状態で蓄積していく。手遅れになるまで状況を自覚しないかもしれない。そしてある日、通知が届く。あるいは銀行から電話があり、自分がグループ2にいるかグループ3にいるか知らされる。通知も電話も受けないにこしたことはないが、もし来たとしたら、せめてグループ3でありたいものではないか。どんな世界でも同じだが、ビジネスにおいても突然切り捨てられるより、穏やかにドアを指し示されたほうが、はるかにマシというものだろう。

自分自身の内側に銀行を持つ

信用枠が非常に厳しく、どう頑張っても融資を受けられない場合というのも確かに存在する。幸い、販売している商品やサービスがなんであれ、財を先に届けてから請求するビジネスをしているのであれば、道はほかにもある。すでに売掛金を担保にしている場合は別だが、自分の心の中に銀行があると考えて、銀行側の立場に立って考えてみるのだ。

売掛金とは事実上、顧客に対する融資である。ローン・ポートフォリオの中身をしっかり監視しておくのは大切なことだし、ほかの資金源が干上がった場合は特に重要な意味を持つ。売掛金の回収に、必要以上の時間がかかっていないか。平均回収期間が延びていないか、もしそうだとしたら理由は何か。顧客に電話して催促しなければならない事態が増えているのか。顧客のほうに問題があって、スムーズに払えていない場合があるのか。そうだとしたら新しい条件を考えたほうがいいかもしれない。あるいは、顧客がこちらにつけこんでいるのだとしたら、もう少しプレッシャーをかけたほうがいいかもしれないし、もしかしたら取引を終結したほうがいいのかもしれない。

もちろん、売掛金を担保に銀行またはＡＢＬ業者からすでに融資を受けているのであれば、きちんと管理しているはずだろうと思う。貸し手が債権の確実な追跡を求めるのは間違いない。何しろ融資の担保物件なのだ。売掛金が長らく支払われなければ、存続のために必要なキャッシュの流入が滞る。ゆえに、こちらとしても期日どおりに払ってくれる顧客の見極めに積極的に取り組み、期日どおりに払われない場合は追及していく気にもなる。しかし、そうした動機付けがなかったとしても、貸し手に肩越しに覗き込まれているような気持ちで、債権をすべてきちんと追跡していくべきなのだ。残念なことに、企業が成長するとそうした規律も失われやすい。キャッシュフローが堅調で、銀行残高も潤っている場合は、特に軽視してしまいがちだ。

私は二〇〇六年に、経営する三社の売却を検討していた際、デューディリジェンスの過程でその危険性に気づいた。監査担当者は、まず債権の状況を確かめたうえで、不良債権に対する貸倒引当金を二〇万ドルから四〇万ドル増額するよう求めた。これは、買収金額が二〇〇万ドルから四〇〇万ドル減るということを意味する。私は「どういうことです？」と尋ねた。

「我が社の売掛金はどれも大丈夫ですよ。顧客の文書を預かっているんです。顧客にとっては、支払いをしなければ文書を取り戻せないんですから」

だが監査担当者は次のように答えた。

「ですが、御社の記録によれば売掛金の四〇％は一二〇日以上経っています。これは大きな数字ですよ。引当金以上の不良債権が出る可能性もあります」

私はショックを受けた。確かに取引件数の多い病院や政府機関は、支払いは確実でも遅いという特徴があったのだが、その数字は私が想定していたよりも大きかった。売掛金追跡のきちんとしたシステムを設置していたが、私自身はそれほど注意を払っていなかったのだ。キャッシュフローに問題はなかった。勘定は期日どおりに払っていたし、それでも相当の金額が残った。売掛金にまつわる問題があるかもしれないという考えさえ、一度も頭に浮かばなかったのだ。だから、回収状況の監視は私にとって優先事項の高い問題ではなかった。

だが、二〇〇万から四〇〇万ドルを失うかもしれないとなれば話は別だ。私は一二〇日間が過ぎている売掛金はほぼ漏れなく回収可能だと請け合い、実際に証明してみせると言った。それから四カ月間は、ひたすらその証明に費やした。

まず、過去三年間の回収状況を、月ごとに分けて整理するようにした。短期債権、三十日、六十日、九十日、一二〇日以上に分けて、月ごとの割合を出す。すると一二〇日が全期間を通じて着実に増えつづけていることがわかった。月間の平均増加率は〇・五％程度でも、年間で六％だ。そのスピードでは、たとえば一二〇日の債権が一〇％でスタートした場合――業種または顧客のタイプによって許容可能な数字は異なる――三年目では二八％だ。多少の差はあるが、我々はこういった状況に陥っていた。

集金担当部署に仕事が多すぎて、人員も足りなすぎるのが原因の一つだ、と我々は気づいた。そこで追加の人材を雇い、既存の長期未払い顧客の追及ではなく、将来的な増加防止の業務にあたらせた。これが問題解決のステップだ（第十六章参照）。まずは、これ以上ミスを繰り返さないように確実に対処する。それから過去の取引を確認し、四カ月以上も滞っている未払い額の回収に焦点を当てた。

当時の我々は財政的に逼迫していたわけではなかったので、金銭の追求に必死になる人間が陥りやすい二つの失敗は避けることができた。ぜひとも早急に資金を手にしなければならない場合、迅速に払う可能性の高い顧客のもとへ真っ先に向かうのが自然だ。それはつまり、すでに期日どおり払っている上客である。それなのに支払いを早めるようプレッシャーをかけたり、下手に出て頼み込んだりしたとしたら、会社の成功にとって重要な取引先との良好な関係性維持にはつながらない。これが一つ目の失敗だ。もう一つの失敗は、経理担当者に集金にあたらせることである。彼らはほかの従業員ほど顧客について知らないし、味方になるはずの人物をうっかり怒らせないためにも活用したい個人的な人間関係も築いていない。営業担当者、顧客サービス担当者、顧客と定期的に交流している業務担当者などであれば、顧客に頼みごとをしたり、あるいは引き換えに何らかのオファーを提示したりする方法を知っているかもしれない。

そうした点を念頭に、我が社でも営業、顧客サービス、業務部門にそれぞれ担当を振り分け、顧客への連絡を始めさせた。その後の展開は衝撃的だった。こちらが提供したサービスに支払いをしそこなっていたことについて、逆に我が社を非難する顧客もいたのだ。ある顧客は「払いはするが、どうしてこんなに長いこと連絡してこなかったんだ？」と言った。

「これほど長く放置すべきじゃないだろう。もっと早くに知らせるべきだったんじゃないか」

あとからわかってみれば、その顧客の会社の経理部に問題があり、それも我々の催促があって初めて判明したのだった。だが彼らは、問題を早期に警告しなかった点で我が社を非難した。確かに一理ないわけでもないかもしれない。ともかく陳謝し、話を先へ進めた。

　また別の顧客との対応を通じて、こちらの請求手続きを修正しなければならないと気づかされた。たとえばある病院グループは、我が社のシステムとは合わない購買注文システムを使っていた。それを知らず、先方の支払いプロセスに合わせることをせずに、こちらの請求システムを押しつけていたのだ。そこで、どうすればもっと早く支払いをしてもらえるかと尋ね、先方が必要とする情報と書式を聞いた。そして変更を行なった。

　それから、こちらの請求書が先方の正しい担当者に届いていないケースもあった。原因はいくつかあったが、一番大きかったのは、顧客連絡先情報の更新を怠っていた点だ。最初に情報を入手すると、次に確認するのは五年後、契約更新の際だ。その間に異動もあるし、部署の変更もあるし、手続きの変更もあるし、社名や所在地が変わることすらあるというのに、我々はそれを把握していなかった。あるいは荷物引取スタッフは知っていても、請求係に伝わっていない場合もあった。警備上の理由から、現金を扱う人間にシステムの変更を許可していなかったからだ。そこで新たな処理手順を開発し、情報を効率的に共有して、請求書が確実に顧客の正しい担当者へと届くようにした。

　我が社にとって望ましくない顧客がいることもわかった。主に小企業で、すでに我が社の集金担当者が、繰り返し督促している顧客だ。頻繁に支払いを迫らなければならず、回収に半年から一年かかる。しかも、預けた箱を引き出す必要が生じて初めて支払いをするタイプだ。

　こうしたタイプの顧客は、こちらのポケットからカネを抜き取っているに等しい。その顧客が支払うはずの資金を運用できないからだ。未払い金が一〇〇〇ドルだと仮定しよう。期日どおりに支払われなければ、その分銀行から余分に一〇〇〇ドルを借りなければならない。その借金に年利九％かかるとしたら、一年で九〇ドルだ。その時点で顧客が支払いをしても、実質的に得られる収入は九一〇ドルになる。その一方で経理担当者が先方に電話し、意味をなさない言い訳といつわりの約束を聞かされるのに毎月三十分がかかっている。一年間で六時間だ。福利厚生も計算に入れてそのスタッフの時給が二五ドルだとすると、さらに年間一五〇ドルの負担を強いられることになる。つまり、支払いの遅い顧客が払う一〇〇〇ドルは、実質的に七六〇ドルになってしまうのだ。

それが純利益にどんな影響をもたらすか考えてみていただきたい。私は通常、小規模な顧客口座には最低でも四〇%の利益率を確保するようにしている。それ以下では、たとえ期日どおりに支払ってくれたとしても、仕事として見合わないからだ。だから、一〇〇〇ドルであれば四〇〇ドルの粗利益が稼げなくてはならない。ところがこの顧客が支払いに一年をかけ、こちらが利子や余分な労働対価で二四〇ドルを支出させせられるとしたら、手に入る粗利益は一六〇ドル。利益率は一六%だ。ほかの会社のことは知らないが、そういった顧客が多すぎると、我が社は倒産してしまう！　そうした顧客は欲しくないし必要ない。そこで清算してもらって契約解除を進めた。

最終的に、一二〇日以上支払われていない売掛金の半分以上を減らすことが可能になった。買収を検討していた企業は信じられなかったらしく、もう一度監査を入れると主張したが、監査担当者は確かに未払いが減っていることを確認した。我々は直近の問題を解決しただけではなく、今後の問題発生を防止する新たな手順も開発した。結局、この買収交渉は成立せず、このときの企業に事業売却はしなかったのだが、彼らには恩を感じている。売掛金問題を指摘してくれたおかげで、我々は取引に対して以前より有能にならざるを得なくなったからだ。

▶ノームに聞け！

親愛なるノーム
　私はまだ22歳ですが、事業を立ち上げたいとずっと前から考えてきました。情熱を注いでいる対象はコンピュータです。すでに、非常に有望なコンセプトを思いついています。あと必要なのは始めるための10万ドルです。義理の父がそれだけの資金を出資できる立場にあるのですが、義父にどのようにアプローチすればいいかわからないのです。
ブランドン

ブランドンへ
　企業家は本質的に楽観主義者なものですが、重要なのはポテンシャルだけではなく、リスクにも注目することです。ちょっと考えてみましょう。姻戚関係にある人からお金を借りると、独特のリスクが生じます。まずは自分の胸に問いかけてみてください。もしそのお金を失ったらどうなるでしょう。その損失でプライベートにも甚大な悪影響が生じるようであれば、私ならほかを当たります。ビジネスの失敗は、家族を巻き込むことがなかったとしても、大変なことです。ですが、損失を出しても姻戚の生活に影響を与えることがなく、家族が引き裂かれる可能性もないのであれば、義理の父上に頼むのはたやすいでしょう。こちらのカードをすべて並べるのです。「計画はうまく行くと思うが、仮にうまく行かなかった場合、投資したお金は失うリスクがある」と説明します。その上で興味があるかどうか尋ねて、もし関心がないとしても気分は害さないと伝えましょう。忘れてはいけないのは、姻戚を選択肢としなくても、別の出資元は見つかるということです。
ノーム

まとめ――真の「損益」を決めるポイント

❶ 他人に出資を求める前に、相手が投資する気になる額と、見返りに求めるものを理解しておくこと。

❷ 銀行との関係性構築に早期から取り組み、動産・債権担保型融資業者を利用するのは、銀行から必要な融資を得られない場合に限ること。

❸ 銀行もビジネスである。自社が顧客に期待する対応と同じ対応をすること。

❹ 売掛金は顧客への融資である。適切な金融資産構成《ポートフォリオ》を維持すること。

第五章　魔法の数字

ビジネスを始めようとしている人に向けて、私が伝えられる最高のアドバイスを披露しよう。開業一日目から、手作業で、月間売上高と利益率をチェックしていきなさい。コンピュータを使ってはいけない。数字を手で書き、商品カテゴリやサービスの種類、それから顧客別に内訳を出す。電卓より高性能な機器は使用せず、自分で計算することだ。

第一章で紹介したボビー・ストーンとヘレン・ストーンにもこの点を強調したし、私自身も新しい事業を始める際は必ず行なうようにしている。同じ作業をすれば、読者もあらゆる種類の面倒を回避し、成功のチャンスを著しく高められるはずだ。結局のところ、どんな事業でも、成功するにあたっては数字のセンスを養う必要がある。数字と数字の関係性をつかみ、その連携を理解し、特にチェックしなければならない重要な数字を把握する。数字がビジネスを動かすのだ。最短の時間、最小の労力で最大の儲けをあげる方法。それこそがすべての企業家にとっての目標だし、目標とすべきことだと、数字が教えてくれる。儲けを使って何をするか、それはまた別の話だ。望むなら全部何かに投じてしまってもいい。だが、まずは稼がなければならないのだし、そのための効率的な方法を教えるのが、数字なのだ。ただし、数字の言語を理解しなければならないというのが条件である。

手を使って数字を追う作業は、その言語を学ぶための、私が知る限りでは最高の手段となる。どんな事業でも応用は利くはずだ。コツを習得したらコンピュータ管理に切り替えてもいいが、最初からコンピュータにやらせてしまうと、大切なものを失う。手作業で学んだ場合に得られる数字のセンスが養われないのだ。実際のところ、初期に数字の追跡を始めていなければ、その事業が存続力を獲得することすらあり得ないかもしれない。

アニサ・テルワーの例を考えてみたい。彼女は、現在では「アニサ・インターナショナル」と呼ばれる化粧品関連ビジネスを一九九二年にスタートした。立ち上げから四年後、私に連絡してきた時点では、事業はまだ苦戦が続いていた。本人の説明によると、その事業を売上ゼロから一五〇万ドルにまで育て上げたのだが、「さらに現時点から同じスピードで成長を見込める要素が何もない」のだという。もっと良い宣伝素材が必要なのではないかと彼女は考えていた。私は、問題は別の場所にあるのではないかと思った。いずれにしても、会合の場を持つことに同意した。

アニサがすっかり道を見失ってしまっていることは、すぐにわかった。毎月の支払いも苦しいため、本人も何かが間違っていると気づいているのだが、その「何か」がわからない。原価も把握しているし、適切な価格設定も理解している。なぜ慢性的に資金不足なのか。彼女は、売上が充分ではないのだろうか、と思っていた。だが実は、真の問題は彼女が必要な情報を入手していない点にあったのだ。単純で、すぐ入手できて、事業の動向を教えてくれる数字をきちんと集めていなかったのである。

彼女の状況について、考えられる説明は二通りしかなかった。支出をカバーした上でそれなりの儲けが入る充分な粗利益が出ていないのか。それとも、発生している現金が彼女の貯金口座以外の場所へ行ってしまっているのか。二番目の説明は、アニサの事業の性質を鑑みるとありえないように思われた。化粧ブラシ、スポンジ、バッグ、プレゼント用商品などを全国のデパートや化粧品会社に販売する仕事だ。注文をとり、極東の製造業者にそれを送り、業者が顧客に直接出荷する。アニサに代金が入り、そして製造業者に支払いが行くという仕組みだ。

　つまり、儲けが在庫管理に行くことはあり得ない。在庫など持っていないからだ。彼女自身が業者に支払いをしなくてはならないのだから、売掛金回収に問題があるとも思えない。利益率の低い売上が多すぎるのだろうか。そうだとしたら、それはどれで、理由は何なのか。特定の商品の価格設定が低すぎるのか。一部の顧客に便宜を図りすぎているのか。アニサが記録をつけていなかったので、私も判断できなかった。私は彼女に、戻って過去三カ月の売上高を紙に書き出し、各顧客への納品書に基づく売上総額と、注文ごとの売上原価を提示するように指示した。完成したリストを見たとたん、顧客に関する問題が生じているとはっきりわかった。注文の一部は損失が出ている。充分な利益をあげられていない注文もある。

　そこで、アニサに一枚の用紙を送り、そこに商品カテゴリごとの売上と粗利益を記録してほしいと告げた。月末に、扱っている全商品の種類別の売上高、商品原価、粗利益と利益率を算出する。その月の分と、その年の累積額の両方だ。それから会社全体の総額を計算する。毎月一度のこの作業は三十分もかからないし、内部的に発生しているキャッシュの金額と、その出所をひと目で把握する機会となる。それと同時に別の用紙で、顧客ごとの月間売上高と利益率の計算も続けさせた。

　このレポートは、彼女にさまざまな事実を教えた。アニサがあとから語ったところによると、現実に顔面を殴られたような衝撃を受けたのだという。彼女は初めて、ビジネスでお金を稼ぐには何が必要か理解した。本人の表現によれば以前はただ即興で何とかなっていたようなものだったが、ようやく、きちんと制御するすべを理解しはじめたのだ。全般的に利益率が低かったために損をしていたわけではなかった。一部の商品と顧客ではきちんと粗利益を出していたのだが、一部が平均を下げていたのだ。こうした状況には、基本的に四種類の対処方法がある、と私は説明した。

第一に、値段を上げる。第二に、製造原価を下げる。第三に、利益率の低い取引はしない。第四に、もっと高い利益率で売れる商品を考える。アニサはこのすべてに取り組むと決意した。

わかっていただきたいのだが、アニサが当初に低い利益率を呑んだのが間違いだと言いたいわけではない。前述したように、開業当初はフレキシブルになるべきだからだ。パズルのピースを合わせていくように、ビジネスを少しずつ組み立てていかなければならない。彼女の場合も、最初は利幅の薄い売上にすることで、製造業者との関係性構築につながったと言えるだろう。充分な量の発注をして、つけで彼女と仕事をしてもいいと思わせることができたからだ。本人も気づいていたが、その信用取引はアニサにとって重要な意味を持っていた。

だが、その事業で生計を立てる方法を確立したならば、急いで利益率の改善に意識を向けるべきだった。状況を理解していなかったアニサはそうしなかった。下すべき決断にも気づいていなかった。直感や当て推量で営業していたが、生き残るために必要なのは情報なのだ。

その情報は当初から集めはじめなければならない。とりわけ利益率の追跡は重要だ。高い利益率とは、すなわち高い粗利益を意味する。粗利益こそが会社を支え事業を確立するために必要な資本の供給源だ。

追跡プロセスを自動化するような失策を犯してはいけない。あくまで手を使って紙に書き、自分で比率を計算する。コンピュータにその仕事をさせると、数字は理論上だけのものになる。数字同士が混ざり合ってしまって、意識して見られなくなり、自分の中で咀嚼して把握することがない。ビジネスを自分で動かしていくために絶対に必要な数字の感覚が得られない。

勘違いしないでいただきたいのだが、私はコンピュータ反対派というわけではない。むしろその逆で、メッセンジャービジネスでは業界のどこよりも早くコンピュータを使いはじめた。私が手がける事業では、つねに可能な限り最高のテクノロジーを活用しているし、私自身も会計士の学位だけではなく最新のデジタルグッズを所有している。だが文書保管サービス会社を立ち上げて七年が経った頃も、毎月きちんと時間をとって手作業で主要な数字をチェックしていた。これまでに何種類もの事業に携わってきたが、成功した事業で何百万ドルという売上を出すようになっても、ずっと手作業の計算を続けてきた。

それもこれも学びのプロセスなのだ。省略して進むことはできない。たとえハーバードでＭＢＡを取得し、大手コンサルティング会社のマッキンゼーで十年のキャリアがあっても、手作業で数字を追跡する必要性があるのは同じだ。絶対に学ぶものがあると保証する。アニサの場合もそうだった。新たな知識で武装した彼女は、自分の手で自分の運命をしっかりと握り、アニサ・インターナショナルをアメリカ最大の化粧ブラシ供給業者へと育て上げていった。二〇〇六年には小売チェーンのターゲット・コーポレーションが、アニサ・インターナショナルを「ベンダー・オブ・ジ・イヤー」の美容部門に選出。卓越した事業手法と革新的なデザイン、優秀な顧客サービスを実践した業者に与えられる賞だ。だが数字をきちんと把握できていなかったら、アニサがこれほどの成果を達成することはなかっただろう。初期に手作業で数字をチェックしたおかげで、彼女は数字に対する鋭い感覚を養えたのである。

コントロールのレバー

数字のセンスを養うことの重要性については、どんなに強調しても足りないように思う。特に、潜在的な問題が深刻化する前に警告してくれるような数字を特定しておかなければならない。そうすれば適切なタイミングで適切な判断をして、その後の面倒を阻止できるからだ。

私の文書保管ビジネスから、一つの例を挙げよう。二〇〇三年の春、さらなる成長に向けて全社一丸となって尽力していたところに、二ページのレポートが届いた。毎週月曜の朝に各事業部門に提出させているレポートだ。文書保管部門のレポートは前週に新しく収納した箱の数などを報告する。箱の数は数カ月前から着実な伸びを続けていた。マンハッタンを拠点とする法律事務所、会計事務所、病院といった顧客が、同時多発テロをきっかけに、できるだけ書類を会社の敷地外で保管しようと努めはじめたからだ。我が社の保管箱数は一年間で五五％増えた。だが、その日のレポートを読んでいた私は、あることを発見してショックを受けた。新規に運び込まれた保管箱の数が、その前の週に入ってきた数よりも七〇％近く少なかったのだ。

私はその場に立ち尽くした。新規保管箱の数は、私にとってカギとなる数字の一つだ。週の売上全体を把握する、信頼できる指針なのだ。もちろん全収益の中のたった一つの要素にすぎないが、一定期間に増えた箱の数と、全体の売上高が直接的に比例することがわかっていた。たとえば九月一日に、八月の一カ月間で箱がいくつ増えたか報告を受ければ、私は一％か二％の誤差で八月の全売上数字をはじき出せる。新規保管箱の数字が、そのレポートの示すとおりに落ち込んでいるとしたら、全体の成長率も著しく低下しているはずだった。

これはとても重要な情報だ。新規保管箱の数をもとに売上総額を計算する式を見出していなかったとしたら、このときもすぐには異状に気づけなかったに違いない。当初はそうした計算式の存在は明らかではなかった。収益は、すでに保管している箱の維持保管費、オプションサービス、撤去費用、特別商品など、多くの方面から発生している。新規保管箱など売上総額のごくわずかの割合を占めるだけだ。本来なら、売上総額は多様な収益源からの数字をすべて足さなければ出てこないし、それには毎月の請求締めが済むまで待たなければならない。

だが私はそんなに長く待ちたくなかったし、売上総額と同じ比率で伸びる数字が見つかれば、集計を待たずに把握できるだろうとわかっていた。数年の調査の結果、新規保管箱の数に目をつけ、最終的に前後一％か二％の誤差で売上見積もりをはじき出す計算式を考案した。どうして新規保管箱の数なのか、と問われれば、私にもよくわからない。売っている靴の数でデパートの売上高を判断できるのと少し似ているかもしれない。ともかく、どういうわけか、この計算式は有効だった。

どんなビジネスにも、これと似たようなキーワードならぬキーナンバーがあると私は確信している。知り合いのレストラン経営者は、午後八時三十分に客がテーブルに案内されるまでの待ち時間から、その日の夜の売上数字を予測できる。また、ＳＲＣホールディングス・コーポレーションの共同創業者兼ＣＥＯで、オープンブック・マネジメントのパイオニアであり、私も友人でもあるジャック・スタックが教えてくれたところによると、出荷した歯車の重さで売上を把握する歯車メーカーの男もいるのだという。金額ではない。注文数でもない。歯車の数やタイプでもない。重さがカギなのだ。

実際、私が知っている優秀なビジネスパーソンは全員、何かしらのキーナンバーを毎日または毎週チェックしつづけている。それは成功する企業経営に必須の部分なのだ。キーナンバーは、タイムリーな行動を起こすために必要な財務情報を与える。ビジネスは急速に進むので、経理部から月次、四半期、年間収支報告書があがってくるのを待っていたのでは間に合わない。数週間あと、または数カ月あとに報告を受ける頃には、すでに生じた問題の後始末に追われているだろうし、おそらくは機会も見逃している。必要なのはリアルタイムの情報であって、それを手に入れる唯一の方法が、任意の期間の動向把握に使えるシンプルな計測数値を活用することなのだ。

もちろん、売上自体がそうした計測数値になる可能性もあるが、売上数字を唯一の指針にしてはいけない。これは重要な点だ。売上高だけを追いかけていると、深刻なトラブルに陥りかねない。売上が会社を成功させるわけではないからだ。その役割を担うのは利益とキャッシュフローである。経営者が売上数字の向上に重点を置くあまり、利益とキャッシュフローが補足情報となってしまって、そのせいで破産法適用を申請するハメになった会社は決して少なくはない。

つまり、売上ではなくて、売上と連動するキーナンバーを持つことが重要なのだ。具体的に何がキーナンバーとなるか、それはビジネスの内容によって異なるし、決してわかりやすいものではない。私も、自社の売上を即座に判断できる単一の指標を特定するにあたって、数年はその数字を追いかけてみなければわからない場合が多かった。

我が社が二〇〇〇年春に立ち上げた文書破棄ビジネスを例に挙げよう。前述したとおり、文書破棄ビジネスの収益は二種類のサービスで発生していた。いわゆる「一掃」と呼ぶサービスでは、長年のあいだに蓄積した、慎重な扱いを要する書類を大量に破棄する。もう一種類は、定期的に破棄しなければならない書類が日常レベルで発生する顧客のためのサービスだ。この場合は顧客のオフィスに回収箱を設置することになっている。

「一掃」サービスの収益は毎月に数件しか発生しないので、管理しやすい。回収箱のビジネスのほうは、箱のタイプ、サイズ、回収の頻度などさまざまな要因がかかわってくるため厄介である。売上総額を構成する数字が何種類もあるからだ。私は三年間にわたって数字を追いつづけたが、回収サービスのキーナンバーを特定できなかった。新規に設置された回収箱の数かもしれない。未処理の箱の総数も候補だ。あるいは回収の回数だろうか。いや、もしかしたらまったく別の数字なのかもしれない。私はさまざまな数字をチェックしつづけ、最終的に、箱に貼ってあるバーコードが一週間にスキャンされた回数が、全体の売上数字と最もはっきり連動することがわかった。だが、そうした数字の関係性を理解できるだけの充分な経験が蓄積されるまで、すなわち充分な箱を処理するまでに、かなりの時間がかかってしまった。

キーナンバーの特定がどれほど重要であることか。私が新規保管箱の減少に気づいたあと、文書保管ビジネスに起きた経緯を説明しよう。その時点までの我々は定期的な人材雇用を続けていた。入ってくる新規の保管箱をさばけるようになるまで、どんなスタッフでも入社から多少の時間がかかる。しかも新規採用者のうち最終的に勤務を続けるのは四人に一人なので、採用は必要な数の四倍を採ることにしていた。新規保管箱の減少に気づいた私は即座に、成長スピードも鈍化するだろうと理解した。そうなれば期待するほどのキャッシュフローが生じなくなる。減少はその一週間だけの異変かもしれないが、そんな危険に賭けたくはなかった。新規保管箱の減少と連動して年間成長率が落ち込むとしたら、それだけですでに三十人近い人員過剰だ。通常の離職率で問題は解決するかもしれないが、これまでと同じペースで採用を続けたくはなかった。売上が回復しなければ人員を解雇せざるを得なくなってしまうからだ。

そこで、この一週間の数値をもとに、私は一時的に採用活動をストップさせた。

「皆の雇用を守りたい。これで効果が出るかどうか見てみよう」

そう社内に告げ、売上の回復を待つ。だが低迷は続いた。一週間が一カ月になり、四カ月になり、もはや単なるイレギュラーな落ち込みではないことが明らかになった。市場が変化したのだ。同時多発テロ後に各社が一斉に重要な書類を別の場所で保管したいと考えたのだが、どうやらその移動がすべて終了したようだった。売上は伸びつづけてはいたものの、その伸び率は年間五五％増から約一五％増にまで落ち込んだ。

私の抱いた危機感は正しかった。キーナンバーの面目躍如だ。予感が的中すれば、周囲からは天才のように見られる。私がこれほど早期に成長率の低下を見抜き、これほど速やかに対応したことに、スタッフはとても感銘を受けていた。数字に全部表れていたんだ、と私は説明した。

成長のための対価

売上以外の項目、特にキャッシュフローを追跡していくことの重要性について先に述べたが、もう一度その点に戻って話を続けたい。売上も大事だし、利益はもっと大事だが、ビジネスの生き死にはキャッシュフローで決まる。初めての起業ではそこでつまずく場合が多い。売上が増えればほぼ必ずキャッシュフローは減り、キャッシュフローが減ればトラブルにつながるということが理解できないのだ。

ここでも私の経験を例に説明しよう。最初の会社を立ち上げた時点では、売上とキャッシュフローの関係を何もわかっていなかった。売上がすべてだと思っていた。誰かに一〇〇万ドルの新たな案件をオファーされれば、「いつ始める?」としか考えなかった。やってくる仕事は全部引き受けた。可能な限り早く引き受けた。そして会社はすさまじい勢いで成長した。売上高は五年でゼロから一二八〇万ドルまでのぼりつめ、その急成長ぶりが注目されて一九八四年に「インク500」に選出された。つねにキャッシュフローに関する問題はあったのだが、私はそれに注目していなかった。売りまくるので忙しかったのだ。

その横っ面を張り倒したのが、資金繰りの悪化だった。四週連続で自分の給料をあきらめなければならなかった。妻のエレーンは激怒し、「自分の給料が出せないって、どういうこと?」と詰め寄った。

▶ノームに聞け！

親愛なるノーム

現在、パートタイムの経理２人を使っていますが、その状態を卒業し、経理担当の正社員１人を雇うべき段階に来ました。体制変更の準備をしながら、自分はどの数字を日々チェックしていくべきだろうか、と考えています。

ゲイリー

ゲイリーへ

どのビジネスにもそれぞれ重要な数字というものがあります。察するに、あなたはすでにあなたにとっての重要な数字を知っているのではないでしょうか。業績の良い週、良い月をどのように判断していますか？　売上が下がるときには何が起きますか？　売掛金の回収にどれくらいかかりますか？　これらはいずれもシンプルで一般的な数字です。経理担当者は、注目すべき数字を定期的に報告することのできる人材でなくてはなりません。新たな経理担当者の面接をする際、その役割を果たせるかどうかしっかり確認してください。あなたが少々数字は苦手だと思うなら、その点はちゃんと伝えることです。あなたのわからない点を応募者に尋ね、理解できる答えが返ってこないのなら、その人物を雇ってはいけません。

ノーム

「仕事は上々だと思ってた。売上も天井知らずで伸びていたんでしょう。それほどの成果を出しておいて、四週間分も家にお金が入らないっていうのはどういうことなの？　説明してちょうだい、意味がわからないわ」

妻に説明できなかったのは、私自身が実は理解できていなかったからだ。だが、把握しておかないと困ったことになるだろうとわかっていた。あれこれと考えをめぐらせて、やっと理解にたどりついた。もっと先を見越した視点を身につけなければならなかったのだ。売上成長率をどのように想定しているにせよ、売上を出すためには、まず現金が必要だ。その入手方法を把握しておかなければ、自分を窮地に追い込むハメになる。状況を制御できなくなり、決定権を失い、生き延びるためだけに極端で無分別な行動に出ざるを得なくなる。給料カットはまだよいほうだ。所得税の支払いを停止する人は少なくないが、それは非合法であるばかりでなく、愚かでもある。利子と罰金ほど高くつく支払いはこの世に存在しない。一方で勘定の支払いも滞るので、債権者からは激しく責められる。悪夢だ。

では、一体どのように成長の計画を練るべきなのか。より正確に言えば、新たな売上を出すために追加すべき運転資本の額は、どのように判断するのか。新たな仕事が入ってきたら、まずは次に挙げる質問の答えを確認しなくてはならない。

1　いくらの仕事なのか、どんなタイムフレームの仕事なのか

2　利益率はどれくらいか

3　諸経費はどれだけ増えるか

4　代金を支払ってもらうまでどれくらい待たなければならないか

この四つの問いに対する答えがわかるならば、その仕事を請けるにあたり必要な追加資本のおおまかな見積もりが出る。

例を挙げよう。来年の売上が一〇万ドル増と見込まれるとする。利益率は三〇％だ。新しい仕事によって増える売上なので、利益率は変わらないと考える。だが手数料や経理業務など、もろもろの経費が一万ドル余分にかかる。平均の売上債権回転日数（回収にかかる期間）は、一貫して六十日間と見込んでいる。

この条件で、考えるべき計算は次のとおりだ。

まず、新たな仕事の売上原価（ＣＯＧＳ）を把握する。販売する財の生産または獲得にかかる金額だ。利益率が三〇％なので、売上原価は七〇％、七万ドルだ。発生する追加諸経費一万ドルを加えると、一〇万ドルの新規注文に応えるため、八万ドルを新たに支出せねばならない。その支出総額を、カバーされる期間の三六五日に均すと、この新案件は一日二一九ドル一八セントの負担を強いることがわかる。その数字を、売掛金回収までにかかる日数で乗算すると、必要な追加資本の額が出る。安全のため私はつねに回収期間を二割増しで考えているので、この例の場合、六十日ではなく七十二日だ。七十二日×二一九ドル一八セントは、一万五七八一ドルだ。

断っておくが、これはあくまで概算だ。「勘定をいっぺんに支払うつもりなのか」など、不適切な仮定に基づいていると指摘する声もあるだろう。だが予測とはそもそも不正確なものだ。必要なのは、指針となるシンプルなツールである。先に示した概算でも、将来的な現金需要について合理的な推測が立てられる。用心しすぎるぐらい用心したとしても、それは悪いことではない。

では、この情報をもとにどんな対応を取るべきか。利益率の高い良い仕事を断るわけにはいかないなら、追加資本を発生させる方法を探さなくてはならない。既存顧客の売掛金回収期間を短縮するという手もあるだろう。こちらから払うべき支払いを一週間か二週間ほど延ばしてもらえるかもしれない。新規顧客と取引をして、通常よりも支払いサイトを短縮することもできるかもしれない。あるいはメインに使っているベンダーに連絡し、こう頼んでみるという手も考えられる。「我々双方にとって素晴らしいニュースがある。多くの案件をもたらしてくれる新規顧客を獲得した。だがその場合、おたくへの支払いは四十日ではなくて六十日になってしまう。それでお願いできるだろうか」。ノーと言うベンダーはほとんどいないだろう。

銀行債務とコストの増加を気にしないのであれば、最後の手段として借金という道もある。この場合も数週間は自分の給料を我慢するという選択をすることになるかもしれない。私自身はここ数年はその手段を採らずに済んでいるし、この先も避けたいと思っている。妻も同じ意見だろう。彼女は私に毎週きちんと給料が出ているほうを好む。その点で言えば私だってそうだ。お互いに安心していられる。だがキャッシュフローを把握していなければ、ビジネスに安心感など抱けない。これはできるだけ初期に学んでおくべき教訓だ。

最終的なリターン

当然のことながら、事業構築の最終的な見返りは、売却の際に得られる金額だ。残念なことに多くの経営者が、その大部分を手に入れ損なう。売却金額の計算に盛り込まれる要素を理解せず、自分が生み出したものの真価を買収金額に完全反映させるために必要な財務記録をつけていないからだ。それなのに、企業価値に対する著しく思い上がった考えだけが、とどまるところを知らず膨れあがってしまう。

『インク』誌が毎年選出する「急成長している株式非公開企業５００」に載るような会社は、きわめて一流なのだ。私は「インク５００」の応募書類に目を通した経験があるのだが、前年に六〇〇〇万ドルの売上で赤字を出しておきながら、なおも時価総額を五〇〇〇万ドルから一億ドルと主張する経営者もいた。明らかに、一九九〇年代に存在した利益のあがらないＩＴ企業の数々がどんな末路をたどったか、わかっていないのだ。また別の応募書類では、約六五〇万ドルの売上高で純利益が三三万五〇〇〇ドルと記録されていた。それなのに経営者は自社を一億ドルから二億ドルの価値があると考えていたのだから、説明がつかない。実際のところ、私が書類に目を通した企業の半分程度は、お話にならないほど高い評価額を申告していたと思っている。残りの半分は「お話にならない」とまでは言わないまでも、自己評価が高すぎるという点では同じだった。

「インク５００」に載ろうとするＣＥＯ、あるいは以前に載ったことのあるＣＥＯが、なぜそのような考えを持ってしまうのか、私にはよく理解できる。我々企業家というのは、全般的にきわめて強い自尊心を持っているものなのだ。それ自体は悪いわけではない。「インク５００」に選ばれるほど急速に事業を成長させるには、そうしたエゴは必要だ。だが、みずからのビジネスの貨幣価値を出そうというときになると、たいてい自尊心が邪魔をする。つい、自社と似たような会社の評価額として聞いたことがある中でも最高の数字に着目し、しかも、それを何倍かに膨らませてしまうのだ。

自社の価値を現実より大きく見積もってしまう傾向は、ある程度のスピードで成長している企業だけとは限らない。ボブ・フェインスタインとトレイス・フェインスタインが見つけた企業の例を挙げよう。二人は私の文書破棄ビジネスの共同経営者だったのだが、ある取引を提案してきたことがあった。買収されたいと考えている、小さな会社の存在を耳にしたという。そのオーナーが求めていた売却金額は年間売上高の二倍、約一二〇万ドルだった。その他の文書破棄サービス会社は軒並み年商の三倍で売却していたので、ボブとトレイスは、ぜひこれを買うべきだと言ってきたのだ。だが実際のところ、二人は本書で挙げた中でも最もありふれた間違いを犯していた。売上だけを見て会社を評価してはいけないのだ。確かに、どの業界にも企業評価の大体の目安というものがあり、通常は年商の倍数で表現されているが、それは単に習慣と利便性のためのものだ。買い手が興味を示すのはフリー・キャッシュフローであり、フリー・キャッシュフローは利益の一部であって、売上から導かれるものではない。

蓋を開けてみれば、ボブとトレイスが買収を提案した会社は非常に利益が薄いことがわかった。経営しているのは父と息子で、トラック一台を所有し、その荷台にシュレッダーを載せただけのビジネスだったのだ。親子が重要視していたのは生活費を稼ぐことであって、大量の裁断作業を極端に安い値段で請け負ってその目標を達成していた。なんと文書の重さ一ポンドにつき六セントで仕事をしていたのだ。

本人たちはそれでよかったのだろうが、我が社のような会社にとって、この事業は買収する価値がない。そもそも、破棄すべき書類を回収し、確実に安全な方法で裁断するコストだけでも一ポンドあたり六セントでは間に合わない。その他の経費をすべて無視しても、だ。もちろんくだんの父子なら無視できるだろう。何しろ、ほかの経費がまったくかかっていないのだから。実際の裁断作業以外に、支出と呼べるものはほとんどなく、その結果として粗利益を出さなくてもやって行けていたのだ。だが、経費がかかり、粗利益が出ず、それでやって行けるビジネスなど存在しない。諸経費をカバーし、会社の維持に必要な純利益を出し、投資を回収してリターンを出していくのは、粗利益だ。粗利益の出ない事業の買収など絶対に検討しない。その父子の顧客リストさえ買い取らない。こちらが現実的な料金を提示したら、顧客はすべて離れていくに違いないからだ。

だとしたら、その父子は一体どういう経緯で自社を一二〇万ドルで売却できるなどと考えたのだろう？　疑問に思われるかもしれないが、実は、彼らは特別変わった計算をしたわけではなかった。業界では年間売上高の三倍で売却すると聞き、自然と、自社もその通例にあてはめていいと考える。同じ道路に面した住宅価値はおおむね同じと考えるようなものだ。その家の中身について何も知らなくても、買い手が何を望んでいるか知らなくても、同じだと思ってしまうだろう。

私自身は我が社の買収に興味を持つ人々との対話を通じて、そうした癖を直していった。ほかの経営者にも同じ方法をお勧めしたいと思っている。買おうとしている相手は何を求めているのか、まず理解することから始めなければならないのだ。もちろん、それは相手の狙いにも大きく左右される。戦略的な理由で買収を行なう会社もあるだろうし、市場占有率の獲得が目的の会社もあるだろう。相乗効果のポテンシャルを見ているのかもしれないし、生産ラインの拡大を求めているのかもしれない。だが、取引に駆り立てさせている理由がなんであれ、まずはＥＢＩＴＤＡ（金利支払い前、税引前、償却前利益）に注目するのが得策だ。その数字から、毎年必要となる新たな資本支出（ＣＡＰＥＸ）の最低額を差し引けば、フリー・キャッシュフローをかなり正確に把握できる。つまり、操業費と経費の支払いを済ませ、新たな資本支出の最低要件を満たし、なおかつ税金と利子（おそらく買い手が支払う必要がないもの）と減価償却（資産の経費とライフスパンを反映する会計の仕組み）を計算に入れる前の段階での、会社が生み出す一年間の資本の額を把握するというわけだ。

買い手がこちらのＥＢＩＴＤＡを把握したと仮定して、その上で初めて、別の要因も検討に入れることができる。「仮定して」という表現を使ったのは、零細企業は財務に監査が入っていない場合がほとんどだし、ＥＢＩＴＤＡを適切に見積もれるだけの財務記録も揃っていないことが多いからだ。そうした情報がなければ世慣れた企業を相手に売却などできないだろうし、高い値段をつけるなどもってのほかだろう。

だが、しっかりしたEBITDAが出ており、それを証明できると想定してみよう。それで安心というわけではない。買い手はEBITDAの内訳を知りたがる。幅広く多様な顧客基盤を有しているのか。その顧客とは長期契約を結んでいるのか。価格設定は市場と一致しているのか。

私の知り合いで、年商の三倍から四倍で事業売却が行なわれる業界に携わっている男がいる。彼も事業を売りたいと考えたが、どこも買いたがってくれず、不思議に思っていた。問題は、彼の売上の半分以上が二件ほどの大得意先に占められていたことだ。しかも、その二社から、かなりの暴利をむさぼっていた。そういうことはままあるもので、顧客が徐々に規模を拡大したにもかかわらず、しかるべきディスカウントを与えなかったのかもしれない。先方の担当者が無能だったか、きちんと仕事をしていなかったのかもしれない。理由はなんにせよ、短期的にはほとんど詐欺のような儲けになるかもしれないが、長期的には問題を抱えることになる。顧客が目を覚ませばビジネスは終わりだ。特定の顧客が売上の大多数を占める場合、その損失は大惨事になりかねない。買収を検討する側に頭があれば、その危険性に気づき、それなりの値引きを求めるか、買う価値はないと判断するか、どちらかだ。

逆に、経営状態のしっかりした会社を所有していると仮定しよう。売却で得られるのは、おそらくEBITDAの五倍から十倍の金額だ（インターネットベースの、いわゆる「コンセプトカンパニー」は除外する。または少なくとも、独特のルールで時価総額が決まるような、爆発的成長のポテンシャルを持った企業は除く）。五倍から十倍と述べたが、正確な乗数は、金利などさまざまな要因に左右される。高金利なら乗数は小さくなる傾向がある。金利が下がれば通常は大きくなる。また、ほかにも買収を希望する会社があれば、その競争にも影響されるだろうし、同時期に売りに出ている好条件な事業の数にも左右されるだろう。その会社特有の事情もかかわってくる。たとえばまだ活用されていないキャパシティがあるなら、それは金額を吊り上げる要因になるかもしれない。

最終的には、どんな業界にせよ、おおむねＥＢＩＴＤＡの五倍から十倍に収まる。理由は、買収者側が買うのは将来的な儲けのポテンシャルだからだ。儲かる可能性が高そうであれば、買収に出したがる金額も上がる。逆に、キャッシュフローが早期に途切れる危険性が高ければ、出したがる金額は下がる。当たり前のことに見えるが、周囲はそういう言い方をしないし、買収の当事者たちですら、そういう言い方はしない。そのかわりに年商の倍数で表現したり、もっとわかりやすい別の単位に換算して表現するのだ。たとえば文書保管業界なら、「一箱あたりいくら相当で事業を売却した」という言い方をする。買収者が引き取る顧客口座および箱だけを買うのであれば、それで文字どおり正しいのかもしれないが、その他もろもろの条件を含めて事業を買収したのであれば、「一箱いくらで」と言うのは言葉のあやのようなものだ。それが嘆かわしいことに、シュレッダービジネスを営む父子のような人々に、企業価値に対する間違った考えを持たせてしまう。

では、この父子は絶対に事業を売却できないのかといえば、必ずしもそうではない。多少なりと理性があれば一二〇万ドルなど出すわけがないと思うが、買収側によっては価値を見出すこともあるかもしれない。つまり、父子と同じような人々が相手であれば、話は違ってくるだろう。この場合に問うべき最初の質問は、「その事業は、新オーナーの生計が立ち、なおかつ五年か六年ほど月々父子に買収金を支払っていけるほどの儲けを出すか」である。そして二番目の質問は、「それは買い手にとって、自分で一から事業を立ち上げるよりも得な取引なのか」だ。私はどちらの質問にも答えられない。事業売却で得る金額をあてにした引退生活のプランを作る前に、父子がその答えを得られればいいと願うばかりである。

▶ノームに聞け！

親愛なるノーム

私はエンターテイナー兼プロのテニス選手として、スポーツ教育事業に携わり、コートでの「テニスミュージカル・ショウ」や、専門クリニックを通じてテニスを教えています。この事業を成長させたいと思っていますし、そのための熱意と長期的ビジョンも持っていますが、実務経験がありません。まずはビジネスマンになる時間をとるべきでしょうか、それとも事業を成長させてくれる人材を別に見つけるべきでしょうか。

デイヴィッド

デイヴィッドへ

あなたは自分で評価しているよりも、もっと多くのビジネススキルをお持ちなのではありませんか。あなたには顧客がいます。自分の能力を売り込み、宣伝する能力は持っているはずなのです。それらはビジネスマンとして最も重要なスキルの一部です。あなたは経理のことはわからないかもしれませんが、だからといって数字を学べないというわけではありません。あなたが知るべきは数字であって、経理のテクニックではないのです。私のアドバイスは「やってみてください」です。実務経験を獲得する方法はたった１つ。やってみて、失敗するしかないのです。試してみなければ成功はしません。最悪でも、次のビジネスのための知識は得られるはずです。

ノーム

まとめ——真の「損益」を決めるポイント

❶ 新しい事業を始める際は、数字の感覚がつかめるまで、手作業で月間の売上高と粗利益を記録していくこと。

❷ 売上報告書の作成に先んじてビジネスの動向をリアルタイムで教えるキーナンバーを見つけておくこと。

❸ 売上が増えれば、たいていの場合はキャッシュフローが減る。対処できる時間のあるうちに、将来の現金需要を見極めておくこと。

❹ EBITDAを理解し、企業価値を計る際は売上ではなくEBITDAに乗算して考えること。

第六章　取引の技術

先へ進める前に、「交渉」について少し話をしておきたい。お気づきだろうと思うが、これはごく基本的なビジネススキルだ。実際のところ、ビジネスの大半は交渉にほかならない。自分の会社を持つことを考えはじめた日から、その会社を売却する日まで、次から次へと交渉をしていかなければならない。名称はいろいろとあるだろう。「資金調達」、「売り込み」、「不動産のリース」、「人材採用」、「保険の加入」、「電話を引く」……。どう呼ばれるプロセスであろうと、一段階ごとの交渉を経ていく点では変わらない。そのプロセスの目的をしっかり認識していなければ、代償を払わされることになる。理由は、融通がきかなくなってしまうからだ。自分のニーズだけに焦点を置き、関係者の言うことを聞かなくなる。結果として、よりよい取引をする機会を逸してしまう。

非常に典型的な例で説明しよう。我が社の倉庫の一つで、建設が予想外に遅れたことがあった。入ってくる新たな保管箱をすべて収納すべきタイミングに、倉庫完成が間に合わないのは明らかだ。別の保管場所を急いで押さえなければならないが、どこでもいいというわけではない。必要なのは特殊な倉庫だったからだ。天井がかなり高く、本社から数ブロックの距離で、荷物の移動も一気に済ませられる場所でなければならない。

最初の二つの条件を満たすだけでも、候補地がほんのひと握りしかないことはわかっていた。交渉という点ではかなり厳しい立場だ。相手が三つ全部の条件を揃えていれば、私としては言いなりになるしかない。仮に私が収納場所を見つけることだけを考えていたとしたら、もう不動産仲介業者の慈悲にすがってしまいたい誘惑に駆られていたことだろう。だが私には、可能な限りいい取引をしたいという気持ちもあった。それが、すがりついてしまいたい誘惑を押しとどめていた。場所を確保し、しかも、いい取引がしたいなら、交渉をしなくてはならない。

交渉の皮切りは、私から不動産仲介業者へかけた電話だった。何かを交渉したければ、まずはこちらから他者に接触を図る。求めている倉庫の条件を伝え、一平方フィートあたり五ドルという相場の値段を支払うつもりがあると話した。この地域でその料金では該当する物件はほとんどない、と担当者は言った。

そこで私は次のように話した。

「実は、ほかの地域でも探しているんです。ちょっと調べてみてくれませんか。しばらくはこのあたりで探したいと思っていますが、もしも料金と条件が全然合わないようなら、別のところへ行きますから」

これは、少なくとも一部ははったりだった。別の場所で探すというのは、私が最も選びたくない道だったからだ。確かに料金と条件が絶対的に希望とかけ離れていれば検討せざるを得ないし、あくまでも念のため市内の別の地域でよい物件がないかどうか目を光らせてはいる。だが、私にとってこの場所で物件を見つけることがどれほど重要であるか、不動産仲介業者に見抜かれたくなかった。交渉においては、こちらの真のニーズと優先順位をつねに推測させつづけなければならない。さもないと求めるものは手に入らない可能性が高い。もし手に入るとしても、あまり旨みのない取引で手を打たなければならないだろう。

二、三日後に、今度は不動産仲介業者から電話がかかってきた。私の要件を満たす場所が見つかったという。もちろん見に行った。完璧だった。

「これならよさそうです。賃料はいくらです?」

私が尋ねると、「オーナーは、五年リースで一平方フィートあたり六・五ドルを希望しています」という答えが返ってきた。

「冗談じゃない。四・七五ドル以上は払いませんよ」

これもはったりだ。提示された賃料を払わなければならないのであれば払うつもりだった。それほど緊急を要していたからだ。だが、それ以外の検討要素も生じていた。倉庫の準備が数カ月以内に整いそうなので、五年リースで契約した場合、収納面積ばかりが多くなってしまう。それなのに金額を強調したのは戦略上の都合だった。これも私が必ず守る原則だ。二番目の要件を最初に交渉すること。最終的には相手の希望におおむね沿うことになるだろう、と理解しているからだ。最初の交渉で譲歩しておけば、本当に優先順位の高い要件を検討する時点で、こちらの交渉力が増す。

それから二、三週間ほどかけて、業者を仲介してオーナーと値段交渉を続けた。ついにはオーナーが一平方フィートあたり五・八ドルまで譲ったところで、業者がこれ以上は下がらないと言った。そのレートですでに二件のテナントを抱えていたからだ。そこで私は「ほかにも検討したい点があるので、先方と私とで会って話をすべきかもしれません」と告げた。

代表者同士による顔を合わせての話し合いは、つねに交渉プロセスにおける重大なポイントだ。ところがほとんどの場合、自分の求めるものに全神経を集中するあまり、この話し合いを台無しにしてしまう。交渉はギブ&テイクだ。求めるものを手に入れるには、まず先方の望みを見極めなければならない。その方法はただ一つ、相手の言い分に耳を傾けることだ。私は必ず二つの交渉ルールに沿って耳を傾けるようにしている。一番目のルールは「いかなる先入観も持たないこと」。先方の考えについて、どんな仮説を立ててもいけない。正しいにしろ間違っているにしろ、その仮説は自分の目を曇らせる。言われている内容を聞けなくなってしまう。そして二番目のルールは、「自分以外の関係者は、みな自分より賢いという前提で考えること」だ。自分のほうが賢いと思いはじめたら、相手に注意を払わなくなる。だから私は交渉時には必ずメモ用紙を持ち込む。四枚目か五枚目あたりに、「まぬけ」という言葉を三回書きつけておく。そして、自分はなんて冴えてるんだという考えが頭をよぎるたび、そのページまで紙をめくり、ひそかに自分の頬を打って、改めて相手の言葉に耳を傾けるのだ。

今回のオーナーは私のルールには則っていなかった。実際のところ、彼は交渉しに来たわけではなかった。姿を見せるやいなや、すぐさま賃料について話しはじめ、その場所は一平方フィート当たり五・八ドル未満で貸すことなど検討さえしないと述べた。それが彼にとっての底値だったのだ。すでに五・八ドルで貸している顧客が二件あるので、譲るつもりはない。それ以上何かを話し合うつもりもない。それから五年リース契約が好ましい。彼はそう言った。

私はその意見に耳を傾け、相手の発言を正確に聞き取った。賃料は交渉不可。だが、五年リースのほうは話し合う余地がありそうだ。

私に必要なのは、その交渉の「余地」だ。そこで私は口火を切った。

「五・八ドルは高すぎると思うのですが、いったんそれは脇に置きましょう。リースの条件について話しませんか。こちらは五年契約を結ぶことはできません。現時点で、うちのビジネスには不確実な部分が多いからです」

状況を説明すると、オーナーは「オーケー。だが五・八ドルは欲しい」と答えた。

「そうですか。どうしてもその金額でなければならないというのであれば、私もそれで何とかなると思います。いずれかの時点でリースを解約する権利を与えてくださるのであれば」

最後にはオーナーが、七カ月が経過すれば解約可能というオプション付帯に同意し、私が一平方フィートあたり五・八ドルの賃料に同意した。公平な取引だった。双方ともが最も求める内容を叶えたのだ。

しかし、オーナーがこの会合に違った態度で臨んでいれば、事態はもう少し彼にとって有利なものになり得たはずだ。相手の言うことに耳を傾ける体制で来るべきだった。私に先に喋らせるべきだった。あるいは、「お会いできて嬉しいです、ブロドスキーさん。うちが雇っている不動産仲介業者とはすでに話されたそうですね。彼がリース期間について説明したことと思います。契約の準備はよろしいですか？」という言葉で話し合いをスタートさせるべきだったのだ。そうすれば私が、この賃料は法外だと言う。オーナーは、ほかのテナントより低い金額にはできないと言う。すると私は五年リースの話を持ち出す。その時点でオーナーは議論をさえぎって、こう告げることができたはずだ。「この契約の一行一行を確認していかなければならないのですか？　あなたは最初に賃料の話をしたがり、次に契約期間について話をしたがる。次はきっと、空調や冷暖房について話をしたがるのでしょうね。我々は取引をするかしないか、どちらかなんですよ！」

そう言ってオーナーは私を守勢に立たせる。私のはったりを通用させない。解約オプションを取りつけることにはなったかもしれないが、この場合であれば、解約に対して私が違約金を払うという取り決めになっただろう。

だが、オーナーの態度がその展開を阻止してしまった。彼は解約時の違約金を科さず、私は事実上、長期契約のテナントが払う賃料と同じ単価で短期契約を獲得したというわけだ。

▶ノームに聞け！

親愛なるノーム
　あらゆる交渉において、先に切り出すほうが負けるという話をよく聞きます。私は今、喉から手が出るほど欲しい大口契約をまとめようとしているところです。提案書を作成し、先方の代表者から財務担当者に渡してもらいました。先方が対案を出してくることになっています。すでに２度、電話をしたのですが、まだ伝えるべき情報はないと言います。彼らは、こちらが提供する割引を、彼らの顧客への割引として提供を考えているのです。先方が顧客と近いうちに行なう打ち合わせにおいて、その割引情報を提示する予定なのです。私はその打ち合わせの前に連絡すべきでしょうか、それとも向こうの次なる動きを待つべきでしょうか。
ダニエル

ダニエルへ
「最初に喋らない」というルールを守っていると、交渉の多くは沈黙ばかりになってしまいます。大切なのは顧客との繋がりを維持することで、今は契約が取れない心配などすべきではないと思います。問題は、なぜ先方が連絡してこないのか、という点です。悪いニュースを告げるのは気が進まないと考える人もいます。こちらから、それを伝えやすくしてあげる必要があります。そうしないと何が問題なのかわかりません。もし私があなたの立場なら、期日が過ぎるまで待ち、先方のボイスメールにこう吹き込んでおきます。
「打ち合わせが昨日だったことは存じています。今回の取引がノーだったとしても、将来的に何かの仕事でご一緒できる可能性があるのかどうか、それだけでも知りたいと思います。どうぞご連絡をください」
ノーム

思うに、このオーナーにとっての利点は、満足した顧客を一人抱えることができたという点だろう。そればかりかこちらの状況が大きく変化したので、結果的にはリースの五年間をまっとうし、さらに延長して利用することとなった。十五年後も我が社はその倉庫を活用し、当初の二倍のスペースを借りていた。つまり、結果的には関係者全員にとってよい取引だったのだ。

探索する習慣

交渉で成功するには戦略がすべてだと言いたいわけではない。そもそも、正しい戦略をどう選ぶのか。経験は役に立つだろうし、直感も大切だが、最も重要だと私が信じるのは序章で触れた「思考の習慣」だ。特に、表面に見えているものを疑問視し、内在する要素を調べ、真に発生している内容を探し出し見極める習慣が、大きな役割を果たす。その習慣があればこそ、私も人生最大の買い物ができたのだ。

私の会社はニューヨークのブルックリン側にある。イーストリバーのウォーターフロントで、川を挟んでマンハッタンとちょうど相対する位置だ。最初に建てた倉庫は、区画一つをほぼ占拠する形で密集していた。その敷地に沿って、五八万八〇〇〇平方フィートの未開発の土地があった。その土地のうち、我が社の敷地の隣の区画（一七万二〇〇〇平方フィート）だけを買い取り、そこに新しい倉庫を建てたいと数年越しで考えていたのだが、なかなか実現しなかった。ところが一九九九年秋になって突然、五八万八〇〇〇平方フィートの区画すべてが売りに出された。ちょうど私は数マイル先の不動産で契約をまとめようとしていたのだが、すぐにその契約を保留にし、隣接する土地の買収について可能性を探りはじめた。

一見したところでは、私にチャンスはないように思えた。マンハッタンの基準から見れば安いとはいえ、手の出せる予算ではなかったからだ。しかも競争になるのは必至だ。商業開発地区に指定され、しかも都市の中心に位置し、摩天楼の全体が臨めるウォーターフロントを買えるかもしれないとくれば、興味を示す者は少なくないとわかっていた。入札合戦になれば負けてしまう。

だが、先に述べたとおり、それは「一見したところ」だった。入札合戦は避けられないかと言えば、必ずしもそうではなかったのだ。何かを買うにあたってつねにカギは値段だと考える人がほとんどだが、実際には、その他の多くの要素が関係してくる。中には金額よりも重要な役割を果たす要素もある。どの要素が決定的な意味を持つか、それを教えてくれるのは売り手だけだ。

だが、当然ながら売り手はその情報を明かしたがらない。私が例の倉庫のオーナーにこちらの優先順位を知られたくなかったのと同じ理由だ。相手方には推測させつづけておくのが得策である。今回の件の場合、売り手はアイオワに支店を持ちオランダを拠点とする銀行だった。そして不動産仲介業者が契約をまとめることになっている。その仲介業者ができるだけ多くの土地を売り切りたいと思っているのはわかっていたが、銀行側の望みはなんだろうか。できるだけ多くの儲けを出したいはずだ、という当たり前の答えは正解ではないかもしれない。

幸い私のもとには、こういった問題に経験のある、ベンとサムという優秀な人材がいた（第十五章で詳しく紹介する）。ベンが土地の権利を持つ銀行を特定し、興味がある旨を知らせた。「ほかの方も同じです」と銀行の担当者は言った。「順番を待ってください」

「ですが、我が社のオファーは真剣ですよ」と、ベンは食い下がった。

「御社より大手の企業から、多くの真剣なオファーをいただいています。そちらはどこから融資を受けるんです？　正直言って、もう嫌気がさしてしまっているんです。契約がまとまらなくて、いい加減疲れているんですよ」

　実は、銀行側がこの土地を担保に住宅ローンを融資した相手の男性が、一九八〇年代後半に債務不履行になっていた。銀行側の弁護士は担保権を行使しようとしたが、土地の買い手がさまざまな法的手段を駆使して何年もそれを阻止しつづけた。最終的に土地の所有権を獲得した銀行側は、ある開発業者に特定の条件のもとで売却する契約をした。ところが条件が満たされず、売却は流れてしまう。

「あれをもう一度やり直したくはありません」と担当者は話した。

　金額は口に出さなかったが、入札額の大小が第一の懸念ではないことは明らかだ。すでに一度、莫大な金額で土地を売却する契約を結び、それが頓挫している。私は先方の言葉を熟考した。向こうが本当に求めているのは、絶対的に確実かつ速やかに締結される契約だ。担当者にとってみれば、上司が年間成績をまとめて査定を行なう十二月三十一日より前に成立するのが望ましい。そこで私は、担当者の最大の懸念と見られる点をこちらが満たす意志を伝えられれば、市場価格よりも二割は安く土地を手に入れられるだろうと踏んだ。

　ここでの「伝える」とは、「話す」という意味ではない。ただの言葉では信用してもらえない。資金源を確保しなければならないし、頭金として入札額の少なくとも一割を出せなければならない。それ以上に、こちらの真剣さを示すためには、頭金のうち相当額を払い戻し不能として出す必要があった。

　私はサムと、ワシントンDCにあるアライド・キャピタルという投資会社に連絡を取った。求めたのは、入札額の全額支払いを約束する誓約書だ。私は投資家たちを前に、パートナーになってほしいと頼んだ。共に土地全体を購入し、私が自社に隣接する区画だけを新倉庫用として確保する。残りの四一万六〇〇〇平方フィートは売却し、儲けは投資会社側が受けとる。私は欲しい土地を手に入れ、投資家たちは相当の利益を得られるというわけだ。投資会社側はこれに合意し、私に二種類の条件を出した。一つは、頭金のうち払い戻し不能の分は私が出すこと。そして、パートナーとなる人物を新たに確保し、残りの土地の買収に責任を持たせることだ。

パートナー探しは思っていたよりも簡単だった。近くで事業を経営している友人に電話をしたのだ。彼の所有する土地は少し前に住宅供給地として再区分され、価値が上がっていた。「いいだろう、わかった」と友人は言った。

「きみが買う土地の一部を、すぐに私が買い取ろう。いずれにしても今の土地は売却するんだし、その場所を使いたいと思うから」

そういうわけで、パズルのピースはすべて収まった。入札額を提示し、取引を速やかにまとめる準備が整ったというわけだ。内容が有効である限り、これ以上の条件を加える必要はない。ほかの入札者はおそらく環境調査と不動産鑑定評価を行なうと主張するだろうが、私は環境調査が少し前に済んでいることを知っていた。その書類も入手している。不動産鑑定評価に関しては、隣接する私の土地で行なったばかりだ。新たに評価させる必要がどこにあるだろう。

十月、私はパートナーらと共に入札を行ない、銀行側に支払条件を提示するよう求めた。翌日には売買契約書が届く。支払期日は三十日以内だ。署名をして、一割の頭金を添えて契約書を戻すよう指示されている。払い戻し不能の頭金だ。期日は呑める条件ではなかったのだが、銀行側は、私が先方の優先順位を理解した点を評価してくれていたし、こちら側の準備も整っている。一週間のやり取りを経て、こちらの希望した変更はすべて認められた。支払期日は六十日、払い戻し不能とするのは一割の頭金のうち四分の一のみ。そして契約書にサインが入り、六十日後に土地は我々のものとなったのである。

ほかの入札者は驚いたことと思う。少なくともそのうちの一社は大手の公益事業で、我々よりも二割高い入札額を提示していたし、おそらくはその他にもっと高い入札額も出ていただろう。我々が契約を締結するやいなや、我々が敷地全体に支払った単価の二倍の額を提示して、その土地を買おうとする人々が押し寄せた。

銀行側の弁護士ですら、この成功には首をかしげていた。「どうやってこの契約をまとめたんだ?」と問われた私たちは、ただ笑顔を見せるにとどめた。

売却が済むと、私の友人には取り分として二五%の土地が残った。私も取り分の二五%に新しい倉庫を建てた。残った土地は環境保護の非営利団体であるトラステッド・フォー・パブリックランドに売却し、州立公園として転用されることとなった。

少しだけアンハッピーであれ

完璧な世界であれば、すべての交渉は先に述べたような結果を迎えるだろう。つまり、双方が最も重要な目標を達成し満足して歩み去るという結果だ。だが、この世界は完璧ではないし、すべての交渉が友好的というわけでもない。私がしばらく前に経験した外注業者との衝突を例に挙げよう。長距離輸送を委託していた業者だ。こちらからは三十日間のサイトで支払いをしていたが、先方の請求処理と銀行手続きのせいで、向こうに代金が入るのはほぼ五十日後になっていた。担当者は、我々がもっと早く支払うべきだと言う。こちらは、勘定が手元に入るまで時間がかかるのはこちらのせいではないと言う。もっと早く入手したいなら、請求処理を見直して、銀行も変更するべきだ。我々は何度も言い争った。すると向こうが、支払いが遅れている(と先方が言う)六七〇〇ドルを払うまで荷物を差し押さえると言い出した。

私は激怒した。わかっていただきたいのだが、この業者とは長期にわたって取引をしてきた。うちは良い顧客であり、多くの仕事を頼んできた。それなのに今回の衝突に対して合理的な和解を提案するのではなく、荷物を〝人質〟に取り、身代金を払うか、利用顧客との関係を犠牲にするか、選択を迫ってきたのだ。フェアな取引ではない。苦情を言おうとしたのだが、オーナーは電話を折り返してこなかった。そこでスタッフに指示して、その業者に対して残っている支払い総額を確認させた。約一万三〇〇〇ドルだ。

「オーケー。では六七〇〇ドルを支払い、荷物を運ばせろ。そのあとは一銭も払うな。訴えさせればいい。この業者とは今後二度と取引をしない」

残念なことに、こうした類の衝突はビジネスではつねに発生する。避けて通れぬ道だと言ってもいい。顧客、サプライヤー、従業員、競合他社、経営パートナーなど、折に触れては誰かが卑劣なパンチを見舞い、こちらの泣きどころを衝いて激怒させる。そうなったらどうするか。もちろん弁護士を呼ぶのだ。私も、事業を始めて最初の二十年間はそうしていた。間違った行為をしてきた相手を訴えるのも、相手に訴えさせるのも、決してためらわなかった。私の辞書に妥協という字はなかった。向こうが越えてはならぬ一線を踏み越えたら容赦はしない。相手は敵だ。どれだけの対価がかかろうと、裁判で決着がつくまで闘うのはやぶさかでないと考えていた。

そんな私が多少なりと良識を身につけたのは、倒産を体験したからだ。破産法の申請後、廃業させるかどうか判断するための一連の聴聞会が開かれた。私が借入契約条項に違反していたので、銀行側は我々を切り捨てたがっていた。頼みの綱は破産法だけだったのだ。連邦破産法第十一条のもとでは、裁判所に嘆願して、銀行との契約を以前と同様に継続させるよう命じてもらうことが可能だ。つまり、強制的に銀行に我々への貸付を続行させるというわけである。六〇〇人ほどの職がかかっていたので、こちらの嘆願には強い説得力があると考えた。あまりにもそう思い込みすぎて、銀行と契約について交渉しようとは検討すらしなかったのだ。自分の主張は通るに違いないと確信していた。

だが、判事の考えは違った。初日の午前中の討議が終わる頃、判事は銀行側に有利な判断に傾いている旨を示した。私はショックを受け、パニックに陥った。まさか自分が会社を失おうとしているとは！ 休廷中に廊下で銀行側の弁護士をつかまえ、取引を申し出たものの、相手は耳を貸そうともしなかった。「判事の言ったことを聞いただろう」と言われるばかりだった。

午後にはさらに審理が進み、判事は再び我々を驚かせる言葉を発した。その日の審理がじきに終了するという時点で、「現時点では、原告の申し立てを承諾する方向に傾いています」と言ったのだ。「聴聞会は明日午前に継続します」。法廷を出ると、銀行側の弁護士が、考え直したので話し合いのつもりがある、と告げた。今度は私のほうが、急いで和解する気持ちはなくなっていた。

翌日も同じ流れの繰り返しだった。そしてようやく私にも、判事の送っているメッセージが理解された。判事は我々に、契約について自分たちで交渉をさせたいと考えていたのだ。実際、何度目かの休廷時間に私、私の弁護士、先方の弁護士とで話し合いを行ない、双方が万々歳とは言えないまでも許容できる合意案を見出した。法廷に戻り、その取引を知らせると、判事は私を見据えてこう言った。

「ブロドスキーさん。ようやくわかりましたね？」

「判事がなさっていたことはわかりました」と私は答えた。「でも、なぜそうなさったのかが理解できません」

「では説明しましょう。最良の取引とは、全員が少しずつアンハッピーで終わる取引なのですよ。あなたはあなたの欲しいものをすべては手に入れない。そして銀行側も、同様にすべては手に入れない。

私が道を示すことはできますが、自分たちで考えたほうがよいのではありませんか？」

私にとって、これは目の前が開けたような瞬間だった。耳を傾ける体勢ができたタイミングで、この言葉を聞けたのが大きかったのだろうと思う。ともかく、判事の言葉は、紛争に取り組むにあたっての私の姿勢そのものを変えた。一九八八年九月のその日までは、訴訟があればほぼ必ず裁判にもつれこんでいた。だがそれ以降は一つの紛争も法廷まで持ち込まずに済ませている。

関係者全員が少しだけ不満を呑んで終える。この考えを受け入れられれば、事態は好転する。ビジネス上の判断を感情で決めないようになる。怒りや復讐の気持ちにとらわれないようになる。問題ではなく解決策を探すようになる。求めるものすべてを手に入れようとするのではなく、甘受できる結果を考えるようになる。その過程で自分自身もかなりの費用を節約する。裁判費用だけの話ではない。訴訟について考え、打ち合わせをして、心を煩わせる時間のほうが割高だ。法廷に出席したり証言したりする時間については言わずもがなである。それを考えると、弁護士を雇って紛争を解決しても、決してペイすることはありえないのだ。

先に紹介した長距離運送会社との紛争の話に戻ろう。業者側は、さらに六五〇〇ドルの未払いがあると主張した。私は、荷物を運ばなかったことで契約に違反し、我が社と顧客との関係性を損ねたため、払う必要はないと告げた。これを裁判に持ち込めば、双方に少なくとも一万ドルの費用がかかる。決着がついた時点で、勝者ですら数千ドルの出費を強いられているだろう。それまで数カ月も腹立たしさが消えず、それぞれ本来のビジネスから気を散らされることになるのだ。

当初、運送会社のオーナーにはこれが理解できていなかった。弁護士を雇い、裁判に持ち込むぞと脅してきた。私は弁護士に電話して、いわゆるワンタイムオファー（良くも悪くも「今回限りだぞ」という申し出）として、三五〇〇ドルの和解金を払うと申し出た。主導権がこちらにあるのはわかっていた。我々としては追加で要求された六五〇〇ドルを払って、それ以上ムダな出費をせずに済ますという手もあった。一方で運送会社側は得意客を一件失い、裁判準備の費用がかさむ。そこで最終的に三五〇〇ドルで和解し、双方が少しだけ不満を呑んで歩み去ったのである。

▶ノームに聞け！

親愛なるノーム

私はある玩具を考案し、そのライセンス契約について、製造会社とすでに８カ月も交渉を続けていますが、遅々として進みません。私のプロポーザルに、先方は変更を求めてきます。そこで私が妥協するというように、交渉を繰り返してきたのですが、ある時点で、向こうの担当者が、契約を弁護士に任せるべきだと主張し、弁護士はすべて白紙に戻してしまいました。こんな状態が数カ月ほど続いたのち、全く新しい変更を求めるファックスを受けとりました。信じられませんでした。交渉相手はふざけているのではないかと考えはじめています。締結に近づけば、必ず何か変更を持ち出すのですから。私はどの時点であきらめて、別の製造業者を探すべきなのでしょうか。　　ジョン

ジョンへ

優れた交渉者は、相手が許す限りできるだけ多数の要求を通して、自分の会社に最善の契約をまとめようとするものです。問題は、相手にルールを決めさせていることです。大枠が決まってから弁護士が蒸し返すことのないように、事業と法律的な問題を分離すると事前に宣言しておくべきでした。交渉担当者に、次のように告げてください。「現段階で自分にできることはすべてやりました。今でも私の商品の製造は御社が最適だと思っていますが、もうよそを探すしか選択肢がないようです。もしかしたら、私が非現実的だったと気づくかもしれません。その際は再交渉をお願いする可能性もあります」

これを聞いた相手が、「一度離れたら、もう一度交渉はできない」と言うようでしたら、おそらく取引するつもりがないのだと思います。

ノーム

まとめ――真の「損益」を決めるポイント

❶ 耳を傾ける作業は、いかなる交渉でも最も重要な部分である。言葉の本当の意味をしっかりと聴き取ること。

❷ 先入観を持たず、相手のほうが必ず自分より賢いという前提で臨むこと。

❸ 表面に見えているものを疑問視し、本当の状況を把握する習慣をつけること。

❹ 敵対的交渉において、最善の取引とは、双方に少しだけ不満を残す取引である。

第七章　売り込みから始める

序章で触れたように、私の父は、自分なりの仕事哲学を凝縮した独特の表現を数多く使う人だった。私のビジネスに対する姿勢も、父の語彙を通じて形成された。どれも大切な内容だったのだが、特に私が最大の影響を受けて、つねに意識してきたのは「頼まなければ手に入らない」という台詞だ。ここに、優れたセールスパーソンになるカギが隠されている。

一つ、私自身のエピソードを紹介しよう。数年前のことだが、妻のエレーンと一緒に盛大な晩餐会に招かれたことがあった。主賓は、当時まだ副大統領だったアル・ゴアだ。ホールには少なくとも二〇〇〇人の客が集まっていて、大半がゴア氏との対面を期待していた。私たちも例外ではなかったが、部屋の片側の離れたテーブルに着いていたので、何百人という招待客とシークレットサービスの一団に行く手を阻まれている。コース料理のメインが終わった時点で、私は立ち上がった。「どこへ行くの？」と妻が尋ねた。

「副大統領に話しかけてくる」と、私は答えた。

自分が副大統領のそばに寄れると信じるだけの、確たる理由があるわけではなかった。彼と話したいと思っているその他の一九九九人となんら変わりはないのだし、シークレットサービスが誰一人として勝手に通させまいとしている。だが私は、成功する確率については考えていなかった。もし考えていたとしたら試さなかったかもしれない。そのときはただ、父の教えである「頼まなければ手に入らない」に従っただけだった。

副大統領のテーブルに歩み寄る。ガードマンが私を制止し、「そちらには行けません」と言った。

「アルは友人です。ただ挨拶をしたいだけです」

そう私が言ったとき、ちょうど副大統領がこちらを見た。私が手を振ると、彼も手を振り返した。

「ほら、手を振ってくれているでしょう」

ガードマンは首をめぐらして、ゴア氏が手を振っているのを確認し、私を通した。

副大統領の隣に腰を下ろし、会話を始めようとしたとき、妻のエレーンと友人のアーウィンがガードマンの手前まで近づいてくるのが見えた。

「副大統領、あれは私の妻と親友なんです。あの二人をここに来させてもかまわないでしょうか?」

副大統領はガードマンに声をかけ、「あの方々は大丈夫だ」と言った。私たち全員が副大統領と数分間にわたって言葉を交わし、それから握手をして退散した。その間、周囲には何十人という人々が副大統領に目通りしようと列をなしていたが、ガードマンは誰も通そうとしなかった。

私にはこういう体験が多い。勇気がいると思っている人は多いが、勇気の問題ではないのだ。勇気がいる理由はただ一つ、断られるのではないかと不安に思っているから。私はそうした状況で恐れも期待も持たない。試してみよう、どうなるかやってみようという姿勢で臨むだけだ。求めるものを手に入れられれば、それは嬉しい。そうでなかったとしたら、笑顔で歩み去ればいい。その姿勢のカギとなるのが、例の「頼まなければ手に入らない」という一言に集約される哲学である。正確な意味を理解するのに何年もかかったが、最終的に、「求めることを恐れるな」という意味だとわかった。対象が何であれ、こちらから尋ね、求めていかない限り、絶対に手には入らない。だから聞いてみればいいのだ。その過程で、断られることも多いという事実を受け入れていく。だが意外にも、自分が思ったほど頻繁に断られはしないものなのだ。

そうやってしだいに身につけていった習慣がどれほど大切なものであったか、ビジネスの世界に足を踏み入れたとき、如実に明らかになった。私がなかなか優れたセールスマンになれたのは、父の教えに拠るところが大きい。ノーという返事を私は少しも恐れなかったからだ。セールスパーソンは断られることへの恐怖を克服しなければならない、という話はよく聞くが、私の頭に拒絶という概念がよぎることはなかった。売り込みに失敗したときですら、拒絶されたとは感じなかった。ただ「うまく行かなかったな。別の方法を試してみなければ」と考える。ノーという返事は、実現しなかった機会の一つを意味しているに過ぎない。それを個人攻撃と受け止めはしなかったし、怒ったり動揺したりもしなかった。

ビジネスではこれがきわめて有利になる。私の経験から言って、そうした考え方ができれば、売上もあがるし交渉もうまく行く。求めることをためらわず、自分で自分を縛ってしまわないからだ。もちろん礼儀を失してはいけない。相手の言葉に慎重に耳を傾けなければならない。過剰に攻撃的になって相手の気持ちを損ねようとしてはいけない。だがその一方で、自分が退くこともない。相手がたじろぐまで押しつづける。充分に押したと確認するにはそれしかない。また、事業構築に他人の助力を求めることも恥ずかしがらない。友達、同僚、業者などのもとへ出かけて、紹介や指導を求めるのをためらうことはない。そうなればもちろん、自分も相手に対して紹介や指導の手を差し出す責任が生じるので、多少の注意は必要だ。「いい仕事をする」と確信できない業者を知り合いに、特に顧客に紹介したいとは思わないだろう。だが私は共に働く仲間の大半を信頼しているし、彼らはつねに私の期待に応えてくれる。今の私が抱える大得意客の三社は、いずれも過去に私が切磋琢磨しあった人物からの紹介で獲得したものだ。

だが、一番感謝しなければならないのは父だと思っている。私が事業で成功するに至った習慣と教訓を叩き込んでくれたのは父だったからだ。

そのビジネスの真の姿は?

当然ながら、単に買ってくれと頼むのと売り込みをするのとでは、多少は話が違ってくる。また、買いたいと人に思わせる要素があるかどうか、はっきりと見定める必要がある。つまりは自分が手がけているビジネスは一体何なのか、正確に把握するということなのだが、それがつねに表面に見えているとは限らない。

私の友人のマイクが、この点を実に美しく例証するエピソードを語ったことがあった。彼はニューヨークのロングアイランド南端で育った。父親がシーフードレストランを経営していて、フレッドという名前の男が経営する業者から魚を仕入れていた。フレッドの会社はその地域で多数のレストランに魚を卸していた。マイクはある日、仕事のコツについて尋ねてみたという。

「どうして私が成功したと思います?」

フレッドが問い返す。マイクが「たくさんのレストランに売っているからですか」と言うと、相手はそれを否定した。

「成功の理由は、私が、自分のやってるビジネスがわかっているからなんです」

「魚を扱っているんですよね」

「厳密には違います。私がやっているのは金融業なんですよ。レストランに、魚という形式での融資をします。ご承知のとおり、レストランというのは季節性があるでしょう。優れた銀行員と同じく、私はレストランが現金不足になる時期や、忙しくなる時期を知っています。ですから売上が振るわない時期には代金を回収せず、持ち直してから集金するのです。払ってもらう金額には、魚の代金だけではなく、延長した利子も入っています。値段に利子を組み込んであるんですよ」

魚の卸売業者としては珍しい着眼点に思えるかもしれないが、決して独特の視点というわけではない。事業の成功には、一見しただけではわからない理由が介在している場合が多く、賢い企業家はその点を理解している。競合他社と差別化を図るためには、ビジネスを異なる目で見て考えなければならないとわかっている。特に、ニッチを見極めるためには通らなくてはならないプロセスだ。自分が手がけているビジネスを真に理解しさえすれば、たとえ競争が熾烈な市場であっても、その知識を活用して確固たる顧客基盤を構築していける。

私の文書保管ビジネスが典型的な例だ。創業した一九九一年当時は、自分が一般的なサービス業を始めたと考えていた。競争力の強い料金を提示し、なおかつ優れたサービス、最先端のテクノロジー、倉庫へのアクセスしやすさを売りにして顧客を呼び込もうという戦略を採っていた。何しろ当時は、こうした三点のメリットを提供できる文書保管サービス会社がほとんど存在していなかったのだ。この売り文句で顧客がつかまらないわけがないと私は思っていた。だが、結果的にそれはまったくの空振りだった。技術も立地も、顧客にとっては私が思うほど重要ではなかったのである。

企業が気にしているのは、主に、預けた文書を必要に応じて回収できるかどうか、という点だった。預かる場所と追跡管理の技術は我が社の問題であって、顧客には関係のないことだ。「優れたサービス」を提供すると謳っても、サービスなら「優れたサービス」を約束するのが当然であって、珍しい話ではない。顧客による推薦を売り込みツールとして利用したかったが、しばらくのあいだその事業を続けてみなければ、顧客の証言を引き出せないし、我が社のサービスは他社とは違うと証明することもできない。

そういうわけで、我々が考えた三つのセールスポイントでは顧客の心を動かすことはできなかった。加えて、顧客候補として最も有望な企業はすでに他社と長期契約を結んでいるとわかった。そうした契約には通常、預けていた箱を完全に引き上げる際にいわゆる「撤去費」を支払うという規定が含まれている。つまり事実上、業者を切り替えるなら罰金を払わねばならぬ、という約束にあらかじめ同意しているのだ。私は自社のサービスに強い自信を持っていたが、こうした要素は大きな障害だった。今の契約を捨てられる方法を示し、しかも相当に低いレートを提示できなければ、顧客となるべき企業の注意を引くことさえできない。

私はあまり価格競争が好きではない。危険なゲームだ。そもそも格安料金は低品質を示唆しかねない。謳っているベネフィットを本当に提供できるのか、もしできるとすれば、それはいつまで続くのか、消費者は疑問に思う。競合他社はその安さを逆手に取って、実績もない会社がそんな安い値段で営業すれば存続は期待できない、と吹き込むだろう。実際問題として、粗利益が薄すぎると生き残っていけない可能性がある。気づいたときには手遅れだ。それに、「安いから」という理由だけで集めた顧客は、値上げをした途端に去っていくだろう。

だが一方で私は、コストさえ下げられるのであれば、競合他社より低い料金を提示するのもやぶさかではないと思っている。完全に価格だけの競争をしたことは一度もないが、つねにサービスの品質も売り込んでいる。成功するに必要な粗利益を確保できている限り、関門突破の手段として格安料金の提示をためらいはしない。では、文書保管サービス業界の他社と比べて、いかに有利な粗利益を確保することができるか。そう考えた私は、ビジネスを別の角度から見つめなければならないと気づいた。「自分がやっているビジネスの真の姿とは、一体なんだ？」と自問してみる必要があったのだ。

その答えは出し抜けに浮かんできた。我々が手がけているのは不動産ビジネスなのだ。単に文書を保管するのではない。保管箱に対して倉庫のスペースを貸すと考えてみよう。建物からどうやってより多くの家賃収入を得ることができるか。その建物で貸し出せるスペースを広げるのだ。文書保管も同様である。一平方フィートあたり競合他社より多くの箱を収納可能ならば、一箱あたりの料金を下げられ、なおかつ高い利益率を確保することができる。では、どうやって一平方フィートあたりの箱を増やすか。屋根を高くして、天井まで届くほどの棚を設置すればいいではないか。

倉庫の手配を進める一方で、私はさらに、不動産業者になったような考え方を続けた。冷え込んだ市場で真新しいオフィスビルを構えているとしたら、自分はどうするだろうか。どうやってテナントを集められるだろうか。家賃に関して譲歩をしてもいいかもしれない。五年契約なら半年分の家賃を無料にするというのも、一つの案だ。あるいは、現在借りているビルのリース契約がまだ一年間残っていると言われたら、その賃料を肩代わりしたり、うちで一年間の家賃を無料にしたりしてもいいかもしれない。信用履歴は問題ないのに、たまたま資金不足で困っている顧客がいたとしたら、こちらの負担で増築などの作業をした上で、家賃を上げてリース期間全体でそのコストをカバーすることもできるだろう。

こうした作戦は文書保管ビジネスでも応用できる、と私は気づいた。たとえば文書の撤去費用を増築費と同様に考えればいい。他社を利用している顧客が、うちへのサービス切り替えを検討しているとしたら、他社に支払う撤去費用をこちらで負担する。そのコストは一箱あたりの取扱料金で回収していけばいいではないか。

この作戦を実行に移した途端、事業はうなぎのぼりで伸びはじめた。競合他社は激怒した。そして顧客に対し、「ブロドスキーは異常です。長続きしませんよ。二年ももたないでしょう」と話した。

それに対する反応として、私は顧客に倉庫を案内した。倉庫の中を見せ、「私共がどうして他社よりも安いレートを提示できるか、不思議に思われているでしょうね」と問いかける。相手がうなずくと、私はこう話した。

「天井の高さを見てください。一万平方フィートあたり一五万個の箱を置けます。他社では四万個から五万個です。うちの倉庫は他社の三倍から四倍の収容力があるんですよ。ですから実は、弊社の値段は高すぎるくらいなんですよ」

すると相手は笑って、値引きを頼んでくる。私は笑顔でこう答える。

「いいえ、その値段をつけなければならないのです。弊社はほかにも多数のサービスを提供しているのですから」

そうやって、我が社のサービスについて話を広げていったのである。

自社の事業を違った考え方でとらえるようになったのが、成功へのカギだった。魚の流通業をしていたフレッドと同様、自分が手がけているビジネスの真の姿を見極めたからこそ、そのビジネスを盛り立てていくことができた。十年も経たぬうちに、我が社は国内最大級の独立系文書保管サービス会社になった。当然ながら成功は新たな課題も呼んだ。競合他社が軒並み同じ戦略を採用して、天井の高い倉庫の建設と、撤去費用の負担をするようになっていったのだ。ビジネスの見方を変えることによって我が社だけのニッチな領域を押さえていたのだが、それももうなくなってしまった。我が社も、他社も、皆同じ不動産業を手がけるようになったのだ。

▶ノームに聞け！

親愛なるノーム

私は、ジョンというパートナーと共に、創立２年目になる技術会社を経営しています。問題は、どちらもセールスマンではないということです。ジョンはエンジニアで、私はシステムアナリストです。外回りをして売り込みをするくらいなら、麻酔なしで歯の治療をするほうがマシだと思っています。そこで営業担当者が必要なのですが、雇った人間が考えもせずに売ってしまわないだろうか、と不安なのです。我々は、「満足しなかったら代金はお返しします」といった１年保証をつけています。返品が増えたら倒産してしまいます。評判がかかっているのですから、やたらと豪快な売り込みをしていくわけにはいきません。どうすれば適切な営業担当者を見つけることができるでしょうか。

エリック

エリックへ

あなたの商品の最高のセールスマンは、あなた自身だということを、まずは認識しなくてはなりません。とはいえ買ってくれそうな相手に対して、最初の売り込みをかけるのは、あなたにとって難しいことかもしれません。それなら、かわりにやってくれる人を雇いなさい。売り込みが上手で、有望そうな客の開拓が得意な魅力的な人物を探すのです。一番重要なのは、売り込みという仕事の最も難しい部分、すなわち却下された場合にもきちんと対処できる人物であることです。その人に、交渉成立寸前のところまでお膳立てさせて、あなたが最終的に契約を取りまとめるのです。そうすることで、あなたが顧客の期待をコントロールしていくべきでしょう。

ノーム

そのタイミングでの「ニッチ」

先に述べたような展開は珍しい話ではない。ニッチな領域は変わるし、一般的な通念とは違って、たいていの企業はニッチを見極めることで誕生するわけではない。会社を起こす前ではなく、起こしたあとになってから、ニッチを発見するほうが多いのだ。結果的に、当初にやろうと思っていたのとは異なるビジネスに足を踏み入れる例も少なくはない——どんな事業であれ、実際にやってみるまでは、具体的な利益の出し方はわからないものだからだ。腕まくりをして、市場に頭から突っ込み、とにかく売ってみるしか道はない。そうすればいろいろと面白い事態になる。予想もしなかった壁にぶつかるだろう。意外なチャンスにめぐり合うだろう。当初の計画がまるで見当違いで、まったく新しいアプローチを考えなければならないと気づくことになるかもしれない。

私が最初に立ち上げた会社、パーフェクト・クーリエでは、まさにそういった展開になった。一九七九年に創業した時点で、私はメッセンジャーサービス事業を始めるのだと考えていた。当時は非常に競争の激しい業界で、ニューヨークだけでも三〇〇から四〇〇の同業他社がいた。売上を出すには値下げしかないとすぐに悟ったのだが、価格競争ではまず生き延びていけない。それに私自身、そもそも利幅の薄いビジネスはやりたくなかった。別の方法を考えるか、事業をたたむか、どちらかを選ぶしか道はなかった。

そうこうしながらも、ある日、私はスカリ・マッケイブ・スローヴスという大手広告会社に営業に出かけた。残念ながら反応ははかばかしくなく、担当者は「今使っている業者で満足しています」と言った。

「その業者ができないことで、御社にできることがあるというんですか?」

そこで私は「今現在、どんな不都合がありますか？」と問い返した。

「唯一の問題は経理です。請求処理が悪夢のようなんですよ」

「どんなふうに？」

「荷物の配達と、それを届けた客先の情報を合致させるのに、とんでもなく時間がかかってしまうんです」

専門性の高い会社はおしなべてそうであるように、スカリ・マッケイブ社は案件に関連して発生した配達費用を顧客請求に載せるシステムを採っていた。社内の誰かがメッセンジャーサービスを使うたび、配達票に顧客コードを記載させて、どの案件に付随する経費なのか明確にしておかなければならない。配達を請け負ったメッセンジャーサービス会社は、配達票を全部まとめて請求額を出し、一週間に一度の間隔で広告会社に請求書と配達票の控えを送付する。まとめられた配達票控えをより分け、各顧客に実費請求する金額を計算するのは、広告会社の経理の仕事というわけだった。

私は担当者に頼んで、経理部の人間に会わせてもらった。経理担当者は喜んで今のシステムを説明し、頭の痛い作業について語ってくれた。そこで私はこう提案してみた。

「弊社なら、その問題を解決して差し上げることができますよ。最新のＩＢＭコンピュータを備えているんです。どれでもいいですから、配達票を五十枚、預けてくださいませんか。具体的な解決方法を考えてみますから」

この言葉に嘘偽りがあったわけではない。確かに我が社は最新のＩＢＭ－３２を入手していた。だが、はたしてコンピュータで顧客の実費請求の問題を解決することが可能なのか、私には見当もつかなかった。何しろマイコン革命の起きる前の話だ。そのへんでソフトウェアを買うわけにもいかない。プログＩＢＭコンピュータで特別の作業をしたいなら、専用のプログラムを組まなければならない。プログラマーに相談したが、彼らも、必要なプログラムを開発できるかどうか自信がない様子だった。それでも私は何とかしてソリューションを見つけようと決意していた。社内で一番タイプのうまいスタッフに、預かってきた五十枚の配達票を渡して、専用請求書の作成を頼んだ。広告会社の顧客コードで料金をまとめた請求書だ。二十パターンは試行錯誤したうえで、ようやく、これだと思える請求書形式ができあがった。それをスカリ・マッケイブ社の経理部のところへ持って行った。

彼らはその請求書を気に入った。「素晴らしいです。ただ、二、三の変更を加えられますか?」

「お望みのままにしますよ」と私は答えた。

経理部の面々は感動した。そして、以前に業者の切り替えを却下したマネージャーのもとへ赴き、パーフェクト・クーリエを採用してほしいと頼み込んだ。我々が彼らの求める変更を受け入れたことと、そして当然ながらサービスがよいことが理由だ。マネージャーは私に電話をかけてきて、こう言った。

「私には、今使っている業者に対する義理があります。そちらの業者が、御社が約束したのと同じ作業をできないかどうか、証明する機会も与えずに切り捨てることはしたくありません。あなたが作ってくださった請求書フォーマットを、今の業者に見せてもいいですか?」

「いいですとも」と私は答えた。

そして数日後、再び電話がかかってきた。

「先方は、『こんなフォーマットができるわけがない』と言いましたよ。『不可能だ』と」

「弊社ならできるんです。準備に少しだけ時間がかかりますが」

「どれくらいですか?」

「三週間ですね」

するとマネージャーは「わかりました」と言った。
「三週間差し上げましょう。それから一週間をテスト期間にします。その週の終わりに、どちらに仕事をお願いするか決めたいと思います」

そういうわけで、タイピストが作った形式をコンピュータプログラムにしなければならなくなったのだが、プログラマーはできると保証はしなかった。頼みの綱としてタイプライターで請求書を作成するという選択肢もあったのだが、これは非常に高くついてしまう。幸いなことに、その選択肢は選ばすに済んだ。開発は成功し、プログラムはきちんと動作した。テスト状況も良好。そして我が社がスカリ・マッケイブ社の仕事を一手に引き受ける運びとなり、月間売上高は一万ドルから三万五〇〇〇ドルに激増した。

しかも、これは始まりに過ぎなかった。新しい請求システムはたちまち我が社の重要な武器、我が社の「コア・コンピテンシー」になった。少なくとも一時期は、それが競合他社では得られない我が社のサービスとなったし、のちに他社が追いついてきた頃には、すでに我々が市場に足場を固め、顧客側の経理の処理を簡易化するサービス提供者として名を馳せていた。事業として確立したのだ。このサービスが対象顧客を決め、料金の相場を決めた。我々の売り込みの手法を決め、その他のサービスを決めた。

厳密に言えば我々は当初と変わらずメッセンジャーサービス会社だったが、それはあくまで、物を運び配送の数に応じて課金するという意味においてのことだ。我が社が売っていたのは顧客の実費請求にまつわるソリューションを提供する能力だったのだ。自覚はしていなかったものの、ビジネスは単なるメッセンジャーサービスから情報処理サービスへと進化し、その追求によって三年連続で『インク』誌の「インク５００」に選ばれるまでに成長していったのである。

これは起業時のフレキシビリティの重要性を物語る例といえよう。事業が滑り出してからも、フレキシビリティの維持はきわめて大きな意味を持つ。永遠にニッチのままでいられるニッチなど存在しない。それが儲けの出やすい領域であれば、遅かれ早かれ競合他社が増え、模倣されるようになる。儲かる分野であればあるほど、他社の流入も早いだろう。そうなればニッチを見極めた優位性は消える。他社が持たないものを提供する力は失われる。その時点でまた別のニッチを探さなければならないが、ニッチでなくてもやっていけるだけの確固たる立場を築いていられれば、話は別だ。そのために必要なのが評判である。

評判、名声

そのビジネスについて、経営者のビジネスパーソンとしての性格について、周囲がどう考えどう評価するか。それが、私の言うところの「評判」だ。フェアに競っているか。後ろ暗いところのない、きちんとした仕事をしているか。従業員を適切に扱っているか。業界内の他社について言及する際は敬意を示しているか、それとも中傷しているのか。こうした要素すべてが、事業に対する評判形成につながる。それが人材雇用、集客、融資の確保、契約交渉など、企業構築にまつわるあらゆる面にかかわってくる。

私はかねてより、よい評判はビジネスで手に入れうる最も貴重な資産だと信じている。面白いのは競合他社の果たす役割だ。私が思うに、競合他社の意見こそ、ほかのいかなる集団の評価よりも価値がある。ライバルに褒められている会社なら、業界からの信頼性も、顧客からの信頼性も高い。競合他社は会社について、経営者について、独特の目で評価をする。同じ問題に直面し、同じ選択を迫られている他社から高評価を勝ち取ることができるとしたら、おそらくビジネスはうまく行く。ライバルから低レベルな会社だと見なされてしまったとしたら、困った事態に陥る可能性が高い。

つまり、同業者から尊敬を勝ち取れるような方法で行動することが重要なのだ。攻撃的に競っていくべきではない、という意味ではない。だがルールに則ったプレーをしなくてはならない。そのルールが、次に挙げる三点だ。

1　ライバル会社の悪口を言わない

新規顧客に営業をかける際、私は必ず、ほかにどの業者を検討しているのか、と尋ねる。挙がるのはたいてい同じ二社か三社の文書保管サービス会社。我が社の主たるライバルだ。私は「どちらも良い会社ですよ」と言う。

「いずれの業者を選んでも、きっとご満足されることでしょう。もちろん、弊社を選んだ場合が一番ご満足なさると思いますが」

そう言って、他社を貶《おとし》める発言はしないよう注意を払いながら、自社の強みを説明する。ときには、私が高く評価しない会社を検討対象に含んでいる場合もある。その際は単に次のように言うにとどめる。

「そちらは弊社にとってライバルというわけではありません。それ以外の候補となっている業者は、いずれも弊社とつねに競い合っているところでして、とても良い会社です。でも、弊社のほうが勝っていると思います。その理由を説明しましょう」

2 負け惜しみを言わない

ライバルに顧客を持っていかれるのは辛いものだ。特にそれが大口顧客であれば、なおさらである。怒りを感じる。それは押さえられない。だが忘れてはいけない、未来はどうなるか誰にもわからないのだ。実は担当者が業者の切り替えには賛同していないかもしれない。その担当者が将来どこかに転職して、再びこちらのサービスを選んでくれる可能性もあるだろう。あるいは、たった今奪われたばかりの顧客も、こちらが冷静さを失わないならば、いつの日か戻ってくる可能性もないわけではない。いずれにしても怒りをあらわにしてしまったら損をするだけだ。私は心の内でどれほど激怒していようと、新規獲得したときと同じ態度で離れていく顧客に接する。つねに一流だったと記憶してもらいたいし、それが競合他社の耳に入ってほしいと考える。

3 協調的な態度を失わない

新規顧客を獲得する、あるいは既存顧客を失うにあたり、競合他社と接触しなければならない場合もある。たとえば顧客が業者を乗り換えて、預けている箱を移動させる際には、どうしても業者同士が接触することになる。それはライバルとのメッセージ交換の機会だ。他社が我々から大口顧客を奪っていくとしても、我々は最大限の礼節を守る。相手のスケジュールを尊重し、どんな内容であろうと求められる手続きに応える。我々が他社の顧客を引き抜く場合も同様だ。ドライバーには、待たされても辛抱強く待つよう（実際に待たされることが多いのだが）指示する。必要なら丸一日かかっても構わない。いかなる衝突や口論も望まないし、敵の傷に塩を塗るような真似はしたくない。

こうした三点のルールを守ったところで、どんな見返りが得られるというのだろう？　そう疑問に思う声もあるとわかっている。確かに数字としての見返りはないかもしれない。しかし私は折に触れ、競合他社の敬意を勝ち取ることの重要性を再認識させられている。たとえば数年前、文書保管ビジネスにかかわる企業に雇われた弁護士から一本の電話を受けたことがあった。弁護士は依頼人である企業名を明かさなかったが、その依頼人が事業売却を検討しており、私に買収の意向があるかどうか確認したいという話だった。

「どうやって私のことを知ったんです？」

そう尋ねると、弁護士は「実を言うと私にもわかりません」と答えた。

ともかく電話ではなく、実際に会って話を聞きたい。私が強く主張して打ち合わせの場を設けることになったのだが、その場におよんでもまだ弁護士は依頼人の名を明かそうとしなかった。だが、仮に売却が成立すれば、二〇万箱分の文書を引き継ぐことになるのだという。当時の我が社の倉庫に保管されていたのは一〇〇万箱。つまり二〇万というのは心を惹かれる数字だ。ぜひ話し合いを進めたい、と弁護士には伝えた。

それから二カ月にわたって交渉は進んだ。我が社が一箱あたりいくらを支払い、いつ顧客口座を引き継げるのか。売却を希望する企業の具体名は引き続き明かされなかったものの、平均的な顧客規模、請求方法といった情報から、それまでの主たるライバル会社でないことは確かなようだった。もっと古い引越・保管サービス会社の可能性が高い。売却するにあたり、当初は我が社を含め五社が候補にあがっていたこともわかった。交渉プロセスを通じて三社に絞られ、それから二社に絞られ、最終的に弁護士が私に連絡をしてきて、売却先として選ばれたと告げてきたのだ。そして、まずは依頼人と私が直接に顔を合わせることになった。

弁護士の依頼人はジャックという男で、マンハッタンで二、三社ほどの引越・保管ビジネスを家族経営で営んでいた。我が社は過去に彼の顧客をいくつか引き抜いたことがあり、そのときの移行の進め方を好ましく思ったのだという。また、業界内のほかの意見、すなわち我が社のライバルからの評価も確認した。そうやって、まずは一回目の絞込みを行なった。さらなる絞込みで我が社が残った理由は、大手よりもフレキシビリティがあったからだ。ジャックが抱える顧客は、大半が父の時代から続いている顧客なので、ジャックは強い責任感を抱いていた。ゆえに売却にあたっても数多くの条件を付けていたのだが、我々はそのすべてに問題なく応えることができた。ほかの候補だった大手企業は、ジャックのルールに合わせるために自社のルールを曲げようとはしなかったので、絞込みから外れていった。

そして最終的に、我が社と、我が社が常日頃から競っているライバル会社とが残った。我々が勝利した理由は、財政的強さだ。契約は当初に聞かされていたよりもずっと大きく、二〇万箱ではなく一〇〇万箱以上を譲り渡す内容だった。そのほとんどが小口顧客だったが、小口顧客を数多く抱えるのは私の得意とするところだ。ジャックは我が社の財力のほうが安心できると考えたのだった。

そうして最後の競争を勝ち抜き、我が社の事業規模は二倍になった。規模だけではない、望みうる最高の顧客基盤を獲得した。後押ししたのは財政的堅調さとフレキシビリティだったが、仮に過去の我々がルールに則った仕事をせず、競合他社からの尊敬を勝ち取っていなかったとしたら、この成功は実現しなかった。良心的であるということは、ときに実に大きな見返りをもたらすのである。

▶ノームに聞け！

親愛なるノーム
　倫理観のないライバル会社に、どう対応するべきでしょうか。私は先日からあるサービス事業をスタートし、これまでのところ順調に営業しているのですが、それが市内の大手企業の関心を引くことになってしまいました。先方は、弊社のサービスやプロ意識を捻じ曲げて吹聴するという手段で対抗してきているのです。以前にも汚い手を使ったことのある人たちなんです。そうしたやり方はいつか自分に返っていくだろうと思っているのですが、今のところは、まだそうなっていません。カネに物を言わせて、弊社を含め、業界のどの会社よりも長生きしそうです。何かアドバイスをいただけませんか。　ロブ

ロブへ
　アドバイスは、「フォーカスを失ってはいけない」です。魅力的な料金で優れたサービスを提供し、評判を築きましょう。新規顧客開拓の際には、あらかじめ了解をとった既存顧客の声を紹介して、あなたの会社のサービスの質を請け合ってもらうのです。何より大事な点として、ライバル会社があなたの会社の悪口を言っているとしても、こちらは決して誹謗中傷はしないことです。もし陰口を叩くと、顧客はあなたに対して悪い印象を持つでしょう。私の経営する会社では、それが鉄則です。倫理的だと思えないライバル会社に関して尋ねられたら、「あちらの会社が、御社の求めるサービスを提供できるとは思えません」と言うにとどめます。それで言わんとすることは伝わるのです。あなたのライバル会社が手法を改めないのであれば、長期的には敗者となるのは向こうでしょう。　ノーム

まとめ――真の「損益」を決めるポイント

❶ 成功する売り込みの秘訣は、尋ねることへの恐怖を捨てることにある。求めなければ手には入らない。

❷ 事業を立ち上げたあとでなければ、押さえるべきニッチな領域はおそらく見つからない。

❸ 永遠にニッチのままのニッチなど存在しない。先へ進むにつれて、新たな領域を開拓していくこと。

❹ 評判は最も貴重な事業資産だ。その形成に大きな役割を果たすのが競合他社だ。

第八章　良い売り方、悪い売り方、ムダになる売り方

「売りこまなければ何も始まらない」という古い格言がある。これには心から賛同するが、すべてのセールスが同じというわけではない。ダメなセールスというのも存在するが、セールスパーソンにはこの点がなかなか受け入れにくい。理由の一つは、例の「売上至上主義」だ。どんな売上でも売り上げるにこしたことはない、量が多ければ多いほどいい、と思い込まされてしまっている。実際には、粗利益に比べれば売上の多寡はそれほど重要ではないのだ。利幅の薄い売上が多いと、ビジネスが破綻するおそれすら否定できない。

同様に、企業家の多くは「大口顧客との契約に集中すべきだ」と考えている。私は以前、初めて会社を立ち上げようとしている青年からメールで相談を受けたことがある。広告とマーケティングの会社で、青年いわく、開業に必要なものはすべて揃っていた。資金、コネクション、経験、設備の整ったオフィス。問題はただ一つ、ターゲットとすべき顧客がはっきりしていない点だ。

「小口の顧客を相手にするのは退屈でしょうから、イヤなんです。でも、大口顧客には手が届かないという気がします。どう思われますか？」

退屈を懸念するのはやめなさい、と私は伝えた。ゼロから事業を立ち上げていくのが退屈であるわけがない。小口契約を避けたりせずに、高値をつけることのできる顧客と、手に負える範囲でできる

だけ数多く取引するべきだ。長期的な目で見れば、一社か二社の大口顧客と取引するよりも、小さくて実入りのいい契約を多数抱えていたほうが、はるかに青年にとって有利になる。

小口顧客は、堅実で安定した収益性の高いビジネスを支える屋台骨だ。サービス業の場合はなおさら重要な意味を持つ。私に言わせれば、理想的なのは、年間売上がおよそ五〇〇〇ドルの小口顧客を一万件有するサービス企業を経営することだ。大口顧客を抱えるのが悪いというわけではない。いずれは対象顧客の規模を広げていく必要に迫られるだろう。だが、小口顧客を軽視したり、いて当然の存在だと見なすことだけは、絶対に避けなければならない。小口顧客が多ければ多いほど安心できる。なぜか。理由は三つ挙げられる。

第一に、小口顧客のほうがサービスに対して多く支払いをするので、高い粗利益を得られる。彼らには選択肢がない。大手企業のような交渉力には欠ける。だからこちらも最大の値をつけられる。法外な値段をふっかけろと言っているわけではない。私のかかわる文書保管サービス業界の場合、たとえば五〇〇箱の文書を預ける際を基準に一箱あたりのレートを決めている。そして一万箱預ける顧客の場合、通常はそれよりも安いレートを提示する。私は粗利益を削るような値下げは絶対にしないが、他社と競っていかなければならないので、似たようなディスカウントをせざるを得ない。だが小口顧客なら、料金表どおりのレートを主張できる。それが利益増につながる。

第二に、小口顧客はビジネスに安定をもたらしてくれる。小口顧客に適切に対処すれば、おそらく永久に利用しつづけてくれるだろう。ロイヤルティが高いからでもあり、我々のほとんどがそうであるように、変化を嫌うからでもある。だが、大口顧客と比べて競合他社の引き抜きの魔の手に誘われにくいからというのも、また事実だ。実際問題として、小口顧客を他社から奪ってまで獲得しようという企業は少ない。たとえば私がメッセンジャービジネスをしていた頃は、法律事務所、広告会社など、どの業界を探せば大口顧客が見つかるか、同業他社はいずれも熟知しており、その業界を重点的に追いかけていた。週に五回しかメッセンジャーを使わない顧客を見つけて契約を結ぶのと、大口顧客を一社獲得するのとでは、かかる時間も労力もコストも変わらない。一方で一社の大口顧客と同じだけの仕事量を確保するのに、小口顧客なら二〇〇社くらいつかまえなければならない。ゆえに他社の営業担当者は、全般的に小口顧客を無視していた。だが我々はそうした顧客を開拓した。いったん関係性が構築されれば、滅多に失うことはなかった。

そして第三に、小口顧客の幅広い基盤が形成されていれば、いずれかの顧客を失っても大きな痛手は受けにくい。銀行に融資を申し込む際に、売上の一〇%を占める顧客リストの提示を求められるだけではなく、一%の顧客の割合も示すよう求められるのは、それが理由だ。売上の三〇%以上が単一の顧客から発生しているのだとしたら、あまり好ましい事態ではない。そうした顧客の意向には逆らえないからだ。休暇に出ていても、打ち合わせがしたいと言われれば、すべて投げ出してトンボ帰りしなくてはならない。契約期間があるとしたら、更新時期が来るたびにびくびくしなければならない。あなたに決定力はない。大口顧客が値段や条件に対する決定権を持ち、こちらには逆らう余裕はないのだ。まるで上司を持つようなものだ。それは起業を決意した時点で最も望まなかったことではないだろうか？

当然ながら、最初から小口の顧客基盤を確保して開業できるわけがない。一社か二社の大口顧客からの売上によるキャッシュフローに頼ってスタートする場合が多いだろう。それ自体が本質的に間違っているわけではない。だが開業から間を置かずに小口顧客基盤の拡大と多様化に取り組まなければ、たちまち大手数社の奴隷になってしまう。

そもそも事業の目標を考えてみてほしい。最大の大口顧客のもたらす売上が全体の一割未満となるまでは、いかなる企業であっても安泰とは言えないと思っている。私に言わせれば、そこからが勝負だ。大口顧客を抱えるのは嬉しいことだが、失った場合の痛手を鑑みて、なるべく小口の新規顧客開拓にも努めつづける。生易しい話ではない。小口顧客が事業に安定をもたらす理由は、そのまま、そうした顧客の獲得が困難かつ割高な理由でもあるからだ。小口顧客の開拓にすべての時間を費やすよう営業担当者に命じることはできない。そのかわり私は、大口顧客を訪問するたび、三社か四社ほど中小企業にも立ち寄って顔を見せておくよう指導している。同じビルの別会社を訪ねるとしたら、追加訪問にかかるのはせいぜい一時間程度。成果は時間をかけてあがっていく。

ときには幸運が舞い込む場合もあるだろう。前章でも触れた私の経験にも、そうした幸運が作用した。私が買収した企業は、文字どおり何千何万という小口顧客を抱えていたのだ。私は経営者のジャックに、キャッシュフローを支える大口顧客を抱えずにどうやってこれほど多数の小口顧客と契約してきたのか、と尋ねた。するとジャックは「昔は我が社も大口顧客を抱えていたんですよ」と答えた。

「ですが、御社のようなライバル会社にすっかり奪われてしまいました。残ったのは小口の顧客基盤だけだったんです。とはいえ六十年かけて築いた顧客基盤ですから、当然それなりの規模はあったというわけですよ」

正直に言えば、ジャックの擁していた顧客基盤は私の顧客基盤より質がよかった。たとえば我が社で四万箱の顧客口座を失えば、かなりの痛手だ。だがジャックが同じ痛みを味わうには二〇〇社もの顧客を失わなければならない計算になる。幸い、私は六十年もかけずにジャックと同じ立場を確保できた。買収交渉からおよそ二年で、ジャックのサービスを利用していたおよそ四〇万の全顧客の文書保管箱を我が社の倉庫に移し終えたからである。

値段が適切ではない場合

残念なことに、このときの私の経験は幸運な例外であって、実入りのいい優良顧客は天から降ってくるものではない。むしろ、おいしい利幅で売上をあげるのはつねに困難で、ときにはほとんど不可能にも見えるほどだ。私自身、一九九〇年代後半に最も厳しい時期を経験した。どの業者も格安料金を提供していたので、料金が安いだけでは充分ではない。利幅の厚い部分がなかったわけでないのだが、全体的に見ればその旨みは吹き飛ばされてしまう。顧客も心得ていて、料金表どおりに財布を開くとコスト削減できないと承知していた。そうした顧客を獲得するには、ディスカウント以上の価値ある何かを提供しなくてはならない。また、他社に寄せられているロイヤルティを奪い取るのは至難の業だ。勧誘に赴いた時点で、現在の業者を気に入っているので乗り換える可能性は低いと宣告される。そうなれば、こちらの商品やサービスのほうが優れている理由を主張しただけではダメだ。実際に示せなければ意味がない。

例を挙げよう。あるとき私は、ニューヨークの大手会計事務所に文書保管サービスを売り込みに行く機会に恵まれた。友人の仲立ちで、その事務所の購買部門を監督する共同経営者と会えることになったのだ。売り込むのは厳しいだろうとわかっていた。相手は現在の文書保管業者と密接な関係を築いており、それを隠そうともせず、「正直に申し上げますが、今の業者と長年お付き合いをしていますし、とても気に入っています」と言った。彼は、私の出す提案書は必ずその業者に見せると宣言した。察するに金額を競わせたいわけではないようだ。ただ、既存の業者がもう一歩踏み込んだサービスを提供する必要があったらしい。事実、私が面会した経営者の腹積もりは、我が社の売り込みを利用して既存業者との契約をもう少し有利に持ち込むことだった。それだけが彼の希望だったのだ。

当然ながら、私の希望は契約を結ぶことだ。このチャンスを実らせるためには、こちらのサービスでどれだけ節約になるか示せなくてはならない。御社の文書保管室でファイルの管理具合を調べさせてもらえないでしょうか、と私は願い出た。

「文書管理は私の専門です。私のほうが御社よりもよく理解していると思いますから、システムの改善について何かご提案できるでしょう」

経営者はそれをいいアイディアだと受け止め、オフィス責任者を呼んで、私を文書保管室に案内させた。

私が探していたのは二つ。内部的な節約の余地と、外部的な節約の余地だ。この会計事務所内の管理方法を変更し、同時に外部のサービス利用で発生する支払いを減らして、経費を節減する道を提案したいと考えたのである。そして難なく両方の余地を見つけ出した。事務所は基本的に手作業のシステムで文書を管理していた。保管室は狭いので、そこにコンピュータを置いてファイルの中身を入力させる余裕はない。ゆえに手書きで記録をつけ、箱を倉庫に送り出し、あとから別の場所でコンピュータ入力をしていた。だが入力作業は一年分も遅れが出ていて、コンピュータは主にバックアップとしての役割しか果たしていなかった。

このシステムでは著しく非効率だ。人手もかかりすぎるし、膨大な時間を浪費するし、高くつくミスも誘発する。実際のところ、文書の保管よりも出し入れに対して必要以上の出費を強いられていた。たとえば、事務所内に置いている箱が多すぎるため、手元に取り寄せた箱もしょっちゅう倉庫に送り返して、新たな書類のためのスペースを作らなくてはならない。結果として週に一回で済むはずの配達が週に五回も必要になり、それだけ運送費を払っていたのだ。

私は保管室で二時間過ごした。それから面会した経営者に、改めてフォローアップの場を設定してもらった。我が社から三人、先方からも七人のスタッフが参加する。会議は午後五時に始まり、五時間近くも続いた。先方の出席者には、私が気づいた点をすべて説明し、経費節減につながる提案を星の数ほど提示した。ほとんどが即座に実施できるものだ。それからソフトウェア開発会社を紹介して、今使われているコンピュータベースの管理システムを改善するソフトの入手方法も教えた。

私の行動の真の意味を理解していただきたい。まず一番目に、会計事務所の経営者とその部下たちに、文書管理というビジネスについて教育した。サービスを賢く利用して経費を節約する方法を教えた。話を進めるにつれ、彼らは数多くの質問をした。まるで彼らが、これまでずっとカネを出していたサービスを何も理解していなかったかのようだった。

二番目に私は、否定的な物言いは一切せずに、事務所が現在の業者から受けていないサービスがあることを理解させた。前述したように、私は顧客に対して競合他社の悪口は絶対に言わない。悪口は自分の首を絞めると信じているからだ。それでも、こちらのほうが他社より優れている点、こちらのサービスを選ぶべき理由を示さなくてはならない。そこで私は、現在の業者を利用していたのでは得られない経費節減の可能性について、いくつも慎重に説明した。競合他社には適切な技術が備わっていないが、我が社ならそれを備えている。

三番目、これが一番重要な点なのだが、私は信頼構築の作業を行なっていた。アイディアと専門知識の無料提供は、そのための手段だったのだ。契約が得られる保証がゼロでも、何の見返りがなくても、莫大な時間と労力を投じて事務所の経費節約の手伝いをした。その実、弊社に任せれば事務所にとって最善の取り計らいを期待できるのだから契約をすべきですよ、と主張していたわけだ。経費節減の手伝いができるだけではなく、我が社が事務所の経費を節約したいと思っていること、そして

▶ノームに聞け！

親愛なるノーム
　設立３年になる会社を経営しています。就職説明会の開催を請け負う会社なのですが、仕事量はジェットコースターのように激変します。春の３、４カ月は好調で、秋の２、３カ月も好調です。中間はゼロ。キャッシュフローもゼロになりますが、一方で従業員に給料を払わなくてはなりません。閑散期はディスカウントを提示して顧客を引きつけようとしていますが、成功していません。資金繰りに行き詰まり、繁忙期はその回復だけにほぼ費やされるのです。この問題のせいで、ビジネスも私の神経も締め上げられている感じです。

ケント

ケントへ
　まず、閑散期のディスカウントはたいていうまく行きませんし、事業の収益性のある部分を損なう可能性もあります。サービスの割引ではなく、多様化に目を向けるべきです。閑散期に開催できるような別のイベントはありませんか？　その時期にコンサルティングサービスはできませんか？　創造性を発揮しなくてはなりませんが、季節的変動性に対するソリューションとしては多様化がベストです。一方で、キャッシュフローの問題には直接的な対策をとりましょう。リースの支払いは残高に余裕のある時期に集中するよう、交渉できませんか。資金繰りが厳しい時期には売掛金の回収期間を短縮できませんか。それから問題を従業員にも相談して、アイディアを求めましょう。あなたが思いつかなかった提案をしてくれるかもしれませんよ。

ノーム

我々が信頼にたる存在であることを示していた。業者を切り替える世界で一番合理的な理由として、安心感を差し出そうとした。

顧客ロイヤルティがきわめて高い状況でうまく競っていこうと思うのなら、この手法を採らなければならない。競合他社よりも自社のほうが、その忠誠心を捧げてもらうに値する存在だと証明するのだ。正直な話、それは長く、困難で、コストもかかるプロセスであり、必ずしも最終的に売り込みに成功するとも限らない。幸い、この会計事務所の場合は成功したのだが、先に述べた面談からさらに八カ月がかかった。その間にアドバイスの提供も続けたし、何時間も何時間もかけて、結ぶかどうかわからない契約の特定の条件について検討を続けた。一方で会計事務所は既存業者とも交渉をしていた。そうして最後には我々の粘りが報われ、晴れて顧客獲得と相成ったのである。

私が自分でこれほどまで売り込みに力を入れていなかったら、当然、契約は取れなかっただろう。自慢で言っているわけではない。このやり方で売り込めるようになるためには、ビジネスを深く理解している必要がある。ゼロから立ち上げた人間以上にその事業を熟知している者がいるだろうか。言い換えれば、創業者の知識こそ大きな競争優位なのだ。使えるときはいつでもそれを使っていくつもりだ。

耳を傾け、そして勝ち取る

売上を伸ばす最善の方法。それは顧客の話に耳を傾けることだ。奇妙なことに、その有用性は火を見るよりも明らかだというのに、実践されている例はきわめて少ない。あまりに少ないので、昨今ではその教えを守るだけでも競争上の優位となるほどだ。

一つ例を挙げよう。あるとき私は、ニューヨークの大手法律事務所の所員にうちの文書管理施設を案内していた。もちろん我が社のサービスを利用してほしいと期待していたのだが、一つ目の建物も見せ終わらないうちに、その事務所長が「ところで」と切り出した。

「当方では、文書の箱をすべて番号順で管理したいと思っています。箱を一つ取り出したら、間違いなく同じ場所に戻していただきたいんです」

通常は箱を特定の順番で整理はしない。バーコードを使ったシステムで、箱がどこに置かれていようと瞬時に探し出せるからだ。だが私はつねに顧客の望みを叶えるよう努めているし、この事務所長が口に出したのは、先方の望みにほかならない。私は「いいですよ、問題ありません」と答えた。

所長は、もう一人のスタッフの顔を見やり、それから私に目を戻して、「それは変だ、と言わないんですか？」と尋ねた。

「お客様は私の意見を求めたわけではありませんよね。お望みの内容を口に出されたのですから、私は、それなりの理由がおありなのだろうと思うばかりです」

所長は笑顔になった。

「実は、これまで訪ねたところでは必ず、その希望は捨てろと説得されたんですよ。イエスと返事をしたのは、あなたが初めてです」

そうして契約は決まった。

このエピソードを紹介したのは、顧客に耳を傾けるのは簡単だと言いたかったからではない。むしろそれとは反対で、顧客の言葉を聴くのは売り込みプロセスの中でも最も難しい部分だ。本筋とは関係ないありとあらゆる問題が入り込んでくる。一つに、顧客にとって何がベストか自分はわかっていると思い込んでしまいやすい。それが正しい場合も、もちろんあるだろう。たとえば他社が箱を番号順で並べるアイディアを捨てさせたがったのも、無理からぬ話だと思う。文書保管サービス業者の視点から言えば、それは非効率的な手法だからだ。目に見える利点もなく、ただイライラさせられるだけだし、結果的に顧客が支払うサービス料も増す。他社がその法律事務所に対し、もっと別の効率的な選択肢を提供したいと考えるのも、もっともな話だろう。ただ、一つだけ問題がある。それは顧客の望みではないという点だ。

売り込みをするときは、持てる力の限りを顧客の望みの見極めに注ぐべきである。そして、可能であればその望みを叶える。相手にとって何が本当にベストなのか、所詮こちらにはわからない。わかるわけがないのだ。いかなる状況でも、こちらは気づきもしない無数の要因が絡んでいる。顧客を誘導して真のニーズに正しく対応するのは間違いではない。だが、注意が必要だ。自分のニーズを相手のニーズだと混同してしまいやすいし、売り込もうと努力している際には特にその混同が発生しがちである。

プライドも邪魔をする。営業担当者なら、自社のベストな部分を強調したいのは自然だし、そうしていけないはずもない。商品やサービスに対して誇りを持っているし、それだけの根拠もある。自社の提供する特別なサービス、発売したばかりの商品、莫大な予算を投じた最新のコンピュータシステムを知ってほしいと思う。そうして売り込みすぎてしまうのだ。コンピュータシステムなど自分たちには重要ではない、と言っている顧客の言葉に耳を貸さない。重要なはずだ、と確信してしまっている。相手がもっとよく理解すれば、重要だと思うようになると考えている。だから利点を並べたて、相手が飽き飽きしていることにも気づかない。その時点で、すでに顧客の心は失っているのだ。

それから自意識の存在も軽視できない。私は契約前のお客を施設に案内するのだが、時折、倉庫を見回した客に「ここで火事があったら、と思うと心配じゃないですか？」と言われることがある。実際には私は火事を心配していないので、「いいえ、きちんと防火対策をしていますから、気にしていません」と答えてもおかしくはない。だが、それはあくまで私の側から見た意見だ。お客がそんな質問をするのは、その人物が不安に思っているからなのだ。不安がる理由は、私がどうこう言うべきものではない。重要なのは、その不安感を尊重し、軽視しないことだ。そこで私は次のように答える。

「ええ、確かに、火事の危険性については気にしています。そのために我が社が採っている対策をお見せしましょう」

これを調子のいい態度だと言う人もいるかもしれない。私は、利他的だと考えたいと思う。自分の意見は脇に押しやり、顧客の懸念に対応しているのだ。

それこそが、セールスマンとしての私の目標である。心配するのは契約締結の可否ではない。自分の希望を聞いてもらった、理解してもらった、それに対して反応してもらった——顧客がそう感じているかどうか、それが気になるのだ。倉庫を離れるときにはなんとなく安心した気持ち、えもいわれぬ温かな気持ちでいてほしい。それができていれば、売上は後からついてくる。

相手の言葉に耳を傾け、先入観や偏見、自分の意図や意見をすべて排除して相手が本当に言っている内容を聴こうとしなければ、顧客を安心させ温かい気持ちにすることはできない。自然にできるものではない。訓練と練習が必要だ。余計な思考に気が散らないよう習慣づけておかなければならない。私自身は施設案内に出る前に、二、三分ほど、ただ静かに椅子に座るようにしている。そして気持ちをまっさらな状態にする。「先入観なし、先入観なし」と何度も繰り返す。顧客に耳を傾けたり、観察したりすることができなくなる思考はすっかり消してしまう。確かにこれから自社商品の説明をして、重要な特徴や利点だと私が思う点を強調していくつもりだが、だからといって相手に何かを押しつけるような真似はすまい。ただ相手の望みを見つけ出しに行こう。相手の言うこと、相手の言わなかったことを聴き取り、それにきちんと対応していこう。

この準備は効果がある。私は観察し、耳を傾け、聴き取り、予想しなかったものごとを見つける。ときには、私が強い意見を持っている事柄についてコメントされて、心の中で「気をつけろ。バイアスのかかった意見を言うな」と繰り返して自制しなければならない場合もある。本筋を忘れてしまわないためには、多少の努力が必要だ。だがその一方で、向こうの言うことに注意深く耳を傾けておけば、実際の売り込みはかなり簡単になる。お客が聞きたい内容は、お客が教えてくれる。ミスリードしてもいい、というわけではない。情報は嘘偽りなく正確でなければならないが、相手の気持ちがわかっていれば、一番興味を持ってもらえる部分を強調しやすくなる。売り込み文句を考える必要もない。何を言うべきか、向こうから教えてくれるのである。

キャパシティという罠

顧客の望みは何もかも叶えるべきだと言っているわけではない点を、理解していただきたいと思う。できないこと、するべきではないことを求められる場合もある。しかるべき利益を得るために必要な金額を著しく下回る料金を望まれても、それには応えられない。賢い事業家なら、ディスカウントをしすぎれば深刻なトラブルに見舞われることはわかっているはずだ。ところが、経験豊富なビジネスマンでさえ足をとられてしまいやすい値下げの形がある。そのせいで業界全体が破綻し、無数の新興企業はもちろんのこと歴史ある大手企業まで倒産した例を、何度も目にしてきた。

ここで言っているのは、ムダを出してはいけないと思うあまり、未使用の能力（キャパシティ）をディスカウント価格で提供してしまう手法のことだ。空いた倉庫、散発的にしか使っていない機械、あるいはコンサルタントの空き時間など、さまざまな形でキャパシティの余剰が存在しうる。そのキャパシティを販売できる機会が生じると、それが割引レートであっても、たいていは抗えない。本来ならムダになっていたはずのもので儲けが出る、ということしか考えないのだ。サービスに本来の価値よりも著しく低い値段をつけたせいで生まれかねない問題を無視してしまう。

私はこれを「キャパシティ・トラップ」と呼んでいる。トラップ（罠）と表現する理由は、これは一見したところでは健全なビジネス判断に思えてしまうからだ。実際には、破産へ向かう道へと自分で路線変更する行為にほかならない。

典型的な例を紹介しよう。ある男がトラックをリースし、二、三人の労働者を雇い、貨物輸送業を始めた。平均的な単価を一時間四五ドルと設定し、週に三営業日は予約が入るように努めた。ところがその後、閑散期がやってきた。その料金でサービスを頼みたがる新規顧客がまったく見つからない。だいぶ経った頃、一人の顧客が現れ、トラックを動かしていない週二日に一時間二五ドルで借りたいと言い出した。男は思った。

「貸していけないわけがないな。いずれにしてもトラックのリース料を払わなければならないんだ。貸せば多少の収入にもなるし。ともかく、トラックをただ遊ばせておくのはイヤだからな」

そこで男は交渉を受け入れ、売上が週四〇〇ドル増えるようになった。男は満足だ。何しろトラックをフル活用している。キャパシティを一切ムダにしていない。間違っているはずがない。

実際には、この判断には多数の間違いがある。まず手始めに、売上から得られる儲けは彼の想像より確実に少ない。男がキャパシティ、すなわちトラックの、リースにかかるコストだけに主眼を置いているからだ。ガソリン、修理費、労働力など、そのキャパシティを動かすことで生じるコスト全般に目が向いていない。その二日間にトラックを遊ばせておいたほうが実は好都合かもしれないのに、利益ではなく売上しか見ていないので、それがわからないのだ。自分で事業を立ち上げた人間が特に陥りやすい一般的な失敗であり、不幸なことに、ときにはこれが致命傷となってしまう。

反対に、この男が操業コストを計算に入れ、それでも利益が出せると判断していたとしよう。その場合でも、やはりトラックを格安で貸し出すのはいい考えとは言えない。私に言わせれば、「未使用の能力を遊ばせておくことを避ける」という理由だけで値下げを行なうのは、ほとんどどんな場合でもまずいアイディアだ。その根拠は四つある。

第一に、資本コストというものがある。売上を出すたびに、実は顧客に対して融資をしているのだ。少なくとも請求が支払われるまでは、カネを貸しているのと同様である。信用という形の投資に似ている。投資はリターンを確保しなければならない。営業を続けていけるだけの利益を確実に生んでいかなければならない。どんな事業であっても、利幅の薄い売上で資本をムダにするのは失策だ。文字どおりの意味で資本が有限であり、資本が尽きれば立ち上げフェーズを抜け出すことのできない新興企業の場合は、まさに自殺行為である。

第二に、機会費用というものがある。利幅の薄い売上でキャパシティを占めてしまえば、利幅の厚い売上のために残すべき余裕がなくなる。この貨物運送業者に、正規料金を支払う新顧客がついたらどうなる？　今後は正規料金顧客を新たに一切探さないつもりなのだろうか？

同時に、彼は値段を下げることで、新しいライバルを自分の市場に呼び込んでしまっている。そのライバルとは彼自身だ。利幅の薄い売上を追求するべきでない第三の根拠である。ビジネスの一般則として、値段はつねに底値へと向かってしまうものなのだ。まったく同じサービスに二種類の値段をつけるというのは、自分で自分に喧嘩を売るようなもので、遅かれ早かれ安い値段のほうが勝つに決まっている。顧客はバカではない。値段を下げられる余地があることに気づいてしまう。そうなったら高く支払わせるのはほとんど不可能だ。

さらに、その頃にはおそらく既存の正規料金の顧客も失っているはずだ。これが、キャパシティを埋めるためだけにディスカウントをするべきでない四番目の、そして一番重要な根拠である。成功あるいは存続のために大切にしなければならない既存顧客を遠ざけてしまう。別の客には同じサービスを安く提供していることを知れば、顧客は激怒するだろう。ずっと前からぼったくっていたのか、と思うだろう。そうなればおしまいだ。どんな値段を提示しようと、顧客は絶対に戻ってこない。

トラックの例はキャパシティ・トラップのわかりやすいケースだ。だが、たとえば相見積もりが行われる状況でも、この罠に注意しなくてはならない。私の業界でも以前、ある大都市当局の案件が入札制になったことがあった。非常に取りたかったのだが、一箱あたり月額一三セントを提示した新しい業者に負けてしまった。こちらの入札額より四〇％も低かったのだ。私は笑ってしまった。その値段で案件を取りたい気持ちはない。率直に言って、そんな料金でやりたがる会社がほかにあるとも思えなかった。二週間ほどした頃、契約を競り落とした男（ジェリーと呼んでおこう）が私に会いに来た。彼の会社のオーナーが私の友人で、何か助言をしてやってくれと頼まれていたのだ。ジェリーが入札の成り行きに当惑していることはすぐにわかった。「あなたが私より低い値段を出さなかったので、びっくりしたんです」とジェリーは言った。

「私は、きみが出したような値は絶対につけない。一箱一三セントなんて、採算がとれるわけがない。きみはこの取引で赤字を出すよ」

ジェリーが「そんなことはありませんよ」と反論するので、私は「そうか？　だったらちょっと見てみよう」と言った。

二人で腰を下ろし、私が紙とペンを取り出す。ジェリーに倉庫の天井高を尋ね、床から天井までに収容可能な箱の数を計算した。今回の案件を受けるにあたって発生する箱の数と大きさはわかっていたので、実際に必要な床面積を計算できる。また、その箱から発生する月間収益もわかっているので、その収益を床面積で割ったところ、ジェリーの月間収入は文書保管箱の収容に使う面積一平方フィートあたり六・六〇ドルと算出された。つまり、床面積をそのレートで貸し出していることになる。

「同じ倉庫を別の誰かに、一平方フィート八ドルか九ドルで貸すことも可能だ。倉庫をレンタルに出してしまえば、光熱費と税金は、その相手が払うことになる。だがこの取引の場合、収益が少ないだけではなく、経費もすべて自分でカバーしなければならない」

「そんなふうに考えたことは一度もありませんでした」と、ジェリーは頭を抱えた。

そんなことはない、ジェリーは正しい判断をしたという意見もあるだろう。所詮はその時点で空きだった倉庫なのだ。すでに税金も光熱費も払っていたし、その他の諸経費もすべて自分で出してきた。一箱一三セントという低いレートでも、その契約でもともと出ていた経費をカバーできる。だとしたら、得られるものを手にして何が悪いのだ。少ないとはいえ、ゼロよりはマシではないか？

残念ながらそれは違う。「家主」として旨みのある商売もできるというのに、なぜわざわざ文書保管事業でさまざまな面倒や支出をかぶらなければならないのか。実際問題として、自分の持つ資本を別の方法で運用したらもっと稼げないだろうか、とつねに疑問を感じているべきなのだ。一定の時間で回収利益が増える具体的な見込みがない場合は、何か間違った道を選んでいる可能性が高い。

確かに、どんなルールにも例外はあるものだし、この件も同じだ。空いたキャパシティをディスカウントで売る行為が理にかなう状況もあるだろうことは認めるが、そのためには二つの条件が満たされなければならない。第一に、ディスカウントの継続期間と解除について顧客とのあいだで事前合意ができていること。第二に、ディスカウントの契約についてほかの顧客から尋ねられたとき、合理的な説明ができなければならないことだ。顧客には公平な商売をしていると思ってもらわなければならない。たとえば私も余剰キャパシティを活用して、最大のライバル会社から二〇万箱の顧客口座を引き抜いたことがあった。その顧客は、既存業者の自動的な値上げが続いて支払う料金が相場を超えはじめていたことに気づき、別の業者を探していたところだったのだ。そこで我が社と十年契約を結ぶ。最初の二年は大きくディスカウントした。割引を申し出た理由は、倉庫の一つで一時的にかなりの空きがあったからだ。三年目、顧客が正規料金で支払いを始める時期には、新しい倉庫の建設が完了することになっている。新倉庫建設費は住宅ローンでカバーしたが、例の顧客口座による収益増加分で月々の住宅ローンを返済することができた。

この場合、取引の内容について顧客は事前に正確に理解していた。ほかの顧客に尋ねられても、同じディスカウントを提供できる旨を説明した。新たに二〇万箱、十年の契約を結ぶという条件であれば、新規顧客と同じディスカウントを既存顧客にも喜んで提供できた。

だが、これは異例のシチュエーションだ。一般的には、余剰キャパシティをディスカウントするのは間違った発想である。顧客に決してディスカウントを提供すべきではない、という意味ではない。キャパシティが空いていること以外に理由がなければならないのだ。たとえば、量。これなら誰でも理解しやすい。それ以外でも特別な条件に合意した顧客にはディスカウントを提供してもいい。だがもっと好ましいのは、料金は維持しつつ、何らかの付加価値サービスを盛り込むことだ。付加価値の内容はニーズに応じて、顧客ごとに変わるだろう。そのサービスを提供するのにいくらかのコストがかかるとしても、少なくともジェリーの例のような光熱費の支払いではなく、もっと有益な使い方をしている。正規料金の顧客を失わず、通常の料金を値下げせずに済む。顧客のえこひいきにもならない。起こりうる最悪の状況は、既存顧客が同じ付加価値サービスを要求してくることだが、それもマイナスではなくプラスの要因になる。付加価値が有名になれば、さらに新規顧客が付加価値サービスを求めて押し寄せるだろう。向こうから顧客が来るならば、サービスに高い料金を課すことも可能になるかもしれない。

だが、それほどラッキーではない可能性もある。倉庫もトラックも空いたまま、遊んだままで、付加価値サービスやボリュームディスカウントには興味のない顧客しか来ないかもしれない。別のサービスなど要らない、通常の四五ドルではなく二五ドルでトラックを借りたいだけだ、と言う。その場合は一番基本的なビジネスの原則に立ち戻って考えていただきたい。誰とでも取引できるわけではないのだ。この世界には、自分が支払う料金で、こちらが提供できる範囲を上回るメリットを求める人もいる。どんなに交渉しても、彼らの考えは変えられない。彼らと取引するにあたって使える言葉はたった一つだ。顧客が目の前に立ち、相手の希望を呑めばすぐにも売上になるというときに、それを言うのは辛いかもしれない。しかし、言えるようにならなくてはならない、たった一つの言葉。それは「ノー」なのである。

▶ノームに聞け！

親愛なるノーム

私は駆け出しのデザイナーです。ネクタイなど首周りのアクセサリーを手がけています。最近になってようやく独立の準備が整いました。そこで地元の紳士服チェーン店に接触し、バイヤーを説得して品物を見てもらうことにしました。サンプルのネクタイ、布見本、写真など、あらゆるものを送付しました。注文をするという返事を２カ月前にもらい、それ以来、何度も電話をしているのですが、担当者はいつも「注文書をファックスするから」と言うだけで、一度も本当に注文してくれたことがありません。言葉に行動が伴わない人物とビジネスをするのは間違いではないか、と考えはじめているところです。このまま食い下がるべきでしょうか。

パム

パムへ

私があなたの立場なら、少々皮肉めいたメモを添えて、サンプルとして送ったネクタイの請求書を送ります。こういう文言をつけてみたらどうでしょうか。

「私のネクタイを非常に気に入ってくださったことと思います。おそらくご自分で着用してくださっているのですよね。ですが、こちらは零細企業ですから、そのサービスのお支払いをいただかなくてはなりません。何らかの理由でネクタイにご満足でないのだとしたら、どうぞいつでもご返品ください。そうでなければ、小切手を送付いただきたく思います」

ノーム

まとめ——真の「損益」を決めるポイント

❶ 数少ない大口顧客を抱えるよりも、多数の小口顧客の基盤があったほうがいい。

❷ 新規顧客と契約を結ぼうというときは、説明するより見せたほうが効果的だ。こちらが提供できるものを体験させること。

❸ 「耳を傾ける」という行為は、昨今では失われた技術だ。だから、見込み客や既存顧客が言っていることに注意深く耳を傾けるだけでも、立派な競争優位となる。

❹ 未使用のキャパシティを埋めるためだけに値下げをするという案は、ほぼ一〇〇%間違った発想だ。もっと収益性をあげるポテンシャルを見逃していることになる。

第九章　顧客との長い結びつき

忘れてしまいやすいビジネスの基本的な事実がある。顧客を他社と奪い合っている場合には特に忘れやすい事実、それは、「契約成立だけが勝利ではない」ということだ。取引が成立し、なおかつ、その顧客を長きにわたってつなぎとめるための良い関係性の基盤が築けて、初めて勝利したと言える。顧客をつなぎとめること、すなわち顧客維持は何より重要なものである。離れていった顧客の穴をつねに埋めつづけていなければならないようでは、事業成長はきわめて難しい。考えてみていただきたい、年間の取引数が五十件で一〇〇%の顧客維持率をキープするのと、年一〇〇件の取引で顧客維持率が五〇%の状態とでは、どちらが好ましいだろう？　私は絶対に前者を選ぶ。確かに後者のほうが取引数は多いし、年度末の時点で維持している顧客の数は一緒かもしれない。だが顧客口座を二件獲得するたびに一件失うのだとしたら、二倍の労力、二倍のコストを投じていることになる。

私が経営していたメッセンジャービジネス、パーフェクト・クーリエでもそれを体験した。毎年一定して顧客の二五%を失っていたが、その一番の理由は、業界の参入障壁がゼロに等しく、競争率が高いからだった。しかも、数ドルの節約ができると見れば顧客にとっては何の負担もなく、この業者からあの業者へと切り替えることができる。当時の私は朝に目覚めた瞬間から、「今日はどの顧客を失うんだろう？」と考えていたものだった。本当に小銭程度の料金差で客は業者を乗り換える。同業者の目から見て、そんな料金では半年も事業を継続させられないだろうと思える会社に、顧客を持っていかれたこともある。そんなとき、顧客は「もし向こうが倒産したら、またお世話になりますよ」と言って去っていくのだ。

それでも我が社は、何とか三年連続でインク誌の「インク500」リストに選出されていた。理由の一つは、顧客をサービスと結びつけるメカニズムを持っていたからだ。たとえば前述したとおり、顧客がその最終顧客から実費徴収をしやすい請求書を提供していた。当時はコンピュータを所持しているメッセンジャーサービス会社はほとんどなかったので、そうした請求書作成の能力があるのは我が社だけだった。しかし、その優位性があってさえ、つねに四分の一の取引先を開拓しつづけていかなければならない。さもなければ「インク500」どころか、毎年の採算すら取れない状態だったのだ。

では、どうすれば顧客の大半を確実に維持していけるだろうか。参入障壁が高く、業者切り替えの負担が大きい業界であれば、多少はやりやすいだろう。文書保管サービスがその例だ。だが一番重要なのは、確かな関係性の構築である。顧客の立場で考えても、外注先を切り替える工程を楽しむ企業など存在しない。厄介だし、ほかのことに使えたはずの時間と経費を割かれてしまう。担当部署の社員たちは、会社全体に変更を徹底させるためにいろいろと取り計らわなければならない。新しい業者と打ち合わせをして、新しい契約の交渉をしなくてはならない。こうした面倒をわざわざやりたがる会社があるだろうか。たいていは、現在の業者にかなり腹を立てる事態があったから、切り替えを決意するのだ。

それはつまり、顧客はすべての業者を平等に扱っているわけではない、という意味でもある。誰でも時折は失敗をする。だが誰もが失敗の結果として顧客を失うわけではない。「いい会社なんだから、もう一度チャンスを与えよう」と言われる場合もあれば、「この人たちは何一つまともにできない。ちゃんとできる会社を探そう」と言われる場合もある。その違いは何なのか。ほとんどの場合、決め手になってくるのは、その業者が顧客とのあいだに育てていた関係性だ。

関係性が始まるのは契約書にサインした時点ではない。取引成立のはるか以前、最初の接触が発生した時点で始まっている。契約が決まったあとに顧客満足度を維持していくには何が必要か、あらかじめ把握しておかなければならないのだ。たとえば私なら、顧客の支払いサイトを知っておきたい。聞いておかなければのちのちのトラブルのもとだ。こちらは自社の規定どおり、三十日で払ってもらえると思っている。ところが先方の経理部は、先方の規定どおり九十日で支払うつもりでいるかもしれない。四十五日が過ぎたあたりで催促の連絡を入れ、さらに四十五日待たなければ支払われないと知ったとしたら、いい気持ちはしないだろう。顧客にプレッシャーをかける。相手はいい気持ちがしない。関係性はそこから崩れていく。

私に言わせれば、この場合、最初に顧客の支払い規定を確認しておかなかったのが悪い。支払いサイトがわかっていれば、その期間のコストを入れ込んだプロポーザルを作成できる。先方の支払い条件を受け入れてもいいし、取引をしないという選択肢もある。いずれの道を選ぶにしても、避けられたはずの誤解で生じる悪感情は味わわなくて済むはずだ。

しかし、将来の関係性をうかつにも損なってしまう可能性を回避するためだけに、相手に関する情報を仕入れるのではない。取引成立前の期間を利用して信頼構築に努めることに意味があるのだ。顧客を長期的につなぎとめるのは信頼関係にほかならない。「取引成立後も、満足していただくために何でも対応しますよ」と伝えて、相手を安心させるべきなのだ。

たとえば我が社の場合、ある中規模の法律事務所の獲得をめぐって他社と競合したことがあった。

いつものように事務所の担当者を倉庫見学に招き、設備やスタッフを見せて、我が社の能力を値踏みしてもらうことにした。基本的な見学ルートを終えたあと、私は、こちらも法律事務所のオフィスを見学させていただきたい旨を申し出た。文書管理責任者の男性は驚いた。そんなリクエストをした業者は一社もなかったからだ。彼は理由を尋ねた。

「理由の一つは、エレベーターの上り下りの時間を知りたいからなんです。建物の様子も知りたいと思います。それから皆さんのお仕事の様子も。何かお役に立つご提案ができるかもしれませんから」

法律事務所の文書管理責任者は、「当方がおたくを選ばなかったらどうなるんです?」と聞いてきた。

「だとしても、感じのいい方々と楽しく過ごさせていただいた、と思うことができます」と私は答えた。

あとからわかったのだが、その法律事務所を見学する労を割いた業者は我々だけだった。選考が始まると、ほかの文書管理サービス会社はあっという間にほとんど落とされた。残った三社の候補のうち、うちの入札金額が一番高かった。すると例の責任者が我が社の営業担当者に連絡をしてきて、こう告げた。

「おたくを選びたいと思っているのですが、ご提示のプランの中に、どうしても妥協できない点があるのです。いくつか変更をしていただければ、おたくにお任せします」

営業担当者が「どうして弊社を選びたいと思ってくださるのですか?」と尋ねると、「うちに見学に来た業者はほかにありませんでした」という返事が返ってきた。

「御社がなさったような質問は、どこの会社もしませんでした。こちらの業務を理解しようとしたのは、あなたがただけでしたから」

▶ノームに聞け！

親愛なるノーム
　私は小さな会社を経営しています。扱っている商品はハンドバッグなのですが、非常に競争が厳しいです。以前は順調だったのですが、1年前くらいから伸び悩むようになりました。手は尽くしているんです。ファッション誌の一面で素晴らしい推薦記事を書いてもらったり、国内でも最高の店、販売も好調な店に大量に商品を置かせてもらったりしています。昨年からは自分で販売活動も始めました。私自身が、商品の最高の宣伝係になれると思ったからです。私の第一目標は、しっかりしたブランドを築くことです。どうやって次のレベルへと進めばいいのでしょうか。
ナンシー

ナンシーへ
　自分の商品を自分で売り込むのは、ブランド構築の手段とはなりません。商品が冠している名前の人物には、一種の神秘性を漂わせておく必要があるのです。自分で先頭に立ち、売り込み電話を入れ、訪問して断られるような作業に時間を費やしているのであれば、神秘性など漂わせることはできません。ブランドを構築し、売上を増やし、会社を成長させるためには、その仕事をほかのスタッフに託す必要があるのです。簡単なことではないというのは私も認めます。特に、自分のほうが他人より上手にできると思える場合は、難しいですね。私が配送サービスを始めたときも、最初は自分が受注担当になりました。自分がその作業にあたるのがベストだとずっと思っていたのです。でも、もしそのまま仕事を続けていたとしたら、会社の規模は小さいままだったでしょう。
ノーム

契約に関して何点かの譲歩をしなくてはならなかったものの、我が社はめでたくその顧客を獲得した。機会を勝ち取れたのは、関係性ができていたからだったのだ。

ロイヤルティの構築

忘れてはならないのだが、取引が成立したあとも、関係性構築の努力をやめてはいけない。顧客関係性は、その他のあらゆる人間関係と同様に、継続的に育てつづけていない限り、必ず退化する。育てる方法は何通りでもあるはずだ。顧客にこちらのビジネスを教えるのも、その一つだ。企業は何につけても経費を削減したがる。そしてこちらは、節約の方法を教えてあげられるという独特のポジションにある。何しろ取引の内容、ビジネスの内容について、顧客より深く知っているのだ。相手が損をする、浪費してしまうポイントも知っている。業務の仕方を少し変えれば経費削減できることも知っている。簡単に言えば、相手が賢い買い手、賢い消費者になるための手伝いができる立場なのだ。

たとえば文書管理サービス業界で最初に気づくポイントとして、ほとんどの文書は永久に保存されるという特徴がある。顧客は業者に箱を預けて、もう箱のことはすっかり忘れてしまう。ある程度の年数が過ぎれば、その書類を保存しておく理由はなくなっている場合が多い。だが、どれを破棄できるか誰もチェックしない。そのあいだにもずっと保管料はかかっていくというわけだ。

我々はここに、顧客の役に立つチャンスがあると考えた。そして、保管すべき箱を受領するごとに破棄予定日をコンピュータに入力するシステムを開発。時期が来れば顧客に通知し、文書を破棄するか、保管を継続するか指示をあおぐ。このプロセスで一部の顧客の支払う保管料を四〇％も節約してあげることができた。

もちろん、結果的に我が社の管理する箱の数は減った。ゆえに売上も、このプロセスを導入しなかった場合と比べれば多少は下がった。だが、顧客に節約の方法を示すことによって、我々は確かにメリットを享受しているのだ。顧客は、たとえ他社でわずかに安いレートを見つけたとしても、我が社のサービス継続を選び、支払いを続ける。長期的に見れば、このロイヤルティのほうが、何箱か余計に保管するよりもはるかに大きなベネフィットをもたらしてくれている。

もう一つ、既存顧客を契約前の見込み客のように扱うというテクニックがある。これは自分が思うよりも難しいことだ。取引開始からしばらく経つと、自然と顧客を最初とは違ったふうに扱うようになってしまう。成立可否がかかっている段階では相手のためにどんなことでもするが、いったん顧客口座が落ち着いてしまうと、態度が変わりはじめる。契約更新の時期が来た頃には、相手に対してまったく新しい期待を抱くようになっている。もはや取引成立には主眼を置いていない。今は、もっとこちらに有利な契約にすることを考えているのだ。そんな態度でいる限り、契約は長続きしない。こちらが失ってしまった当初の態度を備えたライバル会社に、無防備にも隙をさらす行為にほかならない。

だから私は、付き合いの長い顧客でも、最初に我が社のドアをくぐったときと同じ気配りを示すよう、あらゆる手を尽くして努めている。取引成立の際に、顧客にそう約束する。部下にもその考え方を周知徹底するよう心がけている。サービスをどのように向上させられるか、顧客の日々の業務を便利にするためにどんなことができるか、全スタッフが定期的に胸に問いかけるようにしたいと思っている。たとえばあるとき新しいコンピュータ管理サービスを開発して、顧客がログインして契約口座に関する情報を自由に確認できるようにした。保管している文書、箱の状態など、何でも自分でチェックしてもらえる。こちらの手作業での確認を請け負うと、もっと時間がかかるし、照会一件あたり一・五ドルを課金しなければならなかった。こちらも、できればそうした検索作業はやりたくなかった。同じリソースを割くのなら、もっと高い利益をあげる方法がいくらでもあるからだ。そこでオンラインサービスを導入し、顧客に自分の時間とお金とイライラを省いてもらうと同時に、我が社のコスト削減も手伝ってもらったというわけだった。これが翻って、料金値上げの回避にもつながっている。

顧客との接触

こうした取り組みの中で大切なのは、顧客との関係構築と維持において創業者の果たす役割の重要性を忘れないことだ。残念なことに、会社が成功し規模が拡大するほど、創業者がその役割を果たすのは難しくなる。創業者みずから顧客と触れ合う機会は少なくなる。顧客と過ごす時間も短くなる。関心を向けるべき差し迫った問題が、いつでも山積みだからだ。解決しなければならないトラブル、準備しなければならない資金繰り、雇わなければならない人材、まとめなければならない契約……。日々の顧客とのやりとりは従業員に任せる部分が大きくなり、創業者はますますその作業から離れていく。そうした過程が、前途の明るい新興企業でさえ弱体化する一因になる。そうならないためには、つねに意識的に注意していなければならないのだ。

かつて私が、ニューヨークからカリフォルニアへ向かう飛行機の機内で体験した出来事を紹介しよう。いつものように格安運賃のジェットブルー航空を選んでいた。ほかの乗客と共に搭乗し、扉が閉まる。座席に着き、シートベルトを締めて、目の前のテレビ画面をチェックしていると、頭にやや白いものが混じった中年男性が前方に姿を見せた。ジェットブルーの客室乗務員が全員着用する長いエプロンをつけている。自分の名前が縫い取りされたエプロンだ。その人物は「皆さん、こんにちは」と機内に声をかけた。

「私の名前はデイヴ・ニールマン、ジェットブルーのＣＥＯです。今夜皆さんのお世話をいたします。着陸までにお一人お一人とお話できるのを楽しみにしています」

飛行機が巡航高度に達すると、ＣＥＯがほかの客室乗務員と共に通路に現れ、搭乗客が着陸まで空腹をまぎらわせるためのスナック菓子を配りはじめた。彼は通路をゆっくりと進み、話したがる客の前では必ず立ち止まって言葉を交わし、聞かれる質問にはすべて答えた。十一列目に座っていた私のところまで到着するのに一時間以上もかかった。「いい飛行機ですね」と私は声をかけた。

「素晴らしい機内サービスのアイディアは、どこから思いつくんです？」

ニールマンは、「アイディアのほとんどは、こんなふうに機内にいるときに思いつきます」と答えた。

「お客様が、何が欲しいか教えてくださいますからね」

「つまり、客の声に耳を傾けているということですね。それこそ素晴らしいアイディアですね！」

私がそういうと、ニールマンは笑顔を見せた。

二十分ほどかけて、私と、私の列の残り二人との会話を終えてから、ニールマンは挨拶をして次の列に移った。私はテレビに目を戻す。別の客室乗務員が回ってきたので、ＣＥＯが一緒に働くことは前にもあったのか、と尋ねてみた。

「ええ、ありますよ。しょっちゅう機内で一緒になるんです」

「ＣＥＯのことをどう思っています？」

「とてもいい人ですよ。ご覧になったとおりの人です」

私は座席に身を沈めて、ニールマンの商才、会社に対する彼の貢献について思いをめぐらせた。本来なら、ＣＥＯがわざわざ五時間半もカスタマーサービスに従事する必要などない。しかも私が思うに、まず間違いなく、搭乗前に通常の勤務時間で仕事をしてきたあとだ。時間外労働をするにしても、彼なら別の生産的活動もできたはずではないか。

だが、顧客との会話からニールマンが何を導き出していたか、もう一度振り返って考えてみていただきたい。既存の機内サービスだけではない。通路を挟んで私の隣に座っていた男性に話していたところによると、ジェットブルーはまもなく空港ラウンジに無線ＬＡＮの設備を整える予定だという。その他に、機内の高速インターネット接続の提供にも取り組んでいる最中だと話していた。

また、顧客との接触を通じて、ニールマンはリアルタイムな市場の感触を把握していた。機内の様子を自分の目で観察し、競合他社が気づく前にトレンドを見抜く。これは顧客とのダイレクトな接触で得られる最大のメリットの一つだ。市場は変わる。技術も変わる。顧客のウォンツ（望み）とニーズも変わる。市場の「今」を把握していれば、競争の一歩先へと出られる。逆にそうでなければ出し抜かれる危険性が高い。

それだけではない。ニールマンは社風の形成にもかかわっていた。一般客のために働き、役に立とうと尽力しているＣＥＯの姿を見て、従業員も自然とそれに倣った。ＣＥＯが飛行機について語り、新サービスの導入について説明するのを聞いて、その話を広げた。何より、ニールマンがどこかのデスクの後ろにでんと座って株価のチェックをしているわけではないと理解した。ＣＥＯが進んで時間外労働をして、自分たちと一緒に働いている。現場に参加し、現場で起きていることを理解している。彼は自分たちのチームの一員であり、自分も彼のチームの一員なのだ。しかも、それを言葉ではなく行動で示してくれている。結果として、従業員全体に異例なほど高い信頼、尊敬、善意の意識が広がっていた。

この体験は、搭乗客としてだけではなく、事業家としての私にも興味深い影響をもたらした。私はずっと前からこうしたリーダーシップとサービスの必然性を信じていたが、自分以外には必ずしも同じレベルを求めてはいなかった。仕方ないな、と思ってしまうのだ。だがニールマンの搭乗した飛行機に乗ってから、そんな遠慮はまったく無意味だと感じるようになった。一五四ドルのチケットを買った私は、あのフライトで、航空会社のCEOから直接にファーストクラスレベルの接客を受けたのだ。何千ドル何万ドルと支払っている外注業者から、同じサービスを期待してはいけないものだろうか？　結局、私はそれまで起用していた保険代理店、会計事務所、銀行との取引をやめてしまった。理由を尋ねられたときは、ジェットブルーでの旅を勧めておいた。

▶ノームに聞け！

親愛なるノーム

　最近うちを辞めた営業担当者が、うちと競合する会社を立ち上げたんです。あとになってから、その人物はまだうちで働いていた頃から副業として新しい事業に着手していたことを聞かされました。私はどうすべきでしょうか。

ヴェニー

ヴェニーへ

　何もすべきではありません。ご自分の会社に集中し、その男のことは忘れてしまいなさい。この一件のせいで、あなたの事業にとって本当に大切なものから焦点がブレてしまってはいけません。ライバルになった元社員のことを気に病むと、多くの時間とエネルギーをムダにしてしまいます。私なら、従業員がライバルとなった場合、健闘を祈ってある植物を贈ります。サボテンですよ。あなたが気にしている限り、その男の影に付きまとわれてしまいます。職業倫理にもとる男なら、ゆくゆくは天罰が下りますよ。

ノーム

まとめ——真の「損益」を決めるポイント

❶ 顧客維持は成長のカギだ。固い関係性を築くことで、顧客を維持する。

❷ 顧客との関係性を築く方法の一つは、相手にビジネスを教えて、賢い買い手になれるよう助けることである。

❸ 意識的に、古い顧客を新しい顧客のように扱うこと。そうしないと、彼らを当たり前の存在として扱ってしまいやすい。

❹ 会社が成長すると、創業者と顧客との接点が失われてしまう。自分の時間を割いて積極的に顧客と接する機会を作ること。

第十章　顧客を失うとき

お気に入りのちょっとしたゲームがある。過去半年間に耳にした、あるいは自分が体験した悪い顧客サービスのエピソードの数を記録しておき、その数字を私が住む世界の顧客サービス・レベルを示すざっくりした数値として考えるのだ。年によって上がったり下がったりするのだが、業界を問わず「顧客とは自分の生活を潤す手伝いをするだけの存在だ」と考えているサービス業者の数には、いつも驚かされる。

私が診察を受けた歯医者の例を挙げたい。大がかりな治療が必要になったので、よさそうな病院を見つけて足を運んだのだが、マンハッタンのパーク・アヴェニューにあるその診察室は、歯科医院としてはこれまで見てきた中で最も豪華だった。洗面所はつややかな黒い大理石とクロームが使われている。初診時には、「パーソナル衛生スペース」なるものを与えられた。鍵付きの小さなロッカーで、そこに自分専用の歯ブラシを置いておくのだ。医師は一連の診察を行ない、あらゆる角度から私の口のレントゲンを撮った。それから約一〇日後にまた来院させた。治療の進め方について説明するためだ。

医師は実に念入りな準備を整えていた。私が診察室に入ると、今後の治療の内容、理由、方法についてことこまかに説明を始める。私はそれを「いいです」とさえぎった。

「信用しますよ。金額はどれくらいになりますか?」

「トータルでですか?」と医師。「およそ四万五〇〇〇ドルです」

私は驚愕した。

「先生。私は市内で最高の歯科を四軒推薦されたのですが、一番のお勧めがこちらでした。でも、その値段はあまりに桁外れです」

「その推薦リストを拝見できますか?」

そこで私は紙を見せた。受診候補リストの紙に目を通し、医師は微笑を浮かべた。

「これは私の教え子ですよ。それからこちらは、私のところで働いていた者です。私自身が教えた歯科医なんですよ」

「腕は悪くないんでしょう?」

「ええ、腕は悪くありません。でも、開業しているのはロングアイランドのロックヴィル・センターです。そちらに行ったほうがおそらく安く治療できますが、こうした設備すべてはありませんよ」

そう言って、医師は診察室の様子を示す。私は椅子から立ち上がって、「どうもありがとうございました」と言った。

「どこへ行くんです?」

「そのロングアイランドの先生のところに行って、いくらくらいするか聞いてみますよ。でも、一つ言っておかなければならないことがあります。今のは下手な売り込みですよ、先生。あなたは今、『お前はパーク・アヴェニューの診察室に対して支払いをするんだ』とおっしゃったのですから」

そして私は診察室をあとにし、ロックヴィル・センターの歯科医の予約をとった。そこで提示された金額は、パーク・アヴェニューの歯科医の約半分だ。例の歯科医の推薦で来たのだと言うと、ロックヴィル・センターの医師は信じようとしなかった。そこで事のあらましをすっかり説明する。医師が笑って、パーク・アヴェニューの医師の提示した値段を知りたがったので、私は「お教えしますが、治療が終わってからにしますよ」と告げた。

「どうしてです？」

「先生はたぶん値上げをしたくなるからです。今この場で値上げされたくありませんからね」

医師は大笑いをした——だが、否定はしなかった。

値上げをする

顧客との関係性に値段が一つの役割を果たすことは確かだ。突然の、しかも大幅な値上げほど、簡単に顧客を失う道はないだろう。誰もそんな展開は望まない。しかし時間をかけて徐々に値上げをしていかない限り、いつの日か急激な値上げしか道がないことに気づかされる。

私の妻のエレーンが典型的な体験をした。彼女は何年も、家の近所の同じ美容院を利用していた。最初にそこを選んだ理由は、場所が便利だったからでもあり、周辺の高すぎる美容院に嫌気がさしていたからでもあった。経営者のジュディという女性は、ほかのサロンと比べて大幅に安い料金を設定していたのだが、エレーンにとって自分の財布から出る金額は重要ではなかった。むしろ、低い料金を活用して、週に一回ではなく二回通えたことのほうが大きかったのだ。

ところがある日突然、ジュディは大幅な値上げを決め、しかも即実行した。基本のカット料金が二五％上がり、ブロウの値段も同じように上がった。カラーリングに至っては八五％アップだ。この値上げは利用客にとって衝撃だった。怒り出し、もう来ないという客もいた。エレーンでさえも腹を立

▶ノームに聞け！

親愛なるノーム

我が社は年商4000万ドルの製造業者です。北米およびヨーロッパの250の独立小売店を通じて製品を流通させています。上得意として扱ってくれている小売店の機嫌を損ねず、インターネットでエンドユーザーへの直接販売を始めるには、どうしたらよいでしょうか。

クリス

クリスへ

小売店で売っているのと同じ値段で販売し、地域で発生した売上については必ず小売店にコミッションを支払うようにすれば、小売店は機嫌を損ねないと思います。むしろ応援してくれるでしょう。商品を、小売店で売るよりも安く売ろうとしているのであれば、少々厄介です。それを行なうにあたって小売店の許可が必要になりますし、地域で発生した売上の分には通常どおりのコミッション支払いに合意しなければならないでしょう。いずれにしても、カギはきちんと意思の疎通を図ることです。私なら、まずは小売店側にアンケートを送ります。それから、インターネットの販売は彼らにとっても稼ぎを増やす機会になると説明します。そのシステムの動き方を説明し、意見を求めます。ちゃんとコミュニケーションを取っていれば、おそらく大丈夫です。そうでなければ、何をするにせよ、トラブルに見舞われることになるでしょう。

ノーム

て、ジュディに詰め寄った。なぜこんなに大幅な値上げをするの？　なぜいきなり、一度に上げるの？

するとジュディは、「ほかに仕方がないんです」と答えた。

「十年も値上げをせずに続けてきました。スタッフには毎年昇給をして、私自身は追加収入なしでやってきました。でも、もう大幅な値上げをせざるを得なくなってしまったんです。そうしないと勘定も払えません。この場所もたたまなければいけなくなってしまいます」

私はジュディに同情した。値上げは決して簡単なことではない。特に大幅な値上げとなれば、危険を覚悟でやることになる。顧客を敵に回し、大切な顧客との関係性を危険にさらさずに、大幅に値上げするなど不可能なのだ。抵抗に遭い、値上げそのものを撤回したり、あるいはせめて延期してしまいたい誘惑に駆られる経営者は少なくない。しかし、どちらを選ぶのも間違いだ。もちろん当面は心痛から解放されるかもしれない。売上が上がれば、何年か同じ儲けを家に入れることはできるかもしれない。結果として、リスクはないと感じられるかもしれない。短期的にはそれでうまくやって行けると思うだろう。

しかし実際には二つの問題が生じている。まず、利幅が減る。コストが上昇するからだ。特定のコストはつねに上がりつづける。私はそれを「忍び寄る経費」と呼んでいるのだが、まるで生き物のような動きをするタイプの支出がある。鵜の目鷹の目で注目していないと、勝手に上がっていく。注意して見ていても上がっていく場合すらある。たとえば中小企業では、ほぼ必ず年々給料がアップする。保険料もコンスタントに上がっていく。光熱費、サプライ用品のコストも、時間が経つにつれて上がりやすい。もちろん、時間が経つにつれて安くなっていくものもないわけではない。電話の基本サービスはそうだし、コンピュータ処理が早くなれば労働効率は高まる。それにもかかわらず、売上一ドルに対する平均支出額は年々上がっていくはずだ。年間わずか二%程度かもしれないが、それが五年、十年と積み重なれば最終的に利益そのものがなくなってしまう。料金値上げをしなければ、の話だが。問題がそれほど深刻化しないとしても、定期的に値上げをせずにいると、別の形でビジネスは損なわれる。まず一つに、自社が提供する商品またはサービスに対する価値認識が徐々に弱まる。好むと好まざるとにかかわらず、値段と品質は結びつけて考えられる傾向があるからだ。つねに業界の最高額に合わせるべきだというわけではないが、その差があまりに開きすぎると、消費者は「こっちは安い代用品」と見なすようになる。

同時に、事業の真の価値も低下してしまう可能性がある。これはほとんどの中小企業経営者が見逃すポイントだ。会社を収入源としか考えず、それ自体が主たる資産であり、おそらくは経営者にとって最も貴重な財産であることを忘れてしまう。だが、資産はメンテナンスが必要だ。業界他社と同程度、もしくはそれ以上に堅調な粗利益を維持できていなければならない。利幅が薄まれば、事業売却を考えた時点で困った立場に立たされる。実際問題として売却自体が不可能になるかもしれない。

これは家を売るのと似ている。屋根の修理が必要な状態なら、買い手はそれに応じたディスカウントを受ける。あるいは修理の必要のない家を探す。それと同じ理屈で、事業買収をする買い手も利ざやの少ない会社には手を出したがらない。儲けの薄い理由が「値段が低すぎるから」であれば、なおさらだ。買い取ったビジネスですぐに値上げをしたいなどと、誰が考えるだろう、どんなに状況がよくても、オーナーチェンジを経ながら顧客基盤を維持するのは生易しいことではない。経営者交代直後から顧客を敵に回すような行為をするのであれば、ほとんど不可能だと言ってもいい。

健全な事業慣行のために、企業は定期的に値上げをしていくべきだと私が考えるのは、こうした状況があるからだ。値上げは必ずしも大問題ではない。問題にすらならない場合もある。私も、たいていは多少の抵抗には遭うものの、つねに一度に少しずつの値上げを主張している。美容院オーナーのジュディが十年のうちに一年一、二ドルずつの値上げをしていれば、十年後には充分に営業していける金額を維持し、しかも誰も文句を言わなかっただろう。だが彼女はそうするかわりに、顧客をわざわざ怒らせる方法に出てしまったのである。

ルールのためのルール

その他のことがすべてうまく行っても、カスタマーサービスがひどければ、顧客はいつでも必ず離れていく。この三十年間で、そうした「顧客を失うテクニック」の例は増えてきたように思う。現場の変化をトレンドのせいにする人もいる、確かにそれも一つの要因かもしれないが、私に言わせれば一番の失敗は別にある。たいていの場合、問題を生み出すのは従業員ではない。ボス、雇用主、経営者だ。彼らが間違ったルールを作るせいで、問題が生じているのだ。

私の義理のおじ、アーノルドの例を紹介しよう。彼は亡くなるまでニューヨーク州北部に住んでいた。優れた事業家で、あるとき、車を町のディーラーショップに修理に出したときの話をしてくれたことがあった。前にも同じ故障で修理を頼んだことがあったのだが、今回その車を取りに行くと、数百ドルの代金を請求された。

「わかった。だが、まずは試乗してみたい。故障が本当に直っているかどうか、それだけ確かめたい」

するとサービスデスクの男は、「いいですよ。でも先にお支払いください」と言った。

「代金をお支払いいただかないうちは、いかなる車もここから出すことはできないんです」

アーノルドはこのディーラーにとって、単に修理を頼むだけの客ではなかった。何しろ四十年も前から取引しているのだ。かつて地元の病院で管理責任者をしていたときに、病院用として年に五、六台の車を購入していた経緯があり、専属の営業担当者もいたほどだった。プライベートでも四年か五年ごとにその店で車を買い替えている。アーノルドは店にとって百万ドル級の顧客なのだ。

サービスデスクの男は、そうした事情をすべて知っていた。彼が誰だか知っていて、そういうことを言うのだ。アーノルドは耳を疑った。

「待ってくれ。きみは、私がちょっとした修理費を払うかどうか信用できないから、車を試乗させないと言うのか？」

「申し訳ありません。規則なんです。私たちには規則は曲げられません」

アーノルドは自宅に戻り、そのディーラーショップの経営者に電話した。

「ジム、どういうことなんだ。ばかばかしい話じゃないか」

すると経営者は謝罪して、自分がちゃんとするから心配しないでほしい、と言った。自分が車を運転して持ってくる。一日か二日ほど試し乗りをして、大丈夫だったら代金を払ってくれればいい。

一体この経営者は、ルールを作って何を実現したというのだろう。大事な顧客の一人を怒らせ、従業員を無能にして客の前で顔をつぶし、自分も恥ずかしい思いを味わった上に、面倒な作業までしなくてはならなかっただけだ。

彼には同情する。私も似たような経験があるからだ。会社がルールを設ける理由は理解できる。ある程度の規模になると、突如としてルールの必要性に気づかされるのだ。従業員に境界線を知ってもらわなければならない。どんなふうに振る舞い、何をしてもよく、何をしてはまずいか、理解させなくてはならない。倒産につながりかねない失敗を防ぐため、つまりは会社存続のために設けるルールもある。一定の水準を維持したいから、という理由で設けるルールもある。痛い目に遭って必要性を感じたルールもあれば、売上の激増、運営システムの合理化、コストの削減など、さまざまな目的に向けた方法を見つけたために、その方法を導入すべく設けたルールもあるだろう。

どんなルールにも、たいていは背後にそれなりの理由があるか、少なくともちゃんとした意図がある。作った時点ではしごくもっともに見えるだろう。だが、注意していないと、ルール作りが事業にダメージを与えかねない。顧客の筋が通ったリクエストに常識を働かせて応える能力を従業員から奪ってしまうのだ。

たとえば文書保管サービスでは、箱を顧客のオフィスまで配達するよう求められる場合が多い。配達には正規料金があり、緊急の際は追加料金が発生する。どんなビジネスであっても起こることだが、顧客はときどきあとから電話をしてきて料金について文句を言う。我が社のカスタマーサービス担当者のうち、何人かがすぐ妥協してしまうので、私はルールを作った。「管理職の承認なしで、いかなる支払い免除も実行してはいけない」。

だが、我々のほうに非があるトラブルが生じるたびに、このルールにしっぺ返しを食らった。たとえば顧客が急ぎの注文をしたにもかかわらず、何らかの事情で、箱が時間どおりに届かなかったとしよう。顧客は電話をしてきて、怒りを示し、配達代は払わないという。カスタマーサービス担当者は、「申し訳ございませんが、配達は確かにいたしましたので、料金をお支払いいただく必要があります」と言う。

「しかし、遅すぎて役に立たなかったんだ。支払いはしない」と顧客が言う。

「では、マネージャーにお話しください」と担当者が言う。

事情を聞いたマネージャーは、もちろんその料金を取り消すが、顧客はまだ怒っている。第一の理由は、配達が遅れたからだ。第二の理由は、文句を言わなければそのまま代金が徴収されていたのか、と思うからだ。そして第三の理由は、支払いを取り消させるためだけに電話をたらい回しにされたからだ。最終的に、この顧客の脳裏にあるのは、「この会社のサービスは最低だ」という想いだろう。その次はどうなる？　配達が遅れたくせに料金はしっかり取られそうになったという話が、先方の社内で広がり、契約更新は危うくなる。

私が事態を理解した頃には、すでにこのルールのせいでダメージが生じていた。言うまでもなく、私はルールを取り消した。カスタマーサービス担当者は支払い免除について自分の判断で決められるようになった。こちらに非がある場合は、そうしてくれたほうが望ましい。もちろん担当者が間違った判断をすることもあるが、研修を通じて学んでいってくれればいい。あとから考えれば、単に数人の担当者がすぐに支払いを免除してしまうからという理由だけでルールを設けた私が間違っていたのは明らかだった。本当は、彼らが正しい判断をできるよう時間と労力を割いて指導するべきだったのだ。

この点こそが非常に重要である。我々は問題を解決するのではなく、回避しようとして間違ったルールを作る。近道や簡単な答えを探したい誘惑に負けてしまうのだ。修理代金を支払わずに車で走り去った悪質な顧客が一人いたという理由で、すべての大事な顧客に規制を設けてしまう。一人の従業員が支払い免除に関して判断力に乏しいという理由で、きちんとした判断を下せる者までがんじがらめに縛ってしまう。その結果が、悪いカスタマーサービスだ。矢面に立つのは従業員だが、責められるべきは経営者にほかならない。運が味方をすれば、大きな害がおよぶ前に、問題を発見してルールを撤廃できるだろう。自分で自分に腹が立つかもしれないが、少なくともダメージは最低限に食い止められる。最悪なのは、間違ったルールを作って、なおかつそれに気づかないでいることなのだ。

▶ノームに聞け！

親愛なるノーム

私は、文章の書き方を教える小さな会社を経営しています。自宅で経営し、社員は私１人で、あとはフリーの人を使っています。編集作業をしている女性の１人が、営業販売を手がける正社員として働きたいと言っています。確かにそういう業務をする人間が必要なのですが、彼女を正社員で雇うとなると、金銭面でいろいろ関係することがでてきます。それに、彼女の働きによって、私の手には負えないほど仕事が増えてしまうかもしれません。雇うのは愚かなことでしょうか？

シャロン

シャロンへ

人を雇うのは愚かなことではありませんよ。その必要性があり、関連して発生する財政的事柄を理解してさえいれば。新たな経費をカバーするには、追加の売上を出していかなければなりません。まずは必要な追加売上を見極めるために、一定の期間にかかる経費総額を計算して、平均粗利益で割ってください。たとえば、従業員を雇用してそれに伴う変更に対処するにあたって、初年度は３万9000ドルかかるとしましょう。そして利益率が30％だとします。だとしたら、新しい経費をカバーしつつ今の収益性を維持するために、同じ利益率で年間売上高を13万ドル増やさなくてはなりません。リスク低減のためには、実験してみればいいのです。そのスタッフを営業としてパートタイムで働かせて、今の編集業務も平行して続けさせましょう。双方が新しい雇用形態の感覚をつかむまで、それでやってみるのです。

ノーム

まとめ――真の「損益」を決めるポイント

❶ あなたの優雅な生活を支えるダシにさせられている――そんなふうに思いたがる顧客はいない。そんな気持ちを抱かせるような理由を作らないこと。

❷ 一定の間隔で少しずつ値上げをしていく習慣を作ること。そうすれば、あとで大幅に値上げせざるを得なくなることはない。

❸ 会社は、自分自身にとっておそらく最も貴重な資産だ。利幅を薄くして、その資産価値を損なうような真似はしないこと。

❹ 自分の作ったルールには注意する。気づかぬうちに、そのルールのせいで、従業員の顧客へのサービスが低下するかもしれない。

第十一章 「成長する」という決断

一般的な企業経営者が、毎年たいてい十二月か一月に行なうルーティンの行事がある。デスクに着き、電卓を手元に置いて、翌年以降の事業の目標と、そこへ到達する方法を計算するのだ。大切な作業だが、大多数がここで失敗する。人生計画を考える前に、まず事業計画に主眼を置いてしまうのだ。本来は人生計画こそ先頭に来なければならないものなのである。

不幸なことに、私たちの多くが試合の終盤になってこの認識に至る。痛い思いをしたあとでないとなかなか気づくことができない。たとえば一九八〇年代の私に「何をしたいのか」と尋ねたとしたら、何のためらいもなく「事業を一億ドル規模にする」と答えていたはずだ。人生にはほかにすべきことがあるかもしれない、そもそもどうして一億ドルなのか。そんな考えは頭をよぎりもしなかった。ただひたすら、どんなものでもいいから、一億ドル規模の会社をこの手に収めたかったのだ。そして望みは叶った。当然ながら、生活はめちゃめちゃだ。家族と過ごす時間はない。休暇も一切取らない。今の私が何より楽しんでいる多くの趣味を投げ出した。それでも、第二章で説明したように、結果的には大惨事をもたらした買収を通じて、年商一億ドルの会社を経営するという望みだけは確かに叶った。それから会社は底の抜けたバケツのように資金を失いはじめ、気づいたときには破産法の申請をしていたというわけだ。

破産法の適用から脱却するのに三年もかかった。一連の出来事は、私が今後も決して忘れない、そして二度と繰り返したくない経験だ。だが、そうした体験に共通することだが、教えられたものは本当に多かった。中でも重要なのは、自分がそもそも起業した理由を振り返って自問しなくてはならなかったことだ。現在の私は、アドバイスを求める人々に、たいていこの質問を最初にするようにしている。

マイク・ベイチャーの例を挙げよう。彼は一九九〇年代なかばに、経営している会社の成長について私のアドバイスを求めてきた。営業担当者を何人か増やさなければならない、だがそれだけの経費をかける余裕があるかどうか確信がないという。プラン作成に手を貸してほしいと頼まれ、私はマイクと会う約束をした。マイクがやっているのはニューヨーク各地の港と港を結ぶコンテナ運搬事業で、家族経営で三十二年間にわたり営業を続けていた。年間売上高は約一七〇〇万ドルだ。この先五年で一〇〇〇万ドルから一五〇〇万ドルにしたい。そう言うマイクに対して、私は「どうして？」と問いかけた。

マイクはおかしな顔をして「どういう意味です？」と問い返した。

「ちょっとビジネスのことは脇に置いてみよう。ビジネスは単なる目的達成の手段だ。問題は、その目的のほうなんだよ。きみは、自分の人生でどんな方向に進んでいきたいんだ？　家族を持つ身として、五年後にはどんなふうになっていたい？　何を手に入れたい？　休暇はどれくらいの時間が欲しい？」

マイクはこうした質問に答えられなかった。考えたこともなかったのだ。ほとんどの人は考えない。マイクは妻に相談し、それから経営にかかわっている者も含めて身内で相談した。そして最終的に、自分が本当に望むのはささやかな収入を二倍にすることだという結論に達した。妻とのあいだに二人の子供がいるし、家も狭い。もっと大きな家に住めるだけの稼ぎが欲しいとマイクは話した。ときには少し休暇も取りたい。年に二週間か三週間でいい。今は毎日働きづめで、休みらしい休みも取っていなかったからだ。

それを聞いて、私は「なるほど。それなら、五年で年商一〇〇〇万ドルに広げる必要はないな」と言った。

「そもそも、一〇〇〇万ドルを達成する資金がないと思うが、仮にあったとしても、一日十八時間、週七日、家族とも顔を合わせられずに働きどおしになってしまうぞ」

わかっていただきたいのだが、マイクが違った個人的目標を掲げたならば、私も違う反応をしていた。可能な限り迅速に会社を成長せざるを得ない場合というのも存在するし、その場合は家族を含め、多くのものを進んで犠牲にするだろう。そういう人々に反論するつもりはない。どのみち耳を貸さないはずだ。私自身がそうだったのだからよくわかる。

だが、マイクはそうした人種ではなかった。そこで私たちは新しい事業計画を作成した。マイクが望むものを手に入れるためのプランだ。五年で一五〇〇万ドルではなく、五年で年商三〇〇万ドルを目指す。今のところはまだ新しい営業担当者は雇わない。マイク自身が売り込みをする。彼は営業性にあっていて得意でもあったのに、オフィスにこもっていなければならないので、あまり営業活動に出られなかったのだ。だがマイクには弟がいて、家族賃金で運転手として働いている。少し訓練を積めば、弟がオフィス業務の一部を担当し、マイクは営業に出られるようになる。新しい営業担当者に年間五万ドルをかけるのではなく、弟のかわりとなるパートタイムのトラック運転手に年間一万ドルを支払うだけで済むし、マイクは最大の効果を望める業務に集中することができる。さらに私は、「一番つかまえやすい顧客は既存顧客だ」という原則に基づき、既存顧客に提供できる追加のサービスを考えてみるよう提案した。そうして最後に売上予測を立てる段になってみると、この計画なら五年目で三二〇万ドルを達成できそうだとわかった。マイクは私の助力に感謝した。

それっきり連絡は途絶えていたのだが、五年半後になって出し抜けにマイクが電話をよこし、立ち寄ってもいいかと尋ねてきた。私もぜひ彼に会って、その後の経過を聞きたかった。現れた姿を見るや否や、彼がまったく別人になっているのがわかった。四〇ポンド（二〇キロ弱）も体重を落とし、記憶にあるイメージよりもずっと落ち着いて見える。彼は笑いながら、自分の人生と事業がどれほど変わったか語ってくれた。

まず、彼の目標はすべて実現した。稼ぎが上がり、大きな家に住むようになった。休暇を取り、子供や家族と過ごす時間も長くなった。電話係を雇ったので、自分は電話から解放されたし、たいてい五時か五時半には退社できるようになった。ビジネスの面では、トラック運搬を利用する顧客に保管庫サービスの提供を始め、現在では複数の倉庫を所有して、新たな収益源を確保した。本人の弁によれば、事業は本当に好調らしい。マイクは明らかに誇らしげな様子で、会社が五年目で売上高三六〇万ドルを達成した、と告げた。私と二人で想定した予測を四〇万ドルも上回る数字だ。そして翌年には五〇〇万ドルが視野に入っているのだという。

「本当に素晴らしい。おめでとう、マイク」と私は言った。

「ええ、とても嬉しいです。次のステップに進む準備もできています」

「それは何だね？」

「別のトラック運搬会社を買収するんですよ」

私の頭に警告音が響いた。「それはかなり用心が必要かもしれない」とマイクに告げる。

「買収で深刻なダメージを負う可能性もある」

マイクがどういうことかと尋ねるので、私は、あらゆる事業買収に潜む特有のリスクについて説明した。まず、会社を所有してみなければ正確な事業内容は理解できないものだし、そうなってから気づいても、もう元には戻れない。トラック運搬の契約には縛りがないので、同業他社の買収は特にリスキーだ。会社を買ったら、その会社が抱えていた顧客はことごとく離れていく可能性がある。あるいは顧客口座を管理していた営業担当者が、常連客を連れてよそへ移ると脅してきたり、その他さまざまな要求をしてくるかもしれない。また、買収には借入をしないといけないので、深刻なキャッシュフロー問題を抱えることになりかねない。最悪の場合、買収が裏目に出て事業が倒産する可能性もある——私が一九八〇年代に学ばされたように。

断っておくが、事業の買収は絶対にすべきではない、と言っているのではない。それが成長のベストな道となる場合もある。身を守るために踏むことのできるステップもいくつか存在している。たとえば、事業引き継ぎ後の売上で徐々に買収金の支払いをする、と売り手を説得してもいいだろう。だがマイクの場合、ほかにも検討すべき問いがあった。ここまでの五年間を、彼は自分の人生の向上のために費やしてきた。それなのに今、安定した生活を捨てるかもしれないリスクを本当に負いたいと思っているのだろうか？

マイクは「でも、今も不安はあります」と言った。

「今は、ほとんどすべての業務が大口顧客二社で占められているんです。とても良い取引をしているんですが、もしどちらかが契約を切ったり、予算削減したりしたら、かなり厳しくなるでしょう」

確かにそれも非常に深刻な問題だ。それは認めるが、状況の解決策として買収以外にも方法がある。たとえばマイクが営業にかける時間を増やしてもいい。得意だし、本人も楽しんでいるし、獲得した顧客の維持にも効果がある。他社を買い取るかわりに、今の大口顧客二社との関係性を活用してもいい。一社は化粧品関係、もう一社はアパレル関連なのだが、どちらも業界での顔が広いので、顧客開拓の絶好の糸口になってくれるだろう。同じくらいの規模の顧客が二、三社増える程度だとしても、経営状態はかなり改善される。大口顧客が事業の五〇％を占めていたときよりも、二〇％しか占めていない状態のほうが、夜も安心して眠れるはずだ。

マイクは完全には納得せず、「そういうやり方で顧客を増やすのは時間がかかりますよ」と反論した。

「確かにそうだ。だが、ビジネスに近道はないんだよ。それに、近道を探そうとすると、たいていは困った事態に陥る。私もそれに気づくのに長い時間がかかってしまった。私のような人間は、すぐに結果を出して満足したがるからね。私が学ばされた最も厳しい教訓は、顧客増加や売上増加といった良い出来事が一晩で起きるわけがない、ということなんだよ」

マイクはまだためらっていた。考えてみたいと言うので、私もそれがよかろうと答えた。もし、どうしても企業買収をするつもりなら、背負うリスクを最低限にするためのルール作りには手を貸す、と言っておいたのだが、次に会ったときのマイクは、買収という道は断念した旨を告げたのだった。正直言って安心した。彼が達成したい目標を叶える道はほかにもあるというのに、せっかく手にした安定した生活を台無しにするようなことになってしまったら、私としても残念に思うに違いなかったからだ。だが、成長への渇望は、ときに人をこうした間違いに導こうとする。だからこそ、事業計画より先に人生計画を作っておく必要があるのだ。

成功のミステリー

事業を成長させたいと思うことが間違っている、などと言うつもりはない。むしろ、事業が順調なら拡大したいと考えるのはごく自然なことだ。ただ、成長のための成長という罠にだけは陥ってはいけない。大きいことがつねに良いこととは限らないし、これまでに成功してきた理由を具体的に特定できない場合もあるからだ。

それが、成功の難しい点である。事業で失敗すれば、省みて、何が悪かったか理解し、適切な教訓を学びとる。だが何らかのビジネスコンセプトが「当たった理由」を見極めるのは、不可能とは言わないまでも、難しい場合が多いのだ。重要な要因を数多く列挙できたとしても、そのどれとどれが組み合わさって、そしてどのタイミングと手法が奏功して事業を軌道に乗せたのか、正確に把握できるとは限らない。事業を売上の面で次のレベルへと伸ばす方法を考えるときは、くれぐれもその点を念頭に置いておくことだ。成功を後押しする要因をはっきり熟知していると言えないのなら、採用する戦略には充分注意しなければならない。自分の会社を軌道に乗せた最初の要因が何であるにせよ、それを自分の手で摘みとってしまう危険性は大きいのだ。

私の友人の例で説明しよう。彼のことは仮にシーモアと呼んでおく。二〇〇〇年のこと、シーモアはニューヨークで、小さいながらも人気の高い衣料品店を経営していた。名前は、「ホット・パンツ」としておこう。郊外のショッピングモールに構えた、およそ一二五〇平方フィート（三五坪）の小さな店で、ジーンズやカジュアルウェアを扱っている。利用するのは主に若い女性と十代の少女たちだ。シーモアはその立地で年間に数百万ドルの売上をあげており、衣料品小売業界の当該セグメントでは

▶ノームに聞け！

親愛なるノーム

　私は今、30歳です。５年前、父の会社の社員になりました。ゆくゆくは会社を私に譲ると言われていたのですが、今では、私がお金を補てんして買いとらなければいけない状態です。会社を成長させたいと思いますが、儲けを再投資しない限り、成長は見込めません。そろそろ買収金額を決めなければならず、私はそれほど多くの金額を出したくないのですが、あまりに低い入札額で父を侮辱したくありません。何かよいアドバイスをください。

ロバート

ロバートへ

　父上に何かを提示する前に、まずはあなた自身を整理し、人生計画を立てる必要があります。その上で、人生の目標達成を可能にするオファーを決めるのです。まずは比較可能な他社の価値を調べてみましょう。父上に提示するプロポーザルには、買収額をいつから、どれくらいの期間で払うのか、買収後の父上の給与額は、といった内容を明確に示したものが必要です。父上が会社をあなたに売りたがっていることについては、非難すべきではありません。最終的に、買わない選択でもよいのです。ただし、良い状態で手を引けるように、父上には次のように伝えましょう。「これが私のプランです。今の状況で父さんから会社を買い取るとしても、自分はやっていけると思います。父さんを尊敬していますし、会社も愛しています。続けていきたいという気持ちもあります。でも私には目標があり、それを達成するためのプランがあるのです」

ノーム

屈指の売場販売効率を誇っていた。

シーモアにとって、その店は夢の実現だった。独学のビジネスマンであり、根っからの起業家でもあるシーモアは、それ以前にも複数のベンチャーを立ち上げ、いずれも軌道に乗せていた。だが、ホット・パンツは一九九四年の創業以来、それらを大きく上回る成果を出してきた。シーモアの説明によると、今後も会社を成長させて、五年後くらいには売却を予定しているのだという。その目標に向けて、一号店から六〇マイル（一〇〇キロ弱）ほど離れた別の町で二号店をオープンした。また、それとは別にアウトレット店も開き、古い在庫や生産停止になった商品を販売していた。

ある日、そのシーモアから私に電話があり、会ってほしいと頼まれた。大きなチャンスが舞い込んだので、私のアドバイスを聞きたいのだという。話を聞いてみると、ホット・パンツ一号店の隣のテナントが撤退し、売場が空いたとのことだった。シーモアはそこを借りて、壁をぶち抜き、店の面積を二倍にしたいと考えていた。計算によれば、たちまちのうちに一〇〇万ドルから二〇〇万ドルの売上増が見込まれる。どう思うだろうか？

ここで理解しておいていただきたいのは、ホット・パンツがきわめて手狭な店だったということだ。レジや試着室の前にはほぼつねに列ができていた。シーモアは、中所得世帯の十三歳から十四歳くらいの少女たちのあいだで絶大な話題《バズ》を生み出すことに成功していて、多くの少女が買い物だけではなく友達同士の社交の場として日常的に立ち寄っていたのだ。

混雑が話題を生むのは良いことだったのだが、シーモアは、列に並んで待たされたりすし詰めにされたりするのをイヤがる客の存在を気にして、相当の機会損失をしていると考えていた。そして売場面積の拡大が解決策になると踏んだのだ。私は懐疑的だった。理由の一つは、その投資の元を取るだけの利益増が見込めると思えなかったからだ。テナントの貸主の意向としては、古いリース契約をいったん破棄して二カ所あわせた新しいリースとし、現在の市場価格で契約を結びたがっているという。市場価格は最初のリース契約を結んだ時点より上がっているので、その契約を結べば、古い店舗側に二五％増しの賃料を払い、なおかつ新しい面積の賃料も払うことになる。しかも敷金も出さなければならない。さらに、新しい売場の準備、追加在庫の搬入、スタッフ雇用のコストも発生する。

「面積拡大が利幅にもたらす影響を考えなくてはならない」と私が言うと、シーモアも賛同した。そこで二人で腰を落ち着け、数字を一つ一つ確認していった。すぐに、投資の元を取るだけでも一〇〇万ドル以上の売上増が必要だということが明白になった。

はたして、それだけの売上は本当に見込めるのか。私は疑わしく思った。ターゲットの限られた衣料品店はレストランとは違う。食事をとろうと店を訪れた人間が、待ち時間が長すぎるからという理由で立ち去ったとしたら、それは損失だ。まず間違いなく、その客は競合他社にお金を落とすからである。だが、シーモアの店の顧客が、ジーンズ一本の購入または試着のために待たされるのを嫌って、他店に流れるとは考えにくい。人気抜群の店ならば、客が集まる理由は、その店で商品を買いたいからなのだ。商品だけではなく、その店で買うという特権も求めている。私の推測では、ホット・パンツに来店しながらも、混んでいるという理由で立ち去った客の大半は、混雑がやや緩和したときにもう一度訪れるだけではないだろうか。

その場合、シーモアが出している損など、ほとんどないも同然だ。彼は市場をフルに開拓しつくしている。ホット・パンツに興味を持った消費者は、すでに一度は同店で買い物をしている。「だったら、新しいシリーズを導入すべきかもしれませんね」とシーモアは言い出した。

「たとえば、男の子向けの商品を売るとか」

私が恐れていたのはそれだ。投資を正当化するべく、コンセプトを変更したい誘惑に駆られるだろうと思ったのだ。「きみはまったく新しいビジネスの話をしている」と私は伝えた。「すでに手に入れたものを台無しにしかねないんだぞ。少女たちは、女の子同士だけでその店に来たがってるんじゃないのか」

実際のところ、シーモアは自分の事業がこれほど成功した理由をわかっていなかった。もちろん私にもわからない。店内に流していた音楽かもしれないし、スタッフのレベルかもしれない。あるいは店名、もしくは彼自身の人柄によるものだったのかもしれない。それらが組み合わさり、さらにその他の何十個という要因――売場面積の狭さでさえ――も合わさって成功が導き出されたと考えるのが、おそらくは妥当だ。子供らはごちゃごちゃと集まるのが好きだったのかもしれない。試着室前に並ぶのは別に苦ではなかったかもしれない。

シーモアが理解していたのは、同じような店のタイプ、規模、そしてロケーションの他社と比較した場合、自分の店がはるかに高い業績を出している、という点だけだった。ホット・パンツの売上高は、客足の限られた小規模なショッピングモールのジーンズストアに予測される数字を、二・五倍も上回っていた。そうした類の成功は説明できない。ただそれを認識し、尊重し、慎重に対処していくことができるだけだ。シーモアの有する最も貴重な資産は、彼が生み出したブランドである。売場面積を二倍にすれば、知らず知らずのうちにそのブランドの価値を下げる可能性がある。少なくとも私の目から見れば、それは見込まれる成功とは釣り合わないリスクだ。

シーモア、きみは事業を拡大すべきではないんだよ、と言ったわけではない。彼はすでに二号店を立ち上げて開業していた。一号店の業績には並んでいなかったものの、それはまだ開業から日が浅いせいだ。私は、三号店のスタートを検討するようシーモアに強く勧めた。一号店に近く、地域の子供たちが噂を聞きつけるに充分で、なおかつ来店者が重複しないだけの距離がある立地が好ましい。新しい店がうまく行ったら、実績あるコンセプトを確立したことになり、全国チェーン展開に興味を持つどこかの企業に五年以内に売却も可能になるだろう。新しい店が失敗しても、少なくとも基幹事業にダメージはおよばない。

だがシーモアが求めていたのはこうした種類のアドバイスではなかった。彼は、ホット・パンツ一号店の売場面積を二倍にするのは間違ったアイディアだと思うかどうか知りたかっただけなのだ。

「〔二倍にしたら〕倒産すると思うんですか?」とシーモアは尋ねた。

「いや。だが、苦労することになると思う」

おそらくシーモアは気分を害したのだろう。結局は拡大計画を実行に移してしまった。現実問題として、事業にとっては間違った選択だったとしても、彼個人にとってはそれが正しい決断だったのかもしれない。新しい店を立ち上げるよりも既存店を拡大するほうが、確かにずっと簡単だ。コストも少なくて済む。その時点ですでに週に六日か七日も出勤し、毎日遅くまで働いていたし、もともと店を自分で直接管理するのが好きな男だ。だから、小さめの三号店を持つよりも、大きめの本店を持つほうが満足できると考えたのだろう。本人にとっては、決断を下す充分すぎるほど充分な理由だ。それが彼の人生なのだし、何度も言っているように、事業計画よりも人生計画が優先である。ただ私は、シーモアがこれほど苦労して築いてきた価値が失われてしまうのではないか、と心配していた。

結果的には、売場面積の拡大はシーモアのビジネスの価値を損なうことにはならなかったらしい。だが、拡大によってそれほど大きなメリットを得られたとも言いがたかった。融資も受けなければならなかったし、その返済にも苦労した。売上の増加は、彼が背負いこんだ労力、時間、ストレスに見合うものではなかった。成長のための成長を目指すと、えてしてこういった事態になってしまうものなのだ。

規模の問題

要するに、成長とは選択の問題なのだ。望まないならば、まったく成長しなくてもかまわない。可能な限り早く、可能な限りビッグになろうと努力しなければいけない、などということはない。それが望みならばぜひ頑張っていただきたいと思うが、「そうしなければならない」というルールはないのだ。中小企業のほうが大手よりも飛びぬけて優位を誇っている例をいくつも知っている。実際問題として、経営状態のしっかりした零細企業と競うよりも、大手企業と競争するほうが簡単だと感じることも多いくらいだ。私の文書保管サービスビジネスも、明らかにその例にあてはまる。大手の同業他社にはサービスの面で勝っている。フレキシビリティという面でも勝っている。立地と料金でも勝っている。大手の文書管理サービス会社に引き抜かれた顧客の数は、国営事業を除けば、片手の指で足りる程度だ。

大手の競合他社を軽んじるつもりは微塵もない。業界最大手の一つであるアイアン・マウンテン社は、一流の経営と一流のスタッフを有する偉大な会社だと思っている。だが、同社が我が社のようなサービスを提供できないことも、また事実なのだ。ギュッとフォーカスを絞り、ギュッと結束した家族的な経営をして、オーナーみずから頭と身体の両方で積極的に関与している会社には、大手には提供できないサービスがある。我が社はその優位性を存分に活用している。見込み客には必ずメイン倉庫を見学してもらい、私が直接顔を合わせる。「何か問題があったら、どうぞ私にご連絡ください」と伝える。ときには、大手他社でも同じことを言われたと聞かされることがあるが、その際は私はこう答える。

「本当ですか？　では、そちらのＣＥＯに電話なさってみてはどうでしょう。電話の向こうに本人が出るまで、どれだけ時間がかかるか、試してみてください。私はどこへ行くにも専用の電話を携帯していますから、国内にいれば、必ず連絡がつきますよ」

このメッセージ自体が、アクセシビリティ（近づきやすさ）とパーソナルサービスの一部だ。また、我が社ではそれを強化する方法をつねに探しつづけている。新規顧客には必ず、私と、私と共に経営陣として重要な役割を果たしている妻のエレーンから、感謝を示した手紙を送る。私は時間の許す限り多くの顧客のもとへみずから足を運ぶ。会社で開催するパーティには全顧客を招待する。倉庫の通路には、一定数以上の箱を預けてくれた顧客の名前をつける。そうしたささやかなことを何でも実践している。

我が社が提供するフレキシビリティも、漠然とした売り文句というわけではなく、大手企業が文字どおり太刀打ちできないレベルのものだ。営業担当者は顧客との値段交渉や追加サービスの判断にあたって、はるかに大きな自由裁量権を持っている。たとえば預ける文書の量が二〇〇〇箱に満たない小口顧客が、預けた文書の追跡に関して専用の書式を使いたいと言えば、我々は「わかりました、大丈夫ですよ」と答える。大手企業では、小口顧客からのこうしたリクエストにはなかなか応えられない。やろうとすると業務が混乱をきわめてしまう。それに、わざわざそんなリクエストに応える必要がない。倉庫に四〇〇〇万箱の文書が保管されている場合、二〇〇〇箱程度の契約を失っても、痛くも痒くもないからだ。

つまり、我々にとって、規模の小ささはアドバンテージだ。特に、この業界の屋台骨である中小規模の顧客を獲得するにあたっては、我々の規模がものを言う。その点で最大のライバルと言えたのは、大手企業ではなく、私と同じような創業者が経営する地域レベルの専門性の高い会社だった。だが、そうした会社のうち大手企業に吸収されていった二社は、かつて抜きん出ていた理由である起業家的先見性を失ってしまった。我が社が地域展開レベルから全国展開に成長しても、そうした運命はたどらないで済むよう、心から祈っている。

▶ノームに聞け！

親愛なるノーム

３年前、私は姉たちと一緒に、わずかな資金でボディケア&バスグッズの会社を始めました。今年は売上高で400万ドル達成を目標にしています。流通ルートも幅広く確保し、全国のあらゆる大手デパートに商品を卸し、ディズニーやワーナーブラザーズなどからプライベートブランド商品の開発について打診を受けてもいます。まもなく、別のブランドネームでも量販していく予定です。問題は、こうした機会の数々が、私たちの手には負えない範囲になってしまっていることなんです。アドバイスをお願いします。

サラ

サラへ

私はかつて自社を１億2000万ドル規模に成長させ、そして破産法の適用を受けることになりました。その前に誰かが言ってくれていたら、と願ってやまないアドバイスを、あなたに差し上げたいと思います。どんなときでも基幹事業を最優先に考えなさい。わずかなりと基幹事業にダメージを与えるものであれば、どんなチャンスも追いかけてはいけません。お金だけの問題ではないのです。時間だって無限ではありません。新しい機会の１つ１つについて、自分の胸に２つの問いかけをしてみてください。その機会は、自分の基幹事業を構築または維持するにあたって必要な時間を奪わないか？　そして、新しい業務で財政的に失敗したとしても、基幹事業に不都合が生じないか？　どちらか１つでも希望のある答えを出せないのであれば、それが本当に良い機会なのかどうか再考してみるべきでしょう。

ノーム

まとめ――真の「損益」を決めるポイント

❶ ビジネスとは、目標達成の手段だ。事業計画書を作成する前に、人生計画を立てること。

❷ 売上の面で次のレベルを目指そうとするのなら、当初の成功をもたらした要素を自分がすべてわかっていると思い込まないこと。

❸ 事業の成長は選択の問題だ。成長させようと決断する前に、なぜそうするのか考えて、答えを出しておくこと。

❹ 大きいことが良いこととは限らない。中小企業は、大手企業が太刀打ちできない優位性を持っている。

第十二章　ボスになる

会社を起こし、それが成長すると、必ず直面する大きな課題がある。たいていの場合は自分がその意味を理解もせず、望みもしない課題――それは、「ボスになる」というステップだ。私も初めて会社を起こしたときは、自分が上司になると考えるのもイヤだった。従業員を抱えている、と認めることすら気が進まなかった。彼らのことは「自分の下で働く人々」ではなく、「自分と一緒に働く人々」と考えたかったのだ。ビジネスにおいては誰もが平等であり、単に役割が異なるだけなのだ、と。当然ながらそれは真実ではなかったし、今も、これからも、真実ではない。創業まもない会社であっても、誰かが必ず上に立たなければならないのだ。その現実を受け入れなければ困った事態に陥る。

初めて上司の役割を担おうとする人間が犯しやすい間違いは、実は二種類存在している。一つ目は、従業員との関係性にまつわる間違い。そして二つ目は、みずからの仕事に対する認識にまつわる間違いだ。

優れた上司になるためには、従業員と一定の距離を保たなければならないと私は学んだ。従業員とは背負う責任が異なるのだ。上司として、つねに事業全体にとって最善な道を考えなくてはならないし、感情的な思い入れで判断を誤ってはいけない。従業員やその家族に深い思いやりを示さないほうがいい、という意味ではないが、仕事の外で個人的な結びつきを発展させるのは間違いだと私は思う。

従業員がプライベートな友人であるべきではないし、プライベートの友人が従業員であるべきではない。もちろん敬意は必要だ。一緒に笑い、一緒に泣き、共に喜び、共に悲しむ。しかし同時に、自分も相手も、それがビジネス上の関係だということを忘れてしまってはいけない。それを忘れると、自分にとっても、従業員にとっても、そして会社にとってもいい結果にはならない。

このアドバイスを、私が最初の会社を始める前に誰かが言ってくれていたら、と思わずにいられない。だが、もし教えられていたとしても、私が耳を貸していたとは考えにくい。人間としての素直な感覚に逆らうものだし、そもそも起業を目指した精神を否定するように思えるからだ。それに、初めて事業を立ち上げる際は、どうしても従業員と深く結びつかずにはいられない。週に六十時間から七十時間も、きわめて密な環境で一緒に働き、生き残りを賭けて力を合わせる。起業はスリリングな冒険だし、成功するためには彼ら一人一人の力を借りる必要がある。「みんなは一人のため、一人はみんなのため」という仲間意識を感じるのは素晴らしいものだ。壁を築きたいなどと考えるわけがない。従業員は、人生で最も大切な人たちのくくりに入る。彼らと仕事の外でも友人であっていけないわけがあるだろうか？

最初の会社を始めたとき、私はそんなふうに考えていた。七人の従業員を抱えていて、一人を除く全員と個人的な友人になった。自宅にも招いたし、私も彼らの自宅に招かれた。家族ぐるみで付き合いもした。休暇に一緒に出かけたりもした。そして、自分が大きな間違いを犯していたことを、苦痛と共に思い知らされたのだ。

そもそも私は、何らかの役職に対して、それを担う資質が完全に備わっていない従業員を昇進させてしまう傾向があった。気に入っていたドライバーがいたので、彼を内勤の電話係にした。四週間後、カスタマーサービスのリーダーにした。していけないわけがない、と思ったのだ。リーダーの仕事をする人物が必要だし、彼は私の友人だ。ただ彼は、そのポジションで成果を出すために必要なスキルを持ち合わせていなかった。あとになって、自分が彼に過剰な対価を払っていたことに気づいたときには、腹が立ったものだ。だがそれは私の失敗であって、彼の失敗ではなかった。

また、私はずるずると人材をつなぎとめてしまう傾向もあった。営業部長が必要だったときに、営業担当者の一人をその役職に当てた。彼もまた私の友人だったのだが、これも災難をもたらした。彼は実にやり手で、上得意の顧客口座をすべて自分の担当にして、売上はどれも自分の功績だと主張した。それでも私は悪く思いたくなかった。彼が私に嘘をつき、最大手顧客との取引で自分の受けとる歩合を水増ししていたことに気づくまでは。この人物はクビにした。

とはいえ、私自身が行き過ぎだったと痛感したのは、また別の事件を体験したときのことだ。私は発送担当のリーダーと、かなり深い友情を育んでいた。創業当初から勤めていた人物だった。家族ぐるみで外出もした。共に楽しい時間を過ごした。自分は彼の家族の一員だと感じていたし、彼も私の家族の一員だった。ところが彼は私を裏切って盗みを働いていた。小口現金に触れる立場にあったのだが、それをあたかも自分の貯金箱のように使っていたことがわかったのだ。私が彼を親友として信頼し、そのために本来するべきチェックを怠っていたために、発覚もせずに逃れていた。あれには傷ついた。本当に傷ついた。会社を危険にさらすような金額ではなかったが、気持ちの上でのダメージは大きかった。本当に、本当に、大きなダメージだった。私は彼と向かい合うより先に、まず帰宅して泣いたほどだった。

残念なことに、従業員と親しくなりすぎることの危険性を認識するにあたっては、こうした経験を経なければならない場合が多い。同じ体験をした企業家を、それこそ星の数ほど見てきた。第五章で紹介したアニサ・テルワーも、その一人だ。彼女はあるとき私のもとを訪れて、心に穴が開いたようだ、と語った。古参のスタッフ二人とのあいだに亀裂が生じていたのだ。どちらも創業時からアニサを支えてきた販売員だった。アニサは片方をクビにしなければならなかったのだが、その相手のことを友人だと思っていたので、身を切られるような思いがしたという。私にも痛いほど理解できた。

一方でアニサは、初めて起業した人間が急にボスの椅子に座っていることを自覚した際に陥りやすい、二つ目の間違いを犯していた。良い上司になるためには良い管理者にならねばいけない、と感じてしまっていたのだ。その結果、オフィスで過ごす時間がどんどん長くなり、さまざまな管理上の雑務に没頭し、会社を円滑に動かすための何千という細かな事柄に気を配るようになっていた。そういう仕事は彼女の嫌うところだったのだが、それをするのが自分の責任だと思ったのだ。私も同じ間違いをして、そのせいで会社をひっくり返す寸前にまでしてしまったことがある。

「あなたが本当にしたいことは何だろうか？」と、私はアニサに問いかけた。

「問題を解決して、ビジネスを構築していく。そのワクワクする感じが好きなんです」

アニサがそう答えるので、私は「自分も同じだ」と言った。

「そして、自分は優れた管理者ではないし、優れた管理者になりたいと思ってもいない、ということを学んだよ。だったら、嫌いなことではなく、自分の好きなことをしていたいじゃないか。それで、どうしたと思う？　自分の周囲を、ケツの穴の小さい人間で固めたんだ」

私の物言いに、アニサは笑い声を立てた。

「本当だ。細かいことが大好きで、何事もしつこく確認するのが好きで好きでたまらなくて、文書を作るのが好きで、私やあなたが嫌うような細かい仕事をするのが大得意な人たちだ」

「確かに私は、そういう作業は嫌いなんです」

「そう。そして、自分がそれをすべきだという理由もない。会社を取り仕切るにあたって、オフィスにじっと座っている必要はない。管理というのは、経営とはまた違う仕事なのだよ。帳簿を預かる会計士を雇うことについて、二の足を踏んだりしないだろう。業務はしかるべく役割分担すべきなのに、どうして自分が管理もしなければいけないと決めつける？　あなたは、あなたの会社にとって最高の営業担当者だ。あなたが販売に主眼を置いて悪いことなどない。そうしながらでも、会社の方向性は守っていける。水準を維持していける。だが、まずは自分を管理者役から解放して、その役割を得意とする人材にバトンタッチしなければならない。そうすれば、自分が楽しめる作業に戻れる」

とはいえ、適切な人材を見つけるのは簡単なことではない。その点で私はラッキーだった。憶えておられるだろうか、先ほど述べたように、創業時の私は一、い、い、一人を除く全員と個人的な付き合いをしていた。この一人は私より十三歳も若く、住む家も遠く、生活のスタイルも私とは大きく異なっていた。彼はケツの穴の……いや、ええと、「細部に気を配るタイプ」と言っておくべきだろう。いずれにしても、彼は我が社の社長となり、事業の共同経営者となった。彼のことはとても大切に思い、頼りにしている。過去に彼と友人になっていなくて本当に本当によかった。

従業員が盗みを働くとき

従業員による盗みの問題に話を戻したい。誰もが向き合わなければならない問題の中でも、これほど辛いものはそうそうないと思うからだ。特に初めてそれを体験したときの痛みは、本当に最悪だ。裏切られた、という感覚は、ほとんど破壊的なほどの衝撃をもたらす。しかし注意していないと、そのときの対応自体が、自分と自分の事業に悪い影響をもたらすかもしれない。

私の知り合いで、B&Bのホテルを二軒ほど経営して繁盛させている人物がいる。彼女の名前はナ

▶ノームに聞け！

親愛なるノーム
　母が亡くなって、私が母の事業を引き継ぎました。そして若い女性を1人雇ったのですが、彼女が友人を連れてきました。気は進まなかったのですが、その女性も雇いました。以来、悪夢のような日々が続いています。もう頭がおかしくなりそうです。私用電話をかけまくり、書類整理もいい加減で、タイプもろくに打てず、私のコンピュータをめちゃめちゃにし、不平ばかりで、おしゃべりで時間をつぶし、割り当てられた仕事を一度もやり遂げたことがありません。それなのに私は、代わりが見つからないのではないか、と不安で何も言えないのです。面接はしたのですが、応募者は福利厚生を求めていますし、うちの会社は小さいので福利厚生を提供してあげられません。どうしたらいいのでしょうか。
レニー

レニーへ
　すぐにその２人をクビにしなさい。そんな人たちが周囲にいて、どんな人生が望めるというのです？　あなたはもっと楽しく過ごしていいはずですし、クビにする判断をすれば、気分もよくなるはずです。大丈夫、代わりは見つかりますよ。福利厚生を提供する経済的余裕がなくても、労働時間をフレキシブルにするなど、譲歩をすることができるでしょう。新しい人材を見つけて、週末に研修を行い、月曜から働かせなさい。例の２人が出社してきたら、「あなた方はもう必要ない」と言うのです。数週間は、あなたが多少の残業を強いられるかもしれませんが、長期的に見れば生活は楽になるはずですし、気持ちとしても幸せになるはずです。
ノーム

オミとしておこう。週五十五時間を仕事につぎ込み、九年にわたってその事業を動かしてきた彼女は、そろそろ日常業務から自分を解放するべきだと判断した。どちらのホテルも順調だし、支配人たちにも一〇〇%の信頼を置いている。手を離すには最適なタイミングだと思われた。

そこでナオミは現場を退いた。それから二年間は素晴らしい生活を送った。旅行をして、結婚もして、さまざまな娯楽や趣味や慈善活動に時間を投じた。一カ月に一度は支配人らと会議の場を持ち、事業に関する問題を話し合った。ときには自分のホテルにふらりと立ち寄っては、スタッフと一緒に昼食をとったりもした。だが、全般的には会社を任せきりだった。何もかも順調に見えたし、ナオミ自身も以前よりはるかに幸せだったからだ。その幸せをあえて投げ出す必要など、どこにもなかった。

ところがそのうち、規模が大きいほうのホテルに関して、よからぬ噂が耳に入るようになった。最も忠誠心の篤い従業員の一人、客室係のリーダーが、受付でパートタイムで働いている親友から不穏な話を聞いたという。それによると、何人か後ろ暗いことをしている人がいるようなのだ。ナオミはそのホテルの支配人であるジャニスに話したが、ジャニスは「あの客室係はよく大げさに喋る」と言って片づけてしまった。確かにその点はナオミの目から見ても事実だった。

だが、不穏な兆候はほかにもあった。チェックアウトした宿泊客が、数週間後に電話をかけてきて明細を求めたにもかかわらず、ホテル側に宿泊の記録がないという事態が散発的に生じていたのだ。それから会社のクレジットカード明細に、室内家具や娯楽設備の代金と見られる過大な金額が記されていた。またあるときナオミが小口現金をチェックしたところ、本来入っているべき一〇〇ドルではなく、一〇〇〇ドル近い金額が入っていることがわかった。ナオミは驚愕した。ジャニスの説明では、給与の支払いを現金で求めるスタッフがいるのだという。「そういうことはしません」とナオミは言って、余分な現金を銀行に戻した。

だが本当のところ、ナオミはこうした兆候が示唆している事実を知りたくなかったのだ。今の生活を楽しんでいたし、週五十五時間も働く生活に戻りたくはなかった。それにジャニスを信頼していた。彼女は支配人の一人であるだけではなく、個人的な友人でもある。少なくとも、ナオミはそう思っていた。だが、不穏な兆候はほかにも続々と出てきたし、例の客室係も主張を曲げなかった。客室係は自分の部下が掃除した部屋の細かい記録をつけていたのだが、その内容が、宿泊客の利用料金を示す記録と食い違っているというのだ。ついにナオミもあきらめ、監査を入れることにした。すべて確認するのに二カ月以上もかかったが、結果として月に約三十部屋の会計がきちんとつけられていないことがわかった。年間にすると、五万ドル以上がどこかへ消えていたのである。

こうなれば、もう証拠を無視するわけにはいかない。ナオミは新しい業務手順を設定・施行した。ジャニスが抵抗したので、解雇して、自分が再びホテルでフルタイムの勤務を始めた。すぐにわかったのだが、状況は想像よりもずっと深刻だった。別の従業員の盗みも発覚したのだ。現場を押さえられたその従業員は、二年で三万ドルを盗んでいたと告白した。ジャニスに教えられた。彼はそう言った。ジャニスは、自分が盗ったよりもずっと多い金額を懐に入れていた、と。

このときのナオミの気持ちが、私にはよくわかる。屈辱を感じ、怒りがこみあげる。裏切られ踏みつけにされたと思う。どうしてこんな仕打ちができるのか、と考える。こんな事態を許してしまった自分自身を責め、今後は厳しく業務を監督していこう、と心に誓う。もう、誰かを信頼して、自分のかわりに事業を経営させたりはしまい。これからは自分がつねに現場にいよう。……そう考えてしまうのが、発送係の盗みを発見したときの私の反応でもあった。金銭的損失など些細なことでしかない。裏切られたという感覚のほうがはるかに痛かった。自分は孤独だという気持ちになった。もう誰を信頼してよいのかわからず、誰も信じまいと心を決めた。それこそが間違った反応だったのだ。

従業員による窃盗の問題で、一番厄介なのは、ビジネスと人生に対する視点が変わってしまいかねないことだ。味わわされる感情があまりにも激しいので、つい、過剰反応をしてしまう。その感情を取り除くまで、きちんとした事業判断を下せる状態に戻らない。窃盗は業務上の問題であって、業務上の問題として解決すべきであると理解するのが、最初に踏むべきステップなのだ。多くの場合、業務の進め方に問題があるからこそ、そうした事態が発生する。きちんとしたチェック体制やバランスを確立していなかったのかもしれない。設定した手順が守られていなかったのかもしれない。単にこちらの注意が足りなかったのかもしれない。いずれしても、何かがうまく行っていなかったのだ。それを特定し修正する必要がある。

だが、人を信頼するのをやめるべきではない。確かに、ごく少数ながら盗みを働く人間は存在する。こちらがどんな手を打とうと、そうした人間はシステムをかいくぐる道を探し、ときにそれに成功する。しかし大多数のスタッフは真っ当な人間だ。誰一人信用ならんという態度で経営するようになると、自分と彼らにとって決して良い結果にはならない。

だからこそ適切な手順を整えておかなければならない。そうすれば業務はスムーズに動き、スタッフが信頼をベースに協力しあう。盗みを働くことが困難になり、危険も早いうちに摘み取りやすくなる。あとは、折に触れて手順を確認し、遵守させ、必要があれば修正していくのが、経営者として果たすべき責務の一つだ。何か筋が通らないことがあれば、早いうちに担当者に問いかけてみなければならない。

たとえば私の会社では、毎週の給与支払いをチェックする担当者が三人いた。あるとき、その三人が近くにいなかったので、私が自分で小切手にサインをすることにした。しばらくやっていなかったのだが、手順がきちんと守られているかどうか確認しようと思ったからだ。処理を続けていくと、やがて、一人のドライバーに支払う一一〇〇ドルの小切手が出てきた。彼の労働時間は一日二時間。週に十時間なので、時給一一〇ドルという計算になる。正しいはずがないと思ったので、その小切手はよけておいた。そしてサインを続けたところ、再び、私の目にはおかしいと思える一枚が出てきた。一日の運転業務に対して六〇〇ドルを支払う小切手だ。週なら三〇〇〇ドル、年間なら一五万ドルになる。そんなおいしい仕事があるとしたら、やってみたいものだ。その小切手もわきによけた。結局、三〇〇枚近い小切手の中から、確認が必要だと思われるものが四枚見つかった。

私はオフィスを出て、ドライバーの業務記録と伝票を確認しに行った。四枚の小切手のうち、三枚は正しかったことがわかった。だが四枚目は正しくなかった。一人の男が、伝票を偽造してシステムをごまかす方法を考えついていたのだ。この詐欺行為で発生していた被害は週に三〇〇ドル。一体いつからこんなことが横行していたのか。私は尋ねなかったし、気にもしなかった。振り返っても仕方がない。腹立ちが増すだけだからだ。かわりに会議を開き、小切手にサインする担当者を集めて、彼らの仕事が単に小切手にサインするだけではないことを思い出させた。それだけなら機械を買ってやらせればいい。サインをする対象について検討し、額が不自然であれば気づかなくてはならない。その作業が正しくできるのなら、今までの手順を変える必要はない。ただ現行の手順をこれまで以上にしっかりと守らなければならないだけだ。

ナオミの場合、明らかに、自分が業務から退く前にしかるべき手順を整えていなかった。たとえば各週に掃除した客室数と、料金の発生した客室数を突き合わせる決まりにして、そのための簡単なチェックシステムを導入していれば、問題が起きても簡単に発見できたはずだ。しかし本人も認めるとおり、彼女は本心では気づきたくなかったのである。

そして問題が発覚してからの対応も適切ではなかった。ナオミは、自分が全面的に事業を管理する以外に、窃盗のリスクを発生させずに経営していく方法はないと考えた。今後自分が事業から多少なりと手を引くとしたら、それは売却しかない。彼女はそう話したが、これは傷ついた心が言わせている台詞だった。確かに、再び「不在の経営者」に戻るのは賢い選択ではないだろう。だが、手順を整え、定期的に確認していれば、会社を手放さず、なおかつバランスのとれた生活を送るのも不可能ではないのだ。幸いなことにナオミの場合は、一生後悔するような間違いを新たに重ねる前に、冷静さを取り戻すことができた。

身を引かなければならないとき

肝に銘じておいていただきたい。上司になるというのはプロセスであって、目的ではない。段階を踏んで自分の役割を学んでいかなければならないが、学習の必要性自体は永久に尽きない。仕事はつねに進化しつづけるからだ。乗り越えにくい段階もあれば、そうでもない段階もある。

私にとって最も困難だった段階は、管理者としての役割から手を引いて部下に経営を任せる時期がきた、と認識したときのことだった。正直なところ、部下のチームにシティストレージの経営決定権を譲るのは可能な限り先延ばしにしたかった。会社の何から何まで自分で采配できる立場を、誰が捨てたがるだろう。当時は問題が山積みで、しかも私自身がそうしたトラブルの多くを引き起こしている、という報告を受けていたが、耳を貸さなかった。何人か辞めることになったからといって、どうだというのだ。会社の士気が最高とは言えないからといって、何だというのだ。部下たちがトラブルの火消し活動に走り回らなければならないといって、それがどうしたというのだ。給料をもらっているのではなかったか？

そんなふうに頭を固くしていたのに、どうしてとうとう経営責任を譲ることにしたのか、自分でもよくわからない。思うように伸びない業績に対する、自分自身へのフラストレーションがあったのかもしれない。一億ドル規模に成長させながらも失敗してしまったメッセンジャービジネスでの記憶が、ずっと頭を離れなかったせいかもしれない。単に部下たちの押しに折れてしまったのかもしれない。何にせよ、最終的には観念して、変わらなければいけないと受け入れた。私一人では、事業が必要としている力を提供できない。私がつねに姿を見せ、重要な判断を一人で決め、音頭をとりつづけているのでは、会社は必要な力を獲得できない。そこで私は指揮系統からはずれ、マネージャーたちのチームに経営を任せることにした。

今にして思えば、私の心の準備ができるはるか以前に、会社には変化の時期が訪れていたのだと思う。部下たちはきちんとした命令と組織構造を求めていた。だが私は、雑多な状態が好きだ。心の奥底ではトラブルを抱えることが好きなのだ。危機的状況で働く興奮を楽しむ気持ちがある。私が起業にこれほど喜びを感じる理由も、その気持ちと関係がある。起業時にはトラブル以外に何も起こらない、と言ってもいい。つねに火線に立ち、何枚もの皿を一度に回す。一枚たりとも落とすわけにはいかない。誰もが自分を頼っている。自分の決定には誰も疑問を呈さない。まるで自分が神になったように感じられ、アドレナリンだけで突っ走っていく。胸が躍るし、刺激的だし、やりがいがある。私はその過程一つ一つが本当に大好きなのだ。

だが、そうした段階は永久には続かない。事業が順調に進めば、ゆくゆくは立ち上げフェーズを抜けて成長を始める。しばらくはそのままやっていけるだろうが、遅かれ早かれ、私のような起業家タイプではうまく対処できないニーズが増えるようになる。無視はできない。以前の私はそれを無視して、結果的に悔やむことになった。メッセンジャービジネスでの経験を振り返って、ようやく間違いに気づいた。私はいろいろと失敗はしてきたが、最大の間違いは、会社が必要とする運営体制、安定、構造を私自身が阻んでいたことだったのだ。一歩も引こうとせず、あらゆる最終決定権を自分の手に握りしめ、部下に任せようとしなかった。そのせいで高い授業料を払ってしまった。

もう同じ間違いは繰り返すまい。そう決意はしたものの、私のような人間にとって、権限の委譲は決して容易な話ではない。実際のところ、一人が先頭に立つ態勢から、複数でリーダーシップを共有する態勢へと会社を軌道修正することほど、難しい作業はないと思う。しかも私には、同様の委譲をした経験がなかった。その上、自分に経験がないという事実を、実際に日常業務を部下に任せはじめるまで理解していなかった。

私が直面した課題は三つあった。最初の課題は、私に代わって権限の移行を監督してくれる人物を見つけなければならない、というものだ。新しいCEOを雇うという意味ではない。創業者が退任を決意すると、必ず後継者探しが始まるが、それはたいていの場合は適切な解決策ではない。必要なのは新しいボスや新しいマネージャーではなく、新しい運営システムと、その立ち上げを助けてくれる人物なのだ。私には管理体制移行の監督はできなかった。本能的に、変化を阻止しようとしてしまうからだ。私のような人間は不安定な環境を切り抜けられるだけではなく、自分から不安定な環境を生み出してしまう。だが経営とは、プランニングと組織化、義務の遂行を通じた企業の安定を生み出していくことにほかならない。

そこで私は、誰か別の人材がこのプロセスを先導しなければならないと気づいた。管理者として実績があり、事業構築に対して創業時の私と同じ熱意を感じてくれる人材がいい。こうした作業を専門とするコンサルタントもいたが、会社を安心して任せられるとは思えなかった。小企業について何も知らない大企業の幹部を引き入れるつもりもない。私自身がよく知っていて、一〇〇%信頼していて、その思考を私が理解・尊重できる人物が必要だった。何しろこの人物が担う仕事の大半は、私とかかわりあうことになるのだから。私は移行のプロセスすべてが不安だった。会社は自分の子供だ。他人の手を借りながら育ててきたが、そもそも私の中から生まれてきたものだ。だから、会社を次のレベルに進めるにあたって誰を雇うにしても、その人物に完全な信頼が置けなくてはならなかった。幸いなことに、当時すでに二十三年来の知り合いだったサム・カプランがいた。この点が非常に重要なのだが、彼の判断なら、たとえ賛同できないときであっても信頼できる。私は決定権を手放すのが怖かった。まるで子供を奪われるのを恐れるように、会社が心配で先へ進めないと思うときもあった。先導する人物に全幅の信頼を置けなければ、うまく行くはずがない。サムなら、そのレベルの信頼を寄せることができた。

支配権を移行したら、その後の自分が取り組む業務を別に見つけなければならない。これが、私が直面した二番目の課題だった。会社を経営していかないとしたら、これから先の自分はどんなふうに過ごしていけばいいのだろう？　仕事のほかにも興味の対象は多々あったが、だからといって会社と縁を切ることはできない。会社を愛しているし、そのコンセプトを愛している。事業には今も胸躍るし、できるだけ近い距離を保ちたい。そう思いつつも、一方で身を引かなければならないこともわかっていた。権限の少なくなった立場を、自分が楽しめるとは思えない。私は最終決定権が自分にないのは不満だと思ってしまうタイプなのだ。あらゆる判断にかかわっていたいし、私がいなくても皆で判断できてしまうと認めるのは辛く感じるだろう。私が下していたであろう判断と異なる判断が出れば、それに対しても違和感を覚えてしまうだろう。

では、私はどうしたらいいのか。扉をぴったり閉ざしたオフィスに居座り、口をつぐみ、歯ぎしりをしているのか。あるいは昔の習慣に舞い戻り、移行プロセスを邪魔してしまってもいいのか。悪い習慣を打ち破るには、良い習慣と置き換えるのが最善の策だと、長年かけて学んできたのではなかったか。ＣＥＯの仕事とは、従業員が会社に対して最大の貢献ができるポジションに、それぞれを就かせてやることではなかったか。その点で私はまだＣＥＯのはずだ。

私にとって最適な仕事は何か。その一つが営業であることは間違いなかった。楽しんでいたし、得意だったし、営業をかけられるツテが山ほどあった。取引交渉の腕前もなかなかだし、プロジェクトの監督も得意だ。折しも当時、数年ごしとなる新倉庫建設を始めようとしていた。そこで私は、営業活動と、新倉庫建設プロジェクトの監督を引き受けようと決めた。この二つの仕事なら、引き続き事業に携わりつつも、誰かに面倒をかけずにいられる。オフィスにはできるだけこもらないようにしよう。スタッフ会議にも出ないようにしよう。部下に自分たちで判断させ、彼らに従うよう全力を尽くそう。

そういう計画だった。だが、そうは言っても、古い習性はなかなか抜けないものだ。三番目の課題は、決めたプロセスを守ることだった。本当にこれでうまく行くのか、どこまでやって行けるのか、と疑問に思う瞬間は何度かあった。一〇〇％の権限を経営チームに引き継がせるのが目標だったが、完全な実現には十年近い年月がかかった。部下は折に触れ、私の意向を尋ねた。彼らに決めさせるべきだとわかっていても、こちらの回答を言わずにはいられないときもあった。

お前は一切の決断をすべきではない。新たに共同経営者となったサムは、私にそう言いつづけた。部下の経営チームが予算を守り、財務目標を達成している限り、その方法をとやかく言うべきではない。理屈としてはサムが正しかったのだが、その教えを実践できるようになるまでには、自分自身を相当に成長させなければならなかった。移行してからの改善点が目に見えなかったわけではない。時間が経つにつれ、数多くの変化が見られるようになっていった。従業員の離職率も下がった。理由の一つは、採用活動が改善されたからだ。新たな手順のもとでは全応募者に対して二人の人間が面接をする。私から見れば、贅沢なやり方だった。だが私に何が言える？　それで効果は出ていたのだ。

一方で、経理部も大きく変化した。以前は求めた情報が完璧に入手できることなど一度もなかったのだが、移行後は同じメンバーから、求めた以上の情報を提示してもらえるようになった。私は経理部の責任者を叱ってばかりいたが、あとになってみれば、犯人は私だということわかった。経理部長は私の指示に従っていただけだったのだ。必要だったのは新しい報告体制と新しい上司であって、それが整ったことにより、彼女の能力が存分に発揮されるようになったのである。

事実、従業員の大半が新しい体制のもとで力を発揮するようになった。士気はそれまでにないほど高まった。理由は明らかだ。みな、適切な組織構造を求めていたのである。ルールを知りたがり、同じルールを幹部にも公明正大に適用させたいと考えていた。かつての私がやっていたように、個々の事例を別個に扱ってほしくなかった。誰もが平等に扱われていると知って、従業員は前よりよく働くようになった。経営責任の移行プロセスを始める前に、こんな展開を予言されたとしても、私は信じようとしなかっただろう。だが自分の目で見た光景を否定するわけにはいかなかった。

当然ながら、例外もあった。たとえば、十三年間にわたって勤めていた発送部門責任者は辞めてしまった。彼なら体制が変わっても大丈夫だろうと感じていたのだが、本人は変化に対応できなかったのだ。予告もせず、ある日突然に社を去ってしまった。ショックだった。だが部下の経営陣にとって最大の驚きだったのは、私が協力的な態度を維持したことだろう。情報が滞らないようにしてくれたので、彼らが賢い判断をする様子を見守ることができた。私なら下さなかったかもしれない判断でも、賢いやり方には違いないと思うことができた。

最終的に、この困難なプロセスは大きく報われた。事業は優秀な人々の手に委ねられているし、今後も、私の直接的な関与がなくとも成長を続けていける。時間が経ち、そう自信を深めるにつれ、私も満足するようになった。結果として私には好きなことをする自由ができたし、自分の求める生活を送れるようになった。これ以上の見返りは想像もできない。

▶ノームに聞け！

親愛なるノーム

私は２年半前に、自社の業務管理者となるべき人材を雇いました。彼は、当時の弊社にぴったりな人材でした。しかし現在、会社は成長し、彼の能力で手に負える範囲を超えてしまっています。今でもチームにとって貴重な人材ではあるのですが、現状の役職においては、その限りではなくなってしまいました。私は彼に勤務を続けてほしいですし、別の仕事に異動してもらいたいと思っています。とても難しい状況です。彼は33歳で、家族もあります。でも、どうにかしなければならないと思うのです。アドバイスをいただけますか。　エリック

エリックへ

経営者は遅かれ早かれ、そうした状況に直面するものです。お気持ちはよくわかりますよ――辛いですよね。そもそも彼をそのポジションに置いた自分のミスなのですから、罪悪感もあるでしょう。私も、あなたが考える対策を試したことがあるのですが、うまくいったことはほとんどありません。ネックは給料です。給料をカットしたら、その人物は憤慨するでしょう。しかし給料をカットしなければ、自分が不満を感じることになるでしょう。この状況について、はっきりと、感情を入れずに検討しなければなりません。今と同じ給料レベルで、別の仕事をさせることが可能であれば、何が何でも異動させるべきです。けれど、新しい業務がこれまでの給料に見合うものでないならば、異動させてはいけません。会社を離れてもらったほうがいいでしょう。良心が痛むのなら、手厚い退職条件を提示することです。　ノーム

まとめ——真の「損益」を決めるポイント

❶ 従業員との結びつきがどれほど深くても、それはビジネス上の関係であって、ビジネス上の関係として扱うべきものであることを双方が忘れてはいけない。

❷ 自分には経営よりも営業が向いていると思うなら経営を担ってくれる人材を雇うこと。不得意なことを自分でやる必要はない。

❸ 従業員による窃盗への対処方法は、信頼を捨てることではなく、システムを改善することだ。

❹ トップの座を降り、日常業務を部下に委ねる時期が来たら、信頼できる人材にその移行を手伝ってもらうこと。そして自分は、事業に貢献できる別の道を探す。

第十三章　委譲できないもの

言うまでもないことだが、どんな上司、どんな会社にとっても、優れた従業員の存在は宝以外の何ものでもない。その点で私は世間一般と比べてはるかに恵まれてきたと感じている。会社のために働いてくれている卓越した従業員なくして、今の私が享受している事業の成功も、この素晴らしき人生も、決して手に入ることはなかっただろう。そうしたチームをまとめあげるには少々時間がかかった。最初に起業した時点でも、優れたチームが必要だということはわかっていたが、それを築くのはきわめて簡単なことだと思っていた。ただベストな人材を雇って、面倒をみて、給料を払い、きちんとした福利厚生を提供し、さまざまな特典を与えてやればよい、と思っていた。

だが、当時の私の頭にあった多くの考え方と同様に、それも幻想にすぎないことがわかったのだった。まず、本当にベストな人材を事前に見抜くのは非常に困難だと知った。数え切れないほどの採用ミスをして実感したのだが、どれほど直感が鋭くても、応募者それぞれに何人の面接官を立てても、どれだけ綿密に信用照会をしても、その人物が実際どれだけの仕事をするかは、実際に働いてもらわなければわからないものなのだ。最も有望だと考えて雇った人材が、実は役立たずだったこともあった。そうかと思えば前章で触れたように、シティストレージの社長となった人物が、働きはじめた時点では最も見込みの薄そうな人材だったという例もあった。

それは例外でもなんでもない。むしろ一つの法則だ。私の経験では、一流に見えた従業員ほど、たいていの場合は期待どおりの人材ではなかった。人材雇用にあたってはできるだけ妥当な推測を働かせ、あとは雇ってから彼らに力を発揮するチャンスを与えるしかないのだ。失望させられる場合もあるし、こちらの期待を超えてくれる場合もある。いずれにしても雇った人物について正確に理解できるのは数カ月後、あるいは数年後だ。だが、これも経験から学んだことなのだが、優れたチームを作るのは必ずしも運だけの問題ではない。人材雇用に最も威力を発揮するツールがあるとすれば、それは企業風土だ。そして企業風土は経営者に左右される。優れた人材を引きつける社風形成のチャンスはつねに何かしら存在しているのだから、見逃してはいけないのだ。

我が社の倉庫に住み着いていた猫のエルザの話をしよう。スタッフが世話をして、お返しにエルザがネズミ捕りを手伝ってくれていた。通りをはさんだ別の倉庫に住み着いている猫と親しかったようで、あるとき子猫を何匹も引き連れて登場した。それまで我々はエルザが妊娠していたことも知らなかった。

従業員は子猫をかわいがり（子猫をかわいく思わない人間がいるだろうか？）何人もが自宅に一匹引き取りたいと考えた。そこで子猫がある程度まで育ったら、クジ引きで引き取り手を決めることになった。だがエルザは断固として子猫を手元に置こうとした。人間の手出しを一切許そうとせず、倉庫付近の従業員が見つけられない場所に子猫を隠した。

そしてある朝、倉庫内の事務所に、明らかに取り乱した様子のエルザが姿を見せた。独特の鳴き声をあげ、いくらなだめても鳴きやまない。子猫に何かあったのは間違いないようだ。その午後、我が社のサービスを利用している法律事務所の文書管理責任者から電話があった。事務所が必要とする文書の箱をドライバーが配達したのだが、「子猫入りの箱が届きましたよ」と言うのだ。

その話は山火事のように全社に伝わった。子猫が一体どこにいたのか、会社がどう対処するのか、誰もが知りたがった。私は配達したドライバーに子猫を引き取りに行かせようとしたのだが、どうにも連絡がつかない。彼はすでにその日の業務を終えて自宅に向かっており、車には電話がついていなかったのだ。コストの面から言えば、子猫は今いる場所にそのままにしておいて、次の配達の際に引き取るのが合理的だった。だが、それまでせっかく従業員のニーズと懸念を重要視した社風の構築に努めてきたのではなかったか。このとき彼らが一番気にしていたのは、子猫の安否だった。そこで私は別のドライバーを送って子猫を引き取りに行かせることにした。

車の往復にかかった時間は二時間半。ドライバーが戻った時点で、一〇〇人以上の従業員プラス猫一匹が搬入口に集まっていた。子猫の箱が母猫の前に置かれると、全員が歓声をあげた。些細なことだが、これは決して取るに足りない出来事ではなかった。少なくとも、我が社を競合他社全般と差別化している「従業員ありきの企業風土」を強化したことは間違いない。

我々が長年かけて優れたチームを築きあげてくることができたのは、そうした社風によるところが大きい。給料も重要だし、福利厚生や特典の有無も大切だ。だが、金銭的なインセンティブだけでベストな人材は維持できない。理由の一つは、金銭的メリットだけでは、もっと有利な条件を提示する他社に引き抜かれてしまう可能性が高いからだ。給与体系に対して忠誠心を感じる者などいない。だが、誇りに思える会社がフェアに競い、顧客や外注業者に丁重な態度を取り、コミュニティに貢献し、働きやすい職場であろうと努力する会社に対しては、篤い忠誠心を寄せるものだ。そして、こうした社風は現在の従業員を結びつけるだけではなく、社外からも目に見えるようになり、就職希望者の質も上がる。

では、どうやってこうした社風を創出すればいいのだろうか？　そこには三つの基本的な要素がある、と私は信じている。一つ目は相互の信頼。そのためにはルールに透明性が必要だ。自分に何が期待され、見返りに何を期待できるのか、誰もが知っていなければならない。私が求めるものはシンプルだ。従業員には日々の仕事を誠実にこなしてほしい、それだけである。彼らがそうしてくれる限り、雇用を確実に守るのは私の務めである。それが雇用主としての主たる責任であるはずだ。彼らが経営者の求めに応えてくれるなら、「雇用が守られている」という安心感を与えるのは当然のことではないか。その安心感なしに相互信頼は築けないし、相互信頼がなければ健全な社風は築けない。

二つ目の要素は、従業員の貢献に対する正しい評価である。経営者が事業から得ている恩恵のすべては、自分以外の人々の努力の結果として生じていることを認識しなければならないし、それに対する感謝を示さなければならない。我が社でもあらゆる方法でそうしている。たとえば、「箱数ゲーム」。事業成長に向けて新たな目標を決め、それに到達するたびに、一人一人に現金のボーナスを出す。映画のチケットを大量に一括購入して、大幅な割引価格で利用できるようにする。従業員の大半は低所得地域から通勤しているので、補助がなければ家族を映画に連れて行くのは難しいのだ。それから地元のスポーツチーム（ヤンキース、メッツ、ニックスなど）のシーズンチケットも手配し、顧客に進呈するのではなく、優れた働きぶりを見せた従業員への褒美として利用した。

ほかにも、我が社には従業員への感謝を示す方法が何十通りもある。多くは予定外のきっかけで始まったものだ。たとえばニューヨーク市が地下鉄運賃を一ドル五〇セントから二ドルに上げたときには、すぐに全員の交通費支給額を週に五ドル上乗せした。先ほど紹介した子猫の例でも、従業員の関心事を最優先に考えている。

こうした取り組みの狙いは、従業員に、彼らがコミュニティを構成する大切なメンバーであることを折に触れ思い出してもらうことだ。これが、優れた企業風土を構成する三つ目の要素である。自分は自分自身よりも大きな何かの一員であり、仕事には高尚な目的がある。そう感じていてもらいたいのだ。もちろん、その目的の一部は、顧客に対して優れたサービスを提供することなのだが、それで充分だとは思わない。皆が一つのコミュニティに属し、コミュニティが世界に貢献するのだと心の底から考えてほしいのだ。

たとえば二、三年ほど前、例年は全社をあげての盛大なクリスマスパーティに充てていた予算の使い道を、投票で決めることになった。すると圧倒的大多数が、パーティよりも地域への慈善活動に役立てたい、という意見を表明したのだ。そこで委員会を設置し、付近の自閉症児および知的な障害を抱えた児童のための学校に連絡して、クリスマスプレゼントをあげられないだろうかと相談した。学校側は大喜びしてくれた。そこに通う子供たちは、従業員の大半と同じく、ブルックリンの貧困地域の家庭の子だ。我々があげられるプレゼント以外には、往々にして、何もクリスマスプレゼントをもらえない場合が多い。

学校の先生たちは、子供が欲しがっている贈り物のリストを作った。自転車、コンピュータ、大きなぬいぐるみ。私の妻のエレーンが担当者を決めて、買い出しに行かせた。事務所内に場所を作り、プレゼントの組み立てとラッピングをする。それからあらゆる部署のあらゆる階級から代表者が集まって学校に向かい、チームに分かれて教室に贈り物を届けに行った。

それから起こったことは、まさに感動的だった。教室の空気がわっと沸き立った。子供たちの目に明らかな興奮が見え、我が社の従業員の顔には誇らしさが見えた。そのときになって気づいたのだが、従業員のほとんどは自分で慈善活動をする金銭的余裕がないので、ここの子供たちの人生になにがしかの幸せをもたらす機会を持てたことを、本当に嬉しく思っていたのだ。私ももちろん嬉しかったが、同時に、従業員の幸せにも喜びを感じていた。心と心が触れ合う、本当に素晴らしい体験だった。

▶ノームに聞け！

親愛なるノーム

妻と私は結婚８年になります。妻を心から愛しています。２年ほど前から２人でコンサルティング会社を始めて、とても順調に経営しています。しかし、生活、仕事、食事、娯楽、子育て、睡眠のすべてを共にするというのが、私たち双方にとって重い負担になっているのです。会社の心配事と、プライベートな心配事を、切り離しにくくなってしまいました。夫婦で会社を経営しつつ、よい関係を維持するには、どうしたらいいのでしょうか。

リッチ

リッチへ

私も妻と一緒に働いています。妻のエレーンは人事担当の副社長です。結婚した直後にも一緒に働こうとしたのですが、そのときの妻は１日で辞めてしまいました。そして20年後、もう一度試してみようと考えて、今度はとてもうまく行っています。妻からのアドバイスをお伝えしましょう。

きちんと境界線を引く必要があります。仕事と、家族の生活は、分けておくのです。どんなことをいつ話していいのか、明らかにしておくことです。それぞれの役割の中で、どんなふうに働くのか。どんな行動は許容でき、どんな行動は許容できないか。でも、そういう線引きは、誰でもうまく行くというわけではありません。あなた方が、それが可能なだけの年月を夫婦として過ごしているかどうか、私にはわかりません。私たちの場合、結婚８年だったら無理だったと思います。仕事と家庭に明確なガイドラインを作って、それを守ることができないようなら、同じ事業に関わるべきではないかもしれません。

ノーム

それ以降、我々は毎年クリスマスにあの学校に行った。そして毎年、あの同じ素晴らしい体験が繰り返され、私も必ず深い喜びと満足を味わった。そして、我が社の社風から得られる最も大きな恩恵が何であるか思い出すのだった。それは、知りうる限り最高の人たちと一緒に働く機会にほかならないのである。

企業風土の進化

今の我が社にはそうした社風がある。だが、私が初めて起こした会社であるパーフェクト・クーリエの社風は、大きく異なっていた。最初の頃の私は、企業風土の形成自体を意識していなかったのだ。ほとんどの企業家は意識しない。社風は計画されるものではなく、いつのまにか自然に発生する。商品を売ったり、サービスを提供したり、勘定を支払ったり、明細を送ったり……。そうしたさまざまな業務に誰もが集中しているうちに、小さなコミュニティが生まれてくるのだ。そこには口に出しては語られない独特の習慣があり、伝統があり、服装や喋り方の様式があり、行動のルールがある。社風の存在に気づく頃には、すでにしっかりと社風が確立している場合が多い。好ましいものであってほしいと望むしかない。なぜなら、それはおそらく経営者自身の性格を反映したものであるからだ。

「パーフェクト・クーリエの社風は「殺伐としているが公平だった」と表現できると思う。当時の私は猛烈に働きまくり、とにかく急いで一億ドル規模の事業を構築しようと考えていた。私はよく怒鳴った。従業員が私の目から見てバカげたこと、注意不足なこと、見当違いなことをしたときには、怒鳴り声をあげた。私に言わせれば予見できたはずの問題を予測できなかったときにも、スピーディに行動しなかったせいで機会を失ったときにも、大声を出した。避けられたはずの間違いをしようものなら、雷を落とした。意図的に皆の気分を害そうとしていたわけではない。ただ腹が立ったのだ。短気だった。ものごとは的確かつ迅速に進めたかった。幸いなことに、たいていは深刻なダメージをもたらしてしまう前に気持ちを落ち着けることができたし、いつまでも恨んだりしていたわけではない。嵐が過ぎれば、ネチネチとこだわったりはしなかった。

少なくとも、会社にとどまってくれたメンバーは、そうした出来事を日常茶飯事として受け入れるようになった。調子がよすぎるかもしれないが、彼らが私の雷を恨んでいたとは思えない。私が激しやすいタイプだということを理解してくれていたからだ。人格攻撃ではないこともわかってくれていた。私はいろいろと騒ぎはするが、給料の払いはよかったし、皆を正当に扱っていたし、無意味な命令はしなかった。従業員が責務を果たしてくれる限り、私も私の責務を果たすと、彼らは知っていた。

パーフェクト・クーリエの社風には、そうしたことがすべて反映していた。猛烈で強烈で、叫び声がしょっちゅう響いていた。誰もがぶっきらぼうで、他人の気持ちを考えることに労力を割く者はいなかった。全体に漂う雰囲気が、「我々は仕事のためにここにいる。だから仕事をする。ちゃんとやって、あとは余計な口はきかない」という感じだった。そうした環境で頭角を現していった従業員もいないわけではない。そういう人はピリピリした雰囲気が好きで、刺激的だと感じていた。それに我々は価値観を共有していた。これは大切なポイントだ。自分に厳しく、かかわりあう相手に対しても厳しかったが、その分絶対に誠実であろうと意識していたし、取引相手には必ずフェアであろうと努めていた。そうした社風を居心地よいと感じる従業員にとっては、パーフェクト・クーリエは実に働きやすい場所だったのだ。居心地よいと感じない人たちは徐々に辞めていった。

この社風は意識的に生じたものではなかった点を強調しておかなくてはならない。当時の私は、自分の性格と社風の関係に気づいていなかった。パーフェクト・クーリエをできるだけ早く、できるだけ大きくすることに意識が集中しすぎていて、そうしたことには頭が回らなかったのだ。やっと考えるようになったのは、パーフェクト・クーリエの破産法適用から脱却し、文書保管サービスの会社を始め、エレーンが事業に参加するようになっていた一九九四年のことだ。社風について真剣に考え出した大きな理由は、妻のスタイルが自分のスタイルとは著しく異なっていたからだった。実のところ、正反対だった。私が素っ気ない態度をとる状況で、妻は思いやりを示した。私が会社に対する従業員の義務を重要視しようとするとき、妻は従業員に対する会社の義務を意識した。私が仕事の進捗だけを気にしているとき、妻は従業員が仕事を楽しみ何かを学んでいるかどうか気にかけていた。

私だって心の狭い男ではない。いつも妻の願いを叶えたいと思っている良き夫でもある。だから、たとえ私の目から見て効果のほどが疑わしいときでも、妻には妻の思うようにさせた。結果的に妻のやり方には相当な効果があった。職場の雰囲気全体が変化し、顧客も違いに気づくようになった。我が社の従業員は競合他社の従業員よりも幸せそうに見える、笑顔も多い、進んで手助けをしようとしてくれる、と指摘されるようになった。エレーンの生み出す風土が、私の生み出す風土だけのときよりも、シティストレージをよい会社にしてくれると気づくのに長くはかからなかった。

これは重要な結果をいくつももたらした。まず、私が自分自身の振る舞いを是正した。自分を変えるわけにはいかなかったが、妻の行動を軽視しないことはできる。前章で述べたように、部下たちに道を譲って、日常の経営にまつわる判断を委ねたのも、そうした修正の一つだ。それから、私がエレーンに全面的に協力していると周囲に示す機会を探すようにした。たとえば、保管する箱の数が目標に届く日付を予測するゲームも、従業員がダイエットの成果を競うゲームも、敷地内で誰が一番美しいアマリリスを咲かせられるか競うゲームも、妻が考えて始めたものだ。私はゲーム参加者として加わったり（アマリリスとダイエット）、賞品授与者（箱の数に関するゲーム）になったり、ほぼ必ず何らかの形で関与するようにした。

それ以外でも、社風を盛り上げるコメディアン的な役割を果たすのは私の仕事だった。温かくて、お互いに面倒を見るような、人を大切にする会社を維持していきたいなら、これはきわめて重要な責務だ。何にでも疑いを抱く人は必ずいるものだし、ポジティブな行動をすべて否定的に捉えてしまうマイナス思考の人も存在する。そういう人は集会に参加したがらない。どうしてもと言って参加させると、退屈で関心がなさそうな振る舞いをする。会社について陰口を叩き、偽善的だと非難する。最悪の場合、積極的に足を引っ張る行動に出る。我が社にも数人ながらそういう人がいた。そういう場合は彼らに話しかけ、意見を聞き出し、活動の意味の説明をして、参加してくれるよう促した。それでも態度が変わらなければ、最終的には私のオフィスに呼んで、「素晴らしいニュースがある」と告げることにしていた。もうこれ以上、あなたがイヤな気持ちになったり、憂鬱な気持ちになったりすることはない。なぜならあなたはもうここで働かないのだから、と。もっと自分が気に入る職場を自由に見つけてもらってかまわない。そうすれば負のパワーを排除できるだけではなく、ほかの従業員にこちらの〝本気度〟をわかってもらえる。

企業風土を強化することが、どうしてそれほど大切なのか、と思われるかもしれない。管理者が違えば、管理スタイルも違っていてはいけないのだろうか？　もちろんいけないことはない。だが、全員が同じ社風の枠の中で業務にあたっている限りは、という条件がつく。一つの会社に、二つ以上の社風を共存させるべきではないのだ。部下がそれぞれに独自の小さな社風を作るのを許してしまうと、混乱が生じ、社内に政治が生まれる。衝突が避けられず、それがコミュニケーションと士気の低下、協力意識の希薄化、最終的には離職率の上昇につながる。従業員は、自分が好きだと思う雰囲気の部署へと異動したがる。そうして社内で異なる社風が対立し、優れた人材が失われる。いずれにしても、社外に向けて集中すべき時間と労力が社内で浪費されてしまって、売上と顧客サービスに甚大な影響があるはずだ。

部署ごとに異なる社風が生まれないよう注意するのは、上に立つ者の責任だ。それが最重要の責務となる状況もある。この責務は他人に委譲できない。私がエレーンに社内の雰囲気作りを任せたように、文化構築の重要な役割を誰かに任せることはできるが、それを実行し支えるのはトップに立つ人間以外にはできないことだ。求めている社風がどんなものであろうと、全社的に一貫している必要があるのだ。部署によって微妙な差異は出るかもしれないが、会社の一員として取るべき行動や許される行動について、全員の理解が一致していなければならない。

もちろん、どんな社風でもいいというわけではない。効果的で効率的な社風と、そうでない社風があるということは、私にもだんだんとわかってきた。特にエレーンが築いている社風は、パーフェクト・クーリエ時代の私の社風よりよいものであることは確かだと思う。

そもそも私が、妻には頭があがらないのだから。

予期せぬ喜び

企業風土の重要性については、私と違う意見もあるとわかっている。それが会社の損益に具体的にどれほど影響するのか、と疑問を投げかける人もいる。私に言わせれば、社風は相当の影響をもたらすはずだ。実際のところ、あらゆる企業の成否に対して、社風は大きな役割を果たすと主張したい。それが職場に対する従業員の姿勢を形成するからだ。その姿勢が従業員の行動を決め、従業員の行動は事業の財政的健全性に直接的な影響をおよぼす。

たとえば、第十章で説明した「忍び寄る経費」という現象を思い出していただきたい。あらゆる支出がいつのまにか増えて行く傾向のことだ。こうした傾向は雪だるま式に広がっていき、贅沢だったものがだんだんと必要品に変わる。贅沢というのは、企業が健全な状態であるために必須ではない要素のことだ。そもそも創業時点では多くの贅沢はできないものだし、事業を成功させたいなら贅沢は控えなければならない。創業まもない企業が不必要なものごとで予算をムダにしてしまったら、経営の続行は難しいだろう。賢い企業家は、立ち上げ資本を可能な限り長持ちさせなければならないと知っている。だから新品の備品を揃えるよりも、中古の備品をリースする。出張も格安運賃の飛行機に乗り、リーズナブルなホテルに泊まる。電話料金、郵送費、その他オフィスの経費を厳しくチェックする。節約すれば給与支払いの足しになるし、経営に余裕が生じるとわかっているので、できるだけフレキシブルな支出削減を行なう。

だが、時間が経つにつれ、こうした倹約の習慣は失われていく。もっと自由にお金を使うようになる。コンピュータ、通信設備、広告など、成長のポテンシャルの最大化につながりうるものに投資を始める。同時に、その他の領域でも財布の紐が緩くなる。必ずしも必要ではない物や行動に対してお金を使う余裕が生まれ、実際にそうした使い方をするようになる。たいていは誰も気づかぬうちに、徐々に贅沢品が「あって当然のもの」に変わるのだ。そうして組織が少しルーズになる。営業担当者は、外回りをするのに地下鉄よりもタクシーを使わなければならないと考えはじめる。事務員は通常の郵便よりも、ＦｅｄＥｘを使って宅配便を送らなければならないと考える。幹部はビジネスクラスに乗り、最高級のホテルに泊まらなければならないと考える。支出は徐々に増えていき、諸経費が膨らんでいく。

当然ながら、怖いのは、予測していなかった事態が起きたときだ。そうした事態はつねに起きうるものだし、そうなると、会社は突如として資金繰りに困って追い詰められる。その時点で多くの会社が、本来ならば最後の手段とすべき事柄を最初に行なってしまう。リストラだ。しかし、人員解雇はキャッシュフロー問題への最も割高な対策なのだ。目に見える最大の被害者は職を失う従業員だが、残った人々も「次は自分かもしれない」と考えて緊急事態に備えようとしはじめるので、組織全体にも悪影響が出る。

だが資金繰りの危機に気づいた時点で、すでに必要品となってしまった贅沢を切り捨てても、手遅れの場合が多い。ダメージは進んでいる。経費は使われてしまっている。リストラせずに会社を維持するだけの大々的な経費削減の余地が見つからない。だからこそ、忍び寄る経費は問題になる前に撲滅しつづけていかなければならないのだ。そうでなければ全員が何らかの対価を支払わされる。

では、どうやって撲滅すればいいのか。大切なのは、従業員が会社の繁栄を意識し、率先してコストを常識的な範囲に抑える環境を作り出すことだと思っている。予算を決めて、幹部がチェックするだけでは充分ではない。それも必要な要素だが、幹部が現場の細部を確認できると思わないほうがいい。チェックできる範囲以外の場所でも浪費は発生するし、節約の余地は自分が想像もしていなかったような場所に見つかったりする。忍び寄る経費を本当に撲滅したいのなら全員を関与させねばならないが、私が思うに、そのためには二つの側面から取り組む必要がある。どちらも社風と関係する、大切な取り組みだ。そもそも従業員が会社のためを思い、会社に進んで手を貸す気になっていない限り、ムダの撲滅は不可能だ。そして、会社が従業員のためを思っていると認識してもらえていなければ、そんな意欲を引き出すことはできない。これが、一つ目の側面である。

何年間も我が社で役員補佐を務めたパティ・ライトフットという女性のエピソードを紹介したい。彼女がそのポジションで働きはじめて三カ月が経った頃、エレーンが私に、パティは事務所掃除の副業をしていることを知らせてきた。

「週に七五ドルを稼いでいるんですって。学校に入り直すために、お金を貯めているそうよ」

その時点で、すでにパティの信頼性、高い処理能力と知性は我々に感銘を与えていた。彼女のことは、失いたくない人材だと思っていた。通常なら入社から半年は経たないと昇給しないのだが、私は、これがパティにメッセージを伝える機会だと考えた。そこで、ほかの幹部にこう持ちかけた。

「三カ月後に昇給するとしても、それはそれでいいことだと思う。でも今昇給したら、彼女は決してそれを忘れないだろう」

皆それに賛同した。

そこで翌日、私はパティをオフィスに呼び、椅子を勧めて話を切り出した。

「きみが夜間にもう一つ仕事をしていることは知っている」

「はい、そのとおりです」パティはおずおずと答えた。

「残念だが、それは認めるわけにはいかない。充分な休息をとり、朝は元気よく出勤してもらう必要がある」

パティは座ったまま力なくうなだれた。

「だが、もう一つの仕事で週七五ドル稼いでいることもわかっている。だから、その収入を失わなくてもいいように、その分だけきみの給料を上げようと思う」

パティの顔がぱっと明るくなる。「ありがとうございます！」

「もう一つある。我が社の方針を知っていてもらいたい。ここで一年働いたら、誰でも学校に行くことができるんだよ。平均以上の成績を維持している限り、学費は会社が負担する」

オフィスを出て行くときのパティは輝いていた。会社が彼女を大事に思っていることが伝わったのは間違いなかった。

だが、先にも述べたように、撲滅運動には二つの側面があり、これはその半分だ。もう一つの側面は、経費削減の重要性を全員に理解してもらうことである。そのメッセージはトップからまっすぐに伝えなくてはならない。単に口で伝えるだけでは意味がない。具体的に行動で示せば、言葉よりもはるかに雄弁にメッセージを伝えることができる。

パーフェクト・クーリエの創業二年目あたりのエピソードを紹介しよう。成長が加速するにつれ、会社がルーズになって浪費が目立つようになった。私は苛立った。ある日、新しいペンの購入にどれほどの金額が費やされているか知って、苛立ちが頂点に達した。四十人の従業員がいて、週に四十本のペースでペンを買い足していたのだ。こんなのはバカげてる、と私は一同に言った。皆はおかしな顔をして私を見る。一人が「そんなに大きな問題でしょうか？」と尋ねた。

「一本一ドルのペンが四十本で、週に四〇ドルだぞ。つまり年間二〇〇〇ドルだ。ペンに二〇〇〇ドルだぞ！　これほどのムダ遣いがあるか？」

実は、ペンに関してはおそらく私が最悪の犯人だったことを告白しておかなければならない。ペンを借りれば、毎回と言っていいほど、それを自分のポケットに入れてしまう。自分が取ったことすら意識していない。ただポケットに差し込んで忘れてしまうのだ。一日の終わりには六本から七本ものペンを携帯していて、それらがどこから来たのか皆目見当がつかなかったりする。

とはいえ、私は本当に忍び寄る経費のことを心配していたし、どうにかしなければならないと考えていた。そこで、今後新しいペンを取る際は必ず古いペンを戻すように、と指令を下した。結果的にどうなったかと言えば、ルールはまんまと破綻した。スタッフは新しいペンを取りに来ては、古いペンを戻せないありとあらゆる言い訳を並べた。自宅に置いてきてしまったから明日持ってくる、とか。

車に置いてあるからあとで取ってくる、とか。ノームが持っていきました、とか。ともかく、ルールを決めて二カ月経っても、まだ週に四十本のペンを買い足しつづけていたのだった。

私はうんざりした。

「もう、いい加減にしようじゃないか。皆ペンを一本は持っているだろう？　今日をもって、ペンは一本たりとも買わないことにする。節約した経費は従業員のために特別枠で積み立てることにする。年度末の時点で、そのお金の使い道を考えよう」

「冗談じゃありませんよ」と、一同は大反対をした。

「仕事ができなくなります。ペンを探すだけで時間が過ぎていきますよ」

そう反論されたが、私は「心配するな。ペンはある」と突っぱねた。

実際、ペンはあったのだ。結果的にはペンを買わなくてもちゃんとやっていくことができた。皆、新しい決まりにすぐに順応した。ペンがどこから出てきたのかわからないが、自分で買った人もいたのだろうし、以前に買ったペンを探し出した人もいたのだろう。同時にペンのルールは社風の一部になり、しょっちゅう口にされるジョークになった。特に私がペンを持たずに会議に出ると、必ずこう言われたものだった――「冗談でしょ？　ペンを持たずに仕事に来たんですか？」。そこで私はオフィスに戻ってペンを取ってこなければならないのだった。

それから二十年間、マンハッタンからブルックリンへと社屋を移転するときまで、ペンは一本も買わなかった。そのルールで忍び寄る経費の問題が完全に解決したわけではなかったが、助けになったことは確かだ。ペンの悪習を断ったのは、ささやかなムダ遣いを抹消すると同時に、大きなメッセージを伝える手段になった。ペンに言及するだけで、コスト管理は大事だと思い出させるきっかけになったからだ。その他にも機会があるたびにきっかけ作りをしたつもりだが、このペンのルールほど効果的な手段はなかったかもしれない。

だが、例の二つの側面のうち一つ目がおろそかになっていたとしたら、この手段も効果がなかったはずだ。「会社が従業員を大事にしている」という事実を、本人たちに知ってもらわなければならない。それを知った従業員が会社を支えたいと思い、忍び寄る経費について経営者がどう思っているか理解すれば、ムダ遣いの防止に取り組むだけではなく、こちらが驚くほどの節約をしてくれる場合もある。

先ほど紹介したパティの例に戻りたい。ある日のこと、社長のルイスが電話会社ネクステルの営業と話をしている姿が目に入った。担当者が去ってから、ルイスが私のところに来て、「たった今、ネクステルからすごいプランを提示されたよ」と話した。「なんと、電話代が月に二四ドル安くなる」

それは相当の割引だ。我が社では一二五台の無線機を所有していて、一台あたり月に四九ドル支払っていた。ネクステルの特別プランなら、今後は月に二五ドルの支払いで、合計一万分の通話ができるという。

「現状の通話時間より長く使えるんだ。このプランなら、三万分くらい通話しない限り、今の料金に届かないくらいだよ」

ルイスの説明では、これによる節約は月三〇〇〇ドル、年間で三万六〇〇〇ドルになる。「よくやってくれた」と私は言った。するとルイスは「私じゃないんだよ」と答えたのだ。「考えたのはパティなんだ」

電話の使用量をチェックするのは彼女の仕事の一つだった。チェックの過程で、ネクステルの特別プランの存在に気づき、ルイスに知らせてきたのだという。昇給をしてやったからパティが経費削減の道を見つけた、と言いたいわけではない。彼女は勤務初日から実直に働いていた。仮に昇給などなくても、パティはきっと、ネクステルの特別プランを利用してコスト削減が可能であると発見してくれただろう。

だが、会社が彼女を大切にしていると示したことによって、パティには「少しでも会社のためになることをしよう」という意欲が高まっていたのではないだろうか。それに、パティが副業を辞められるように取り計らってやらなかったとしたら、兼業の生活で疲れた彼女はネクステルの特別プランなど見逃していたかもしれない。いずれにしても、社風は企業の財政的成功に直接的な影響を与えると例証するエピソードであったことは確かだ。

▶ノームに聞け！

親愛なるノーム
　非競争契約とは、どの程度の強制力があるものでしょうか。非競争契約について、どうお考えになりますか？　私は加工産業の会社に勤めるエンジニアなのですが、独立したいという考えが頭から離れないんです。

ヴィクター

ヴィクターへ
　私は非競争契約が妥当だとは信じていませんし、そうした契約を結んでもいません。強制するには手間とコストのかかる契約ですし、事業をきちんと経営していれば、そういったものは必要ないと思います。とは言うものの、もし契約が法的なものであるならば、それは守るべきと考えます。非競争契約の場合、この「もし」の部分がかなり微妙なのです。裁判所は、市民が生計を立てる手段を奪われないよう、従業員の側に立ってこうした契約を解釈する傾向があります。あなたの非競争契約については、弁護士に相談するのが確実です。

ノーム

まとめ——真の「損益」を決めるポイント

❶ 企業風土は、優れた人材の発見と維持に最高のパワーを発揮する。日々、社風を形成する機会を逃さないこと。

❷ 部下に委譲できないものがあるとすれば、それは、「会社に単一の社風を浸透させる」という責務である。社内に複数の風土が存在してしまってはいけない。

❸ 支出は徐々に増えていく傾向がある。きちんと管理していきたいのなら、全員をその対策に関与させること。

❹ 会社が従業員を大事にしていること、コスト引き下げを意識してほしいと思っていることを伝える機会を探すこと。

第十四章　営業はチームプレー

人事採用は、当然ながら、企業を構築するにあたっての最大の責務の一つだ。そして誰もがこの領域で間違いをするし、特に営業・販売担当者の採用で間違いを犯す。記憶が正しければ、私はこれまでに三〇〇人以上の営業担当者を採用してきたが、本書で説明しているミスというミスを片っ端から経験してきた。そうして、少なくとも私にとって人事に近道はないと学んだ。適切な人材を見つけ、トレーニングし、社風になじんでもらうには時間がかかる。以前はそのプロセスが短縮可能だと考えていた。業務一日目から実力を発揮できる一流の人材を見つければいいだけだ、と思っていた。だが、そうして短縮しようとするたびに、心の底から後悔するハメになった。効果的な営業にはチームプレーが必要だ。そして優れたチームを形成するために、適切な選手が必要なのだ。それはつまり、自分の役割を理解して、ベストな結果を出すために周囲と協力して仕事に取り組める人材である。そうした営業・販売員は、短いスパンで最高の売上を出せるタイプではない場合が多い、ということもわかった。

そうして最終的に、新規の営業担当者を選ぶにあたっての四つのルールが見えてきた。第一のルールは、候補者の野心に関連してくる。私が思うに、この世界には二種類の営業担当者がいる。片方は最終的に自分で事業を始めるタイプ。そしてもう片方は、つねに誰かの下で働くタイプだ。どちらのタイプも好ましく思うが、私が自分の会社に雇う人材として求めるのは後者である。

誤解しないでいただきたい。会社を去って独立する従業員を悪く思っているわけではない。競合することになっても、まったく気にしない。むしろ、私の下で不満を抱えているより、ぜひ独立してもらいたいと思う。私が気にするのは、営業・販売部門の離職率、回転率だ。離職せず長期的に働いてくれる人材が欲しいのだ。別の部署であれば話は違う。組織内で異動や昇進をしていかなければ、ゆくゆくはその人物の働きぶりと給料がマッチしなくなってしまう。それは双方にとって問題を生む。だが、営業の場合はそうはならない。基本的には働いた分だけ収入を得るからだ。優秀であれば年々成果を出しつづけていけるし、会社にとっても計り知れないほど貴重な人材となる。そうした人材を見つけ、トレーニングをしたら、その後は絶対に失いたくない。ゆえに私は、自分で起業する野心を持った候補者はふるい落とすように心がけている。優秀かもしれないが、永遠には勤めつづけてくれないとわかっているからだ。彼らには、別の場所でぜひ成功してほしいと心から願うばかりである。

起業家タイプを雇わないこと。これが第一のルールだ。第二のルールは、初めて事業を立ち上げた頃の苦い体験を通じて学んだ。若き企業家がおしなべてそうであるように、私はとにかく気が急いていて、競合他社の営業を引き抜けば時間とコストの節約になると考えた。そうした人々は市場とビジネスについて知っているのだから、トレーニングをする必要もない。すぐにも仕事を開始できるはずだ。それに、もしかしたら優良顧客を引っ張ってきてくれるかもしれない。当時はそれが成長の近道に思えた。だが、それはトラブルへの近道だと思い知らされただけだった。

まず、そうした人材にはたいていの場合、すでに何らかの好ましくない癖がついてしまっている。癖は絶対に変えられない。それに彼らは業界に共通するコツを身につけているので、手早く売上をあげていこうとする。私は長期的な視野を持ってほしいのだが、彼らは耳を貸さない。自分のほうが知識があると思っているからだ。しかも、だんだんと彼らがそれほど優秀な営業ではないことがわかってくる。業界の外から人材を引き入れて、私自身の手でトレーニングしたほうが、一貫して良い結果につながっていた。そこで私はこう考えるようになった。もしかしたら、競合他社には、この人材を手放すだけの理由があったのかもしれない。前の会社で素晴らしい仕事をしてきたと自己申告したからといって、やすやすと信じるべきではなかったのかもしれない。

他社から営業担当者を引き抜くことで多少なりとも市場シェアの奪取につながらなかったのか、というと、そういうわけではない。だが、それも支払った対価に見合うほどのものではなかった。競合他社の営業担当者を採用することでシェアを「買う」という行為は、業界内の評判に良い影響をもたらさない。若く生意気な企業家なら気にしないかもしれないが、いずれは評判こそ重要な事業資産であり、長期的に見れば多少の売上増加などよりはるかに価値があると理解するはずだ。そこで私は新たな指針を決めた。業界内から営業担当者を雇ってはいけない。

第三のルールは、一部の人には狭量だと思われるかもしれないが、長年の経験に基づいたルールである。我が社の営業のポジションに志願するには、二社以上の会社で少なくとも二種類の仕事を経験していなければならない。そして、そのうちいずれかで営業・販売の仕事をしていなくてはならない。言い換えれば、大学を出たての新卒は雇わないのだ。理由は、初めての職場で完全に満足する人間などいないからである。まあ、「ほとんどいない」と言っておこう。いつでも例外はある。だが大多数は最初の仕事に何らかの違和感を覚える。仕事の内容がよくても、待遇がよくても関係ない。それが人間の性質なのだ。比較するものがないので得たものを正しく評価できず、もっと青い芝生を探す。私が雇った新卒の人材は、事実上一人残らず二年以内に転職していった。

トレーニングをしても遠からず失うだろうとわかっている人材を雇うなど、何の意味もない。研修をして初めて、本人が営業・販売が好きではないことがわかったり、社風に合わないとわかったりするようでは、やはり意味がない。だから我々は、営業・販売の経験があり、少なくとも二社の社風のもとで働いた経験のある候補者を求める。最初の職場では、どの会社も同じようなスタイルなのだろうかと考える。そして二番目の職場で、異なる会社には異なるスタイルがあり、異なる利点や特典があり、異なる手続きや規則があると知る。三番目の職場を探しはじめる頃には、自分がキャリアだけではなく会社も選ぶのだ、ということを理解しているはずだ。

第四のルールは、おそらく最も賛否が分かれるだろう。「我が社では決して〝やり手〟は雇わない」というルールを絶対的原則にしているのだ。ここで言うやり手とは、スーパースター的な営業担当者のことである。売り込みマシンのような人材だ。良い営業担当者が売り込みの電話を一〇〇本かけて十件成約させるとしたら、優れた営業担当者は二十件まとめる。そしてやり手の担当者は三十五件まとめることができる。つまり、やり手とは、その仕事でトップの成績を出す人物である。彼らには才能がある。ハングリー精神がある。意欲がある。どんなものでも、どんな相手にでも売ることができる。世界で最高の営業だ。だが、私の会社にそういう人たちは要らない。なぜなら、彼らはたった一つのこと、すなわち成約しか考えていないからだ。顧客を落とすために何でも言うし、何でもやるし、何でも約束してしまう。

私のメッセンジャービジネスで初期に雇ったやり手セールスマン、バートの例を紹介しよう。彼は喋るのが速く、頭の回転も速かった。信じられないほどの売上をあげ、私をとても喜ばせた。私は忙しくて彼の様子を確かめていなかったので、気づくべきことに気づかなかった。私が意識していたのは売上だけで、彼はそれを出してくれていたからだ。

そして、問題が生じはじめる。まず、彼が担当した顧客の代金回収が滞るようになった。請求料金が当初に約束された料金とは違っている、と主張する顧客もいた。あるいは、提供すると言われたレベルのサービスを受けられていない、と文句を言う顧客もいた。それから、利用量の少ない顧客に対して、バートが大幅なボリュームディスカウントを提供していたこともわかった。のちのち売上は増えるから、と彼は言っていたが、確認してみたところ、将来の増加というのは彼の想像上の産物であることがわかった。その顧客が大幅に売上に貢献する可能性はほぼゼロだった。

不幸なことに、私がこうしたやり手を雇ってしまったのはバートが唯一の例でもなければ、最後でもなかった。彼らは必ずトラブルを引き起こした。私は彼らをトレーニングすることもできなかったし、コントロールもできなかった。私よりはるかに多くを知っていたからだ。どんなシステムを設けても、彼らは必ず抜け道を見つけ出した。私は、どうにかなるだろうと考えていた。やり手のセールスマンは新規顧客を引き込んでくれるのだから、問題にはあとから対処していけばいい、と思っていたのだ。だがそんなふうにうまく進んだためしは一度もない。顧客は「騙された」と感じ、私に責任をとるよう求めた。もちろん、求めて当然だ。

そうして私は重要な教訓を学んだ。営業担当者というのは、市場における自分の代理人なのだ。私には、やり手セールスマンに自分の代理をしてもらうような財政的余裕はない。彼らは私とは違う哲学で動いている。いかなる代償を払っても売上を出すべきだと信じている。私は、代償を払って売上を出したいとは思わない。事業を成長させるに充分な利幅をもたらし、顧客に繰り返し利用してもらえるような、そんな売上をあげたいのだ。顧客とは長期的な関係性を築きたいし、セールスパーソンはそれを手助けする立場であってほしい。

どの会社も私と同じルールを持つべきだ、などと言っているわけではない。大切なのは何らかのルールを持つこと、会社が成長するにつれて持ち上がる問題を検討し、自分なりの法則を確立してい

▶ノームに聞け！

親愛なるノーム

　あなたの会社では、営業担当者に対し、歩合制ではなく給料制で払っていますよね。お伺いしたいのは、どうやって昇給を決めるか、ということです。客観的な基準が必要なはずだと思います。仮に売上目標に対する結果だけをもとに昇給したとしたら、あなたが大事にしているチームプレーのコンセプトを軽視していることになってしまいませんか。

ロバート

ロバートへ

　おっしゃるとおり、一部には客観的な基準も含みます。会社全体の業績を見て、それから個々人の成績を見ますが、私にとって一番重要なのは、チームの一員としての働きぶりです。１つ例を挙げましょう。我が社の営業の１人、パティは数カ月にわたってある大手顧客の獲得に努めていたのですが、あるとき出張に出なければならなくて、別の営業のデイヴィッドが代理で打ち合わせに出ました。デイヴィッドが客先に出向くと、６人もの人が待ち構えていて、「今日、最終決定をするつもりだ」と言いました。デイヴィッドは契約をまとめ、私は彼を大いに評価しました。でも、「一緒に働く仲間が、私のカバーをしてくれると信じる」と考えることができたパティのことも、高く評価したのです。

ノーム

くことだ。営業担当者を雇うというのは、ただ単に従業員を選ぶということではなく、顧客を選ぶということでもある。好むと好まざるとにかかわらず、営業担当者は獲得する顧客のタイプを決定し、顧客との関係性を左右する。成約を急げばいい関係性は築かれない。それは充分に時間をかけて育てていかなくてはならないものなのである。

歩合制の問題

正しい営業担当者の獲得は第一のステップだ。第二のステップとして、彼らの努力に正しく報いつつ、しかし社内で問題を生まないような報酬制度を整える必要がある。私は営業担当者の受け取る報酬について、独自のシステムを編み出してきた。その過程で、一般的な企業のやり方はトラブルのもとだと確信するようになった。一般的なやり方とは、つまり歩合制のことだ。かなり慎重に活用しない限り、そのシステムは必ずと言ってもいいほど、社内の一体感や共通の目的意識をそいでしまう。営業・販売担当者をその他の従業員とは別のくくりに入れてしまい、切り離された別個の立場にしてしまうからだ。当然ながら、歩合制だけが唯一の原因ではない。たいていの会社が営業を別のオフィスにして、会議も別にして、業績査定の面でもほかの従業員よりはるかに慎重に扱う点も、問題をややこしくする。

だが、営業部門とほかのチームとの距離が開いてしまう最大の要因は、やはり歩合制なのだ。そのせいで反感や憤りが膨れあがり、衝突が避けられなくなる。会計担当者は、「営業の人間は顧客と特殊な取引をしてしまって、請求する人間にそれを教えない」と文句を言う。業務担当者は、「営業は筋の通らない要求をする」と不平をこぼす。経営者はしょっちゅう部署間の不和をなだめなければならないし、同時に営業部内のいさかいも仲裁しなければならない。誰がどのテリトリーを担当して、誰がどの顧客に対応するか、客のオフィスに入るときには誰が先頭になるか……営業同士がさまざまな面でぶつかり合うからだ。まるで悪夢のようだし、その悪夢に生産性は皆無である。

歩合制に対する私の意見には、反対する声もあるだろう。少なくとも最初は、歩合制のシステムを敷くよりほかにどうしようもない場合が多い、というのもわかっている。セールスパーソンは歩合制が絶対だと信じ込んでいる人が多い。販売報酬を受けるのが唯一のフェアな方法だと信じているし、功績に応じて支払われるという考え方を好む。さらに言えば、経営者の多くも同じ哲学を持っていて、営業が自分の成果の一部を受けとるスタイルにすれば売上はあがるし、優秀な人材が集まると信じている。私自身も、かつてはそう信じていた。

だが、それは幻想だった。多くの苦い経験を経て、歩合ベースの売上報酬のシステムはやめようと決意し、給料プラス賞与で支払っていくことにした。昇給は、半分は個々人の業績に応じて、そして半分は会社全体の業績に応じて決める。結果として、当時のセールスチームは、三人の営業と、一人のアシスタントで、つねに競合他社を上回る成績を安定して出せるようになった。他社の営業よりも、一人あたり五倍から六倍もの成約をとりつけていたのだ。しかもチームプレーで仕事をするようになり、全員で力を合わせていた。誰一人としてスーパースター級のセールスマンではないが、それぞれが異なる強みを持ち、お互いを補強し、弱点をカバーしていたのである。

たとえば営業担当者の一人は、見込み客との接点を作ることについては素晴らしい能力を持っていたが、大口顧客の成約には苦労していた。だが、契約成立にあたって必要な協力をチームから余さず得られるようになったので、それは問題ではなくなった。テリトリーもなければ縄張り意識もない。必要があれば、いつでもお互いをサポートしあう。また、業務担当者とも密に連携し、しばしば彼らを客先へ同行させて、実際にサービスを提供する人間を顧客に知ってもらう機会を作る。そして営業担当者自身も、業務の進行を熟知するようになった。研修の一部として、営業以外の部署で勤務する時間も作るようにしたところ、そこでほかの従業員と個人的な絆を築いて、事業成功に対する他部署の貢献を高く評価するようになった。そうした関係性の構築を通じて、我が社の営業担当者はスーパースターも恥じ入るような成果をあげていったのである。

ただし、そのシステムを進化させるには何年もかかったし、途中で何度か「目をつぶって信じて飛び降りる」ようなこともあった。ある意味では私自身がバリバリやるタイプだったので、やり手セールスマンは雇いたくないという事実を受け入れるのに、しばらく苦労してしまったのだ。営業担当者全員を歩合制から給料制に移行させる決断をするのも、困難なことだった。率直に言って、もし私が別の会社のセールスマンだったとしたら、歩合のためにがむしゃらに働いたと思う。自分は優秀な営業だと思い、それに応じた報酬を得たいと思うだろう。会社のその他の部分については気にかけない。ほかの従業員が「私の」顧客のためにしてほしいことをしなかったら、激怒する。つまり私は、まさに私が自分の下で働いてほしくないタイプのセールスマンなのである。

だが、給与体系の切り替えを行なってからは、その苦労に見合う以上の収穫があった。あらゆる経営者が多かれ少なかれ感じる「営業担当者が離職して、顧客をごっそり連れて行ってしまうのではないか」という恐怖を感じなくなったのだ。うちでは何年も営業担当者に離職されてはいないのだが、仮に誰かが辞めてしまったとしても、売上には一切の影響はないだろう。個人的なレベルでは残念に思うものの、誰かが離職した結果として顧客や売上を失うという発想は頭をよぎりもしないはずだ。

実際問題として、歩合制のほうが、営業が顧客ごと離れていってしまう可能性が高いのではないだろうか。歩合制の営業担当者にとって、顧客とは保障を意味する。そのつながりがある限り、自分の生計が立つのだと考える。その結果、顧客を会社に結びつけるのではなく、自分に結びつけるための努力をしてしまう。ゆえに、社内の誰かがその顧客と接触するのはイヤがる。顧客が自分だけを見ていてくれるほうが嬉しいからだ。

そうなると経営者は、会社を守るために、営業が顧客と仲良くなりすぎないようあらゆる手立てを講じる。その一つが、営業が新規顧客を獲得するたびに、カスタマーサービスの担当が引き継ぐようにすることだ。その担当者がそれ以降の関係構築に対応する。また、徐々に歩合を減らしていくというテクニックも考えられる。一件成約させて、一年目の売上から一〇%の歩合を得るとした場合、二年目は売上の五%、それ以降は二%にするのだ。二%になると、その顧客のために長い時間を割くのは、歩合の面だけで言えば効率的ではない。こうしたシステムで営業と顧客が強く結びつきすぎないようにすることはできるかもしれないが、根本的な問題の解決にはならないだろう。営業がチームプレーになっていないからだ。彼らの主眼は会社の成功ではない。自分一人のことしか考えていない。

私は、我が社で働く全員が一つのチームであってほしいと思っている。誰もが同じ方法で給料をもらっていなければ、それは実現しない。ただし、誰もが同じ額の給料を得るべきだ、と言っているわけではない点に注意していただきたい。果たす役割、仕事の難しさを鑑みれば、営業担当者はその他の従業員より多く稼ぐべきだし、それが自然だ。外科手術をする者は、研究所の技術者よりも多く稼ぐ。私が思っているのは、従業員の全員が、同じ報酬システムのもとにあるようにしたい、ということだ。つまり、誰もが同様の査定を受け、一年ごとの調整を受け、会社の業績と個人の貢献に基づいた給料を受けとるようにしたいのである。

ほとんどの会社経営者は、こうした話を聞けば首を横に振りながら、「確かに素晴らしいが、そうした報酬システムは、導入したくてもできないだろう」と言うかもしれない。歩合制で払うしか選択肢がないと思っているのだ。それが一般的な仕組みであり、営業担当者たちの望みであり、彼らを鼓舞する唯一の方法だと思っている。たいていの業界では歩合制が普通であることは私もわかっているし、営業・販売に携わる人々がそれになじんでいることも知っている。確かに歩合制は、一部のセールスマンにとっては、意欲を持つための唯一の方法なのだろう。だが、その一部とは、やり手で、みずから起業を目指す人々であり、我が社が求めない人材だ。私が求めているのは、ただその仕事が好きだから、得意だから、という理由で営業を生計の手段にしている人々だ。彼らは、ほかの従業員と同じモチベーションで動く。その方法が単に営業・販売であるというだけなのだ。

そうした営業担当者であれば、歩合制は必要ない。もちろん正当な報酬は求めるだろうが、それは誰でも同じことだ。歩合制なしで働く営業担当者は、ほかの従業員が職場に対して求めるのと同じものを求める。個人プレーをしたがるのではなく、何かの一員として動きたいと考えるようになる。自分たちをチームの貴重なメンバーとして扱ってくれる会社のために、勤務時間を捧げたいと考える。

そもそも、歩合制でものを売っているとチームのメンバーにはなれない。報酬を得る方法からして当然のことなのだが、自分だけの自営業をやっているような形になるからだ。残念なことに、その弊害に気づかない営業担当者は少なくない。歩合制に慣れてしまって、その慣例で働くのが当たり前になっている。営業の仕事で面接を受けるときも、まず「コミッションはどれくらいで、そのうちどれくらいが前払いですか」と知りたがる。こちらが前もって給料制であることを提示すると、妙な顔をするだろう。私はそこでムリに争わないようにしている。相手の準備が整っていないうちに、こちらのシステムに押し込めようとして、優秀な営業候補者を失いたくはないからだ。給与制のよさを教えるのは私の仕事だし、それには時間がかかる。

そこで我が社では、彼らにとってなじみのある方法、すなわち、給料プラス歩合制で新規雇用を始めることにした。二年もすれば、継続して雇用しつづけたい人材であるかどうかわかる。その時点で私が個人的にその人物のところに行き、こう話す。

「きみはこの会社に来て二年になる。ずっと勤めつづけてもらいたいと思っている。きみが得ている歩合を会社が買い取り、昇給として払う形にしたいんだが。そうすればきみは収入が下がるわけではないし、見返りとして安定を得る。今年はうまく行きそうだと思うなら、私は喜んで、きみの一年間の給料を保証しよう。ずば抜けていい成績をあげたとしたら、翌年はもっと上げよう。同様に、景気が悪くなって業績が下がったとしよう。収入が大きく落ち込む心配はしなくていい。給料はちゃんと入りつづける。長く勤めてほしいから、きみにそうした保障を提供したいのだ」

それから、毎年の給与査定について理解されていない場合が多いので、説明する。査定では、まず過去一年間の会社の業績を評価し、翌年の業績予測を立てる。その評価に基づき、昇給の幅を定める。誰の昇給額もその範囲に納まるのだが、個々人の業績によって、大きく昇給する場合と小さく昇給する場合がある。

ゆえに、営業担当者もほかの従業員と同じく、会社の成功と、個人の貢献の両方で見返りを受ける。理屈は単純である。営業の「考え方」を変えさせたいのだ。売り込みだけではなく、ほかの従業員と協力して顧客の問題を解決したり、売掛金回収の手伝いをしたり、即座に売上に結びつくわけではない重要なプロジェクトに時間を割くなど、会社にとってベストなことに主眼を置くようになってほしいのである。

そうした作業を経て、本格的に会社というチームのメンバーになることによって、営業担当者は歩合制のままで仕事を続けていた場合よりも、長期的には多くの儲けを得る。私はそう説明した上で、さらに、将来的には今より長い休暇が取れるようになると教える。顧客を長期にわたって放っておいたらまずいのではないかと心配する必要がなくなるからだ。問題があってもチームの誰かが必ず対処してくれる。何より、順調な会社の一員であるという満足感、景気が傾いても食い扶持のために転職しなくていいという安心感を持てるようになる。

こうしたことは間違いなく真実なのだが、しかし、なかなか納得してもらえない場合もある。たとえばパティ・カナー・ポストという有能な営業担当者は何年も歩合制を固持した。だが最終的には、給料制への切り替えを申し出てくれた。

私が給料制を主体とする営業戦力を持つようになって、もう二十年近くになる。それを踏まえて、今の私は、我々が編み出したシステムは本当に効果があると断言したい。誰にとっても良い結果につながっているのだが、中でも一番の恩恵にあずかっているのは誰か、考えるまでもない。私だ。私は、団結力ある会社の経営者となった。協力しあい、同じ方向に向かって努力する部下を持つ身となった。営業担当者が離職して顧客を引っ張っていってしまう可能性をおろおろ心配して時間をムダにするのはよそうと努めているが、昨今ではそうした考えは頭に浮かびもしなくなった。想像するのも難しいくらいだ。心の平穏、それこそ最大の収穫ではないだろうか。

誰もがセールスマンとなる

営業・販売はチームプレーだと述べた。チームというのは単に営業部のチームのことではない。私はかねてより、どんな会社でも全員がセールスマンだと信じている。それはつまり、誰もが営業・販売プロセスにおいて何らかの役割を果たしている、という意味だ。業務担当であれ、カスタマーサービスであれ、たとえ経理であっても、顧客に対して大きな影響を与えている。その影響が、良くも悪くも、営業チームの成約と顧客維持の可否を左右するのだ。とはいえ、それは間接的な影響だと私は長いこと信じていた。営業部以外の人間が新規顧客の獲得にどれほど直接的な影響をもたらすものか、想像もしていなかった。だがあるとき従業員から、営業に対する見方が変わる貴重な教訓を与えられたのだ。

実は、きっかけを作ったのは私の妻のエレーンだった。一部の顧客から、我が社の電話応対について苦情が寄せられていたのだ。人事部をはじめとして、さまざまな業務にかかわっているエレーンは、この問題をどうにかしなければならないと考えた。そこで電話応対のトレーニングを請け負う会社を見つけ、トレーナーを呼んで三日間のワークショップを開催することにした。研修会社によれば、誰でもこのトレーニングで得るものがあるというので、エレーンは六十人の正社員全員と、アルバイトの半数を受講対象者にした。

結構な出費だった。トレーナーに一万ドル、加えて参加者は勤務時間内に参加するのだから、実質的にコストがかかっている。それでどれだけの成果が得られるものか、私は懐疑的だった。行動に長期的な変化をもたらすのは本当に難しい。効果が持続するのはせいぜい三週間だろう。とはいえ、新しいものごとに挑戦する人の気持ちをくじくような真似はしたくないし、エレーンはこれと決めたら揺るがないタイプなので、そのままやらせることにした。

我が社ではそういったトレーニングをしたことがなかったので、従業員の反応に興味があったことも認めなくてはならない。従業員のほとんどは近くの低所得地域に住んでいるため、何らかの教育を受ける機会は滅多にない。それにもかかわらず、彼らはごく自然にトレーニングに取り組んだ。新しい仕事のスキルを学べる機会ができて喜んでいたのだ。トレーナーがテーマに応じた指導をすると、従業員は身を乗り出して聞き入り、すべてを吸収した。

一方エレーンは、この勢いを持続させる方法を模索した。アンケートを用意して、従業員に、学んだ内容や一番楽しかったこと、サポートが足りなかった点などについて報告させた。それに加えて研修会社から十六本の短い学習ビデオを購入。ビデオを使って、社内でさらなるディスカッションを盛り上げていくつもりだったが、その具体的な手法が見えていたわけではなかった。エレーンは過去に教師をしていたが、社員教育の経験はないので、実践しながら試行錯誤していくしかない。そこで隔週で五時間のセッションを開き、各回に十二人を参加させることにした。セッションではビデオを見せ、テーマについて参加者の議論を促す。それからもう一つ、結果的には重要な意味を持つルールを作った。各セッションに、ばらばらの部署の従業員を集めて、グループ構成がつねに変化するようにしたのだ。単に通常の業務で接点を持たない従業員が触れ合えるようにしよう、という発想だった。そこから何か面白いことが起きるかもしれない、と妻は期待していた。

私はセッションには参加しなかったのだが、エレーンが帰宅後に状況を説明してくれた。従業員が示した熱意、そこで生まれた仲間意識に対して、妻は興奮を隠せない様子だった。参加者は招集されたことを喜び、進んで話をしたという。自分が顧客として体験したエピソード、社外で学んだテクニックの応用方法、以前に社内で起こった出来事など。たとえばあるセッションでは、デニスというカスタマーサービス係が、倉庫作業員のクリスの名を挙げて称賛した。デニスによると、その前の週のクリスが、正しい顧客に正しい箱が時間通りに配送されるよう特別に尽力していたのだという。荷物が届いて顧客は安心し、会社の仕事ぶりを褒めたたえた。クリス本人はもちろん、ほかのメンバーもその話を耳にしていなかったので、デニスはぜひ顧客からいただいた言葉を皆に知らせたいと思ったのだった。

他部署の従業員同士でこうした結びつきが生まれたのは、そのプログラムの最大の成果の一つだった。それまでもチーム意識を構築しようと努力していたが、従業員が一部屋で顔を合わせて話す機会を持つまでは、なかなか意識が浸透しなかったのだ。ところが突然に彼らは互いに顔と名前を結びつけられるようになった。同僚が解決しなければならない問題を理解し、会社全体の仕事の流れを把握した。ドライバーがどれほどカスタマーサービスに頼っているのか、カスタマーサービスがどれほど倉庫作業者に頼っているのか、急にはっきりと見えるようになったのだ。そうして従業員たちは、目の前の仕事だけに集中するのではなく、会社を全体としてとらえるようになった。

エレーンは、このセッションを、顧客サービス力の補強に活用した。「皆さんのお給料は、私が払っているわけではありません」と彼女はよく口にした。

「お客様が払っているんですよ。ただ、私を経由しているだけです」

そう言っては、保管する箱の数が目標数に達するたびに出るボーナスや、従業員の積立金を会社が一一〇％に増やす方針などを、皆に思い出させた。

「こうしたことを可能にさせてくれているのは、お客様なのです。夫か誰かが人を案内しているとしたら、それは契約成立前の見込み客です。見込み客には、歓待されていると感じてほしいのです。ただ笑顔を見せて挨拶するだけでもいいんですよ」

結果が目に見えるようになるまで、さほど時間はかからなかった。苦情の数は一気に減少した。新しい従業員を雇ったのかと聞かれるようになった。その一方で、顧客から賛辞の言葉をいただく機会も増えた。それまでエレーンは、お褒めの言葉をもらった従業員には二五ドルの報奨を出していたのだが、あまりにも多く受けるようになったので現金では払いきれなくなり、賞状や試合観戦チケットに切り替えた。賛辞はますます増えつづけ、プログラム開始から半年間で、それまでの十四年間に受けた数よりも多い称賛のコメント、電話、手紙を受けとったのである。

私は驚いた。これほど変わるとは信じられない、と妻に言った。顧客への態度が好転しただけではなく、従業員同士の接し方も歴然と良くなった。エレーンの説明によると、セッションで、社内外双方に対するサービスの重要性について話し合ったのだという。参加者にとっては、その議論が強く印象に残ったらしい。顧客の特殊な要望に応じる能力にも違いが表れた。たとえばある顧客が、多数のファイルを急いで取り寄せたがっているとしよう。昔なら、私や別の幹部が特別に取り計らわなければならず、必然的に通常のシステムを中断させ、混乱させてしまっていた。だが社内に生まれた新しいチームプレーにおいては、従業員が自分たちで調整しあい、そうした要望にスムーズに応じられるようにして、不要な問題を発生させなくなったのである。

だが、変化の効果が最もはっきりと表れたのは、我が社の起用を検討していた見込み客の様子だった。以前から成約前の客にはこちらの作業環境を見てもらっていたのだが、その一環として、見学者を倉庫のある場所にお連れするようにしていた。「箱数ゲーム」の進捗を示す図やグラフが掲示されている場所だ。保管する箱の総数が目標に達すれば、従業員にはボーナスが出る。客からは、「私もここで採用してくれませんかね？」とよく言われたものだった。ある一人の新規顧客は、箱数が目標に達して従業員がボーナスを受けとれるように、という気持ちから五〇〇〇箱を預ける決断をした旨を手紙で伝えてきたほどだ。顧客が我が社との契約を決めるにあたり、従業員の存在が後押しになることには気づいていたが、それがどれほど大きな役割を果たしうるか実感したのは、エレーンのトレーニングプログラムの効果が見えはじめてからだった。

従業員の役割が決定的に明らかになったのは、ある日の午後、社長のルイスが顧客に我が社の施設を案内し、幹部オフィスに戻ってきたときのことだ。見学の最後に顔を合わせる約束だったので、私のオフィスに招き入れ、椅子を勧めた。ほかの業者も検討しているかと尋ねると、その見込み客は

「ええ、二社ほど」と答え、我が社の主たるライバル会社の名前を挙げた。

いつもの私なら、他社に対する称賛の言葉を述べ、どちらと契約してもご満足されるでしょう、と言う。その上で、我が社と契約してくださったほうが、もっとご満足いただけると思いますよ、と促す。しかしこのときは、なぜか、別の言い方をしてみようと考えた。「そちらの会社と弊社のあいだで、何か違いは見つかりましたか？」と尋ねたのだ。

顧客は「ええ」と答えた。「こちらの社員は皆さん笑顔で、皆さん挨拶をしてくれました。こんな光景は見たことがありませんよ。本当に満足して働いているのですね」

「そうだと思います。気づいてくださってありがとうございます」

すると顧客は、「これが理由で、御社に仕事をお願いしようともう決めたんです」と言ったのだ。私はあっけにとられた。その場で契約が決まることなど、ほとんど一度もなかったからだ。

「それはよかった。正しい選択をなさったと思います」と、私は言った。

この出来事についてあとからじっくり考えてみて、長いあいだ自分が勘違いをしてきたことに気づいた。文書保管サービスの契約を決めるのは、顧客企業の経営者やCEOだと決めつけていたのだ。実際には、重要な役割を果たすのは顧客の一般社員だった。最終判断の権限はないとしても、判断のもとになる全情報をボスに提供するのは彼らだ。自分も一従業員なので、相手企業の従業員の様子に気づきやすい。だからこそ、我が社の社風にあれほど好意的な反応を示してくれたのだ。

倉庫作業の従業員であっても成約を導くこともある。あれ以降、私は可能な限りそうしたチャンスを彼らに与えられるように意識している。

▶ノームに聞け！

親愛なるノーム

あなたは以前、事業を適切に経営したいなら、離職する従業員が顧客を引っ張っていかないようにするべきだ、とおっしゃっていましたよね。その点で、私はどこがどう間違っているのでしょうか。プロジェクトマネージャーやセールス担当者には、顧客サービスに関するかなりの自由を与えているのですが、１年か２年したら、みんな顧客口座ごと去っていってしまうのです。そのたびごとに、税務署から通知を受けとるときのような、胃の痛くなる思いを味わいます。

チャールズ

チャールズへ

まず、採用プロセスを見直すことから始めましょう。長期的に勤めてくれる営業担当者を見つける力を、もっとちゃんと身につけたほうがよさそうです。また、先を見越す力も必要です。そしてあなたも、部下と一緒に顧客と継続的な接点を持たなければいけません。それが、顧客を営業担当者ではなく会社と結びつける唯一の方法なのです。たとえば私は、営業の人たちの気持ちを逆なでしないよう注意しながら、営業に同行することもあります。私が客先に足を運べば競争上のアドバンテージになるので、営業のみんなも喜んでくれます。もし彼らがそうした手法に反対するとしたら、理由はただ１つ、心の底では会社の利益を考えていない場合だけですよ。

ノーム

まとめ——真の「損益」を決めるポイント

❶ 営業・販売担当者は、市場における自分の代理人だ。よい代理人になってくれる人材を確実に選ぶこと。

❷ やり手セールスマンや、未来の起業家タイプには注意する。それから同じ業界の営業だった人間は雇わないこと。

❸ 歩合制は会社を分裂させ、チーム形成をさまたげる。必然性がない限りは歩合制にせず、できるだけ早く給料プラス賞与制に切り替えること。

❹ 少なくとも間接的に、全従業員が必ず売上に関与している。トレーニングをすれば、直接的な影響力を持つ方法を教えられる。

第十五章　助けを借りる

ここまでの章で、会社を立ち上げ、成長させるにあたって関連してくるさまざまな活動、手法、指針について考えてきた。だが、事業の成長段階を問わず発生する課題がある。それは、よいアドバイスを得るという課題だ。他人に相談したり、話を聞いてもらったり、アドバイスや別の視点を示してもらったり、どうしても他人の助けを必要とする状況は必ず出てくる。私たちの目がさまざまな要因に曇らされ、しなければならないことが見えなくなっているとしたら、そうした制約に縛られていない人物の助けを求めなければならない。多くの場合、それは社内では見つからない。

状況が切羽詰まっていなくても、外部の視点を得られれば役に立つ。頭が爆発しそうになっている際には特に貴重だ。自分が問題だと思っているものが、実は本当の問題ではなく、ゆえに解決策だと思ったものも実は適切な解決策ではないかもしれない。そうしたズレが生じる理由の一つは、あまりにも問題に近づきすぎてしまっていて、引いた目線で全体像をとらえられなくなっているからだ。ある部分で何かが間違っていると気づきながら、それを別の部分で起こっていることと結びつけられない。だから別の場所に眠っている解決策も見逃してしまう。それに、人は自分の性格や能力に合わせて、自分になじみのある解決策を探してしまう傾向があるのではないだろうか。エンジニアは技術的ソリューションを探す。会計士は財務的ソリューションを探す。営業・販売担当者はセールス関連のソリューションを探しにいく。たとえ、問題がセールスとは関連がなかったとしても、だ。

第十一章で触れたマイク・ベイチャーの例を挙げよう。初めて会ったとき、彼の経営するトラック輸送業の業績は、年商一七〇万ドル前後だった。十年後には、輸送と倉庫の提供で年間売上高が一一〇〇万ドルになっていた。フリーランスを含む数名のドライバーを雇い、ニュージャージーの港で巨大な出荷コンテナをピックアップし、指定された倉庫に運んで、そこで荷ほどきをする。マイク自身が所有している倉庫もいくつかあって、一部の顧客に保管サービスを提供していた。それ以外の顧客は自前の保管場所を持っていた。

あるときマイクが、この「自前の保管場所を持っている顧客」について頭を悩ませながら、私に会いに来た。営業担当者を増やそうと思っているのだという。その理由としてマイクは、倉庫を利用せずピックアップと輸送のサービスだけを使っている顧客に関して、いろいろと面倒なことになっていると説明した。空にしたコンテナを五日以内に港に返却する決まりで、遅れるとコンテナを所有する輸送会社から延滞料金を請求されるのだが、自社で倉庫を持つ顧客はなかなか荷ほどきをしないので、延滞金が発生しやすいのだという。延滞料金は輸送会社によって、一日六五ドルから一二五ドルにもなる。マイクの倉庫に荷物が届けば、スタッフが即座に荷ほどきをするので、問題は生じなかった。しかし倉庫を持つ顧客は五日目のぎりぎりの時間まで待たせるので、マイクの会社のドライバーが空いたコンテナを港へ戻すのが輸送会社の業務時間後になり、結果的に一日分の延滞料金をマイクが払うことになってしまう。

「その料金を顧客に実費請求できないのか?」と私は尋ねた。

「そうしようとしているんです、でも、難しくて。向こうは、『何を言ってるんだ? こっちは決まりどおり五日でコンテナを空けたじゃないか。おたくがそれを時間内に戻せなかったからって、それはこっちの問題じゃない』と言うんです。どうにもできません。競争の激しい業界なんです。延滞料をカバーするよう迫ったとしたら、その顧客口座を失ってしまいますよ」

「事前に電話して、問題が生じる前に荷ほどきしてくれるよう催促する、という手は?」

　私が提案すると、マイクは「ええ、それはいいかもしれません」と答えた。

「でも、輸送サービスにはほかにも問題があるんです。ドライバーから書類を受けとってからでないと請求を立てられないんですが、ドライバーが時間どおりに書類を出さないんですよ。しょっちゅう私のほうから取りに出向いて、やっと出させているんです。フリーランスのドライバーの場合は、書類を出さなければ給料が出ないので、多少なりと圧力をかけられるんですが、社員にはガミガミ言うしかありません。それがイヤなんです」

　彼の言うことはよくわかった。我が社で使っているドライバーに関しても、同じ問題を抱えていたからだ。「それで、この問題と、営業を雇うという話と、どう関連があるんだ?」と私は問いかけた。

「もっと倉庫サービスを売り込みたいんです。保管だけじゃなくて、付加価値サービスもつけます。ピックアップとパッキングもしますよ、といったふうに」

　マイクは、有料でコンテナの中身の取り扱いまで任されるようにしたい、と考えていた。たとえば衣料品関連のチェーン店が、シャツやワンピースといった荷物を中国から受けとっているとする。マイクの会社が業務を請け負い、商品用のハンガーをつけ、値札をつけ、ビニール袋に入れ、さまざまな店にさまざまなタイプやサイズを納入する。マイクが考える付加価値とはそういうものだった。このビジネスを増強できれば、頭痛のタネとなっている輸送サービスからは手を引くことができる。

　ここで少し、背景となる情報を説明しておこう。マイクの父が経営していた頃は、会社は純粋に輸送業だけで経営していた。父子は必要に迫られて小さな倉庫を一軒だけ持っていた。港でコンテナをピックアップして、空いたコンテナを業務時間内に戻せなかった場合に、一晩置いておく場所が必要だったからだ。それに加えて、保管場所を提供してほしい、ムリだったら別の業者を選ぶ、と言ってくる顧客も多少はあった。

事業を引き継いだマイクは方向転換を図り、倉庫ビジネスを拡大しはじめた。そうせねばならなかったからではなく、そうしたかったからだ。倉庫は輸送業を補強する実入りの良いサービスだと考えていた。顧客には、ほかのベンダーに頼んだり社内でやったりするよりも効率的に倉庫管理をしますよ、と伝えた。そして徐々に倉庫ビジネスが成長していった。私に会いに来たときには、四軒の倉庫を所有し、遠からずさらにもう一カ所増やそうとしていた。

しかし、マイクが今後の主要業務に考えているサービスは、それとはまったく異なるものだった。新しいプランでは、保管ではなく付加価値サービスに完全に主眼を置くことになる。つまり、まるっきり新しいタイプの顧客を探すようになるという意味だ。私は「これまで、どうやって倉庫サービスの顧客を獲得してきたのかな？」と尋ねた。

「港でのピックアップ・サービスからですよ。倉庫に一時的に空きがない顧客とか、自前の倉庫を持ちたくない顧客の業務を受託していったんです」

「なるほど。それがきみの新規取引先獲得方法だとしたら、そのための場所を手放したくないはずだ。そうだろう？　顧客を獲得して売上をあげる手法を確立しているのに、なぜそれをあきらめるんだ？業界では、きみのところが最大手なのか？」

「まさか、違いますよ」とマイクは言った。「うちは、一番小さいほうの部類に入ります」

「だったら、まだ声をかけたこともない潜在顧客が多数いるというのに、どうして輸送業を縮小してしまうんだ？」

マイクは返答につまる。私は重ねて、「ちなみに、今は誰が営業活動をしているのかな?」と問いかけた。

「私です。でも、さっき言ったような問題に対処しなくちゃならないせいで、ほとんど営業の時間がとれていないんですよ」

「では、きみが一番好きな仕事は?」

するとマイクは、一瞬のためらいも見せずに「営業ですよ、大好きです!」と答えた。「本当に好きだと思っています。もっと営業活動に時間をかけられたら、と思うんです」

つまり、ここに営業活動を愛する男がいて、それなのに誰か別の人材を雇ってその仕事をやらせようとしているわけだ。しかも一般的な企業では、営業担当者を雇用してから、その人物による売上が出るまでには、かなりのタイムラグが生じる。特にサービス業では時間差が大きい。何より、先ほどのアイディアでは、マイクはこれまで試したこともないセールスアプローチを採ることになる、付加価値サービスを売り込むのは、運搬業を請け負っている企業に倉庫スペースを売り込むのとはわけが違う。まったく新しい事業に乗り出すに等しい。もちろん、状況によっては問題ないだろう。仮にマイクが次のように言っていたとしたら、私も別の反応を返したはずだ。

「これまでの事業部門だけでは売り込みが厳しくなっているので、新しい事業部門を開きたいと思うんです。それなりの市場シェアを押さえていますし、これからもできる限り売り込んでいくつもりですが、何か新しいことにもチャレンジしてみるタイミングだと思うんです」

あるいは、「顧客がその新サービスを求めているから」とか、「利益率が良いから」とか、さもなければ「それほどの時間とお金を投資しなくても、そのサービスを提供することができるから」といった主旨の意見が彼の口から出ていれば、私の反応も違っていた。だが、繁盛している事業にまだまだ成長の余地がふんだんにあるというのに、そこに面倒のタネがあるからという理由で新事業に手を出すなど、まったくもって筋が通らないではないか。

私は、「マイク。きみが考えていない別のアプローチがある」と語りかけた。

「私もきみと同じセールスマンだし、私もそうした揉めごとにかかずらわるのはイヤだ。だから私は、自分の周りに、細部に気の回る人材を配置している。顧客にコンテナを空けるよう催促したり、ドライバーに書類を提出させたり、そういったこまごまとした配慮をするのを喜ぶ人材だ。彼らはそういう作業が得意だし、営業担当者よりも低い賃金ベースでスタートする。それに、数日もすればコツをつかむだろう。セールスマンを育てるのに三カ月も四カ月もかかるのとは違う」

実際のところ、マイクには正社員を雇う必要性すらなかった。放課後にアルバイトをする大学生を一人見つければ事が足りる。週に七〇〇ドルから八〇〇ドルも払わずに、三〇〇ドルから四〇〇ドル程度で、今のマイクの生活を侵食している腹立ちのタネを、抹消とまでは言わないまでも大きく減らすことができるだろう。同時に、彼には営業活動に出る自由が生まれる。

きわめてシンプルな解決策だ。マイクには見えていなかったようだが、それは私にとって驚きではなかった。企業家の大半がそうであるように、彼は本来セールスマンだ。セールスマンがビジネスで問題を抱えると、反射的に売上を増やす方法を探そうとする。昔からよく言われるように、「それなりの売上さえ出れば、問題の大半は押し流してしまえる」からだ。それに、進行管理者や経理・事務員を「非生産的」従業員だと考えてしまう傾向がある。だが、こうした裏方の仕事は、そもそもの成約を取りつけることと同じくらいに重要なのだ。既存顧客を維持するのは、彼らの尽力のおかげだ。書類が時間どおりに揃わないせいで請求が遅れれば、顧客は気分を害する。自社に責任があるかどうかわからない、しかも警告もされなければ回避の方法も説明されていなかった罰金を請求されれば、顧客は気分を害する。顧客が気分を害したらどんな結末になるか、誰もがよく知っているはずだ。

マイクが本当に営業担当者を雇わなければならない時期も、いずれ必ず来るだろう。だが、その必然性はマイクがビジネスチャンスとして自覚している機会、あるいは追求したいと思っている機会から生じるべきものであって、事業運営に対する苛立ちから生じるべきものではない。

アドバイスも人によりけり

外部の視点が重要となる場合は多い。だが、ビジネス上のアドバイスを求める相手としてふさわしくない職種というのも存在するのだ。その筆頭として、私は経理担当者や会計士を挙げたい。どうか誤解しないでいただきたいのだが、経理や会計を預かる人々に対して反感を持っているわけではない。私も会計の訓練を受けたし、彼らが重要な役割を果たしていることはよくわかっている。だが、事業判断のアドバイスを得るにあたり、会計士のもとを訪れるのは、ほとんど一〇〇％間違いだ。会計士は基本的にこれまでの履歴を重要視する。そういうトレーニングを受けてきたのだし、そういう考え方をする。過去に起きたことを説明させれば、彼らは実に優れた能力を発揮する。だが、未来の出来事を決める能力は、求めるだけムダだ。彼らは確認すべきポイントもわからないし、こちらが求める結果を出す方法など見当もつかない。

ケンという名の若き企業家の例で考えてみたい。彼はキャッシュフローに問題を抱えていて、私の助けを求めて連絡してきた。話を聞くと、彼は新規に立ち上げた事業に関連した書籍を制作し、印刷会社に二万五〇〇〇ドルの支払い義務があった。この本は毎年新しい版が出て、対象読者であるニューヨーク市内のレストラン経営者のもとに直接届けられる。内容は、レストラン経営の認可取得、キッチンサプライの購買、下請け業者に関する情報などだ。広告スペースの販売で一部の収入を得ていたが、主な収益源はシェフやレストランによる購入だった。問題は、充分な数が売れていなかったことだ。印刷した一万部のうち、八五〇〇部ほどが残ってしまい、情報は古くなりはじめていた。

そのため、ケンは非常に厳しい状況に陥っていた。売上金は入らない。倉庫には売れない本が山と積まれている。印刷会社は、料金を払わないなら法的措置に出ると脅してくる。一方で、すぐにも同じ本の新しい版の制作にとりかからなければならなかった。そうしなければ倒産だ。だが、新しい版を作っても、どうやってそれを印刷してもらう? 最初の印刷会社に訴えられたら、どうしたらい い? どんな結末になるのか、ケンには想像もつかなかった。彼は誠実で一生懸命な二十代前半の若者なのだ。訴えられた経験などない。そんなことが起こりうると想定したことすらない。告訴されるかもしれないというのは、彼にとっては本当に衝撃的な状況だった。パニックにはまだなっていなかったが、動揺していた。私は彼を落ち着かせ、解決策を見つける手助けをすると言った。

ビジネス経験のある者から見れば、ケンがこうした苦境に陥ってしまった経緯は明らかだ。彼の足をすくったのは過度な楽観主義だった。数字をきちんと把握していれば、現実に立ち戻り、過度な楽観主義に襲われないで済む。だが正しい数字を知るには正しい問いかけをしなければならないし、そのためには感情を交えずに正しいポイントを確認させることのできる、外部の人間の助けが必要だ。ケンは、レストラン業界年鑑が一万部売れると考えていた。そうした業界年鑑の一般的な商戦期間を尋ねると、ケンは「四カ月くらいです」と答えた。つまり、週に七日働くとしても、一二〇日間で売り切らなくてはならない。ということは、一日平均八十三冊だ。そんなことが可能だろうか? ケンは、ダイレクトメールでいくらか売れるだろうと考えていた。ニューヨークには一万二〇〇〇軒のレストランがある。ダイレクトメールへの反応率がとんでもなく良かったとして(仮に五%と考えてみよう）、それでもまだ六〇〇部しかさばけないことになる。残りの大多数は、自力で売らなければならない。一日に一〇〇件の売り込みの電話をかけて、七八％くらいの成功率を出さなくてはいけないことになる。一日一〇時間働き、一時間に平均一〇本の電話をかける。つまりは六分に一本。不可能だ。スーパーマンだってそんなにうまくはやれない。

では、なぜこうした事実を誰も彼に指摘しなかったのか。事業を始める前に、誰かにアドバイスをあおがなかったのか。「会計士だけです」とケンは答えた。

「会計士に全情報を渡して、キャッシュフロー計算書を作成してもらいました。それによればうまく行くはずだったんです」

公平を期すために言い添えておくが、ここで会計士だけに非があるわけではない。会計士は会計士がやるべきことをやっただけだ。情報をもらい、それを別の形式に仕立て上げてフィードバックする。こちらが提示する予測が過去の業績に基づいたものである限り、会計士はその想定の根拠について疑問を呈したりはしないだろう。そもそも会計士は過去のデータを扱うのが仕事だ。四カ月で一万部を売るつもりだと言えば、彼らはそれを事実として扱う。

ビジネス上のアドバイスが欲しいのなら、一定期間にわたって事業を経営してきた人物のもとへ行くべきだ。しかも、知識を提供する専門職の従事者ではなく、リアルな物品やサービスを販売している経営者でなくてはならない。残念なことに、人はときに活用できるはずの人脈を活用しない。ケンの場合も、映画業界向けの要覧を売っている会社の経営者を知っていた。それなのに相談しなかった。あとになってから、その人物が十年間も事業を続けて、ようやく年に七〇〇〇部の要覧を売れるようになったことを知った。幸いケンの失態は致命的ではなかった。印刷会社には、二五〇〇ドルずつの月賦払いで返済をすると約束した。印刷会社はケンの誠実さを好意的に評価し、次の版も印刷すると同意してくれた。それ以降、ケンは実業家にアドバイスを求めている。会計士には、会計士の得意とする、税金を扱ってもらうことにした。

推定有罪

ビジネスについてのアドバイスを弁護士に求めるのも、また同じようなことではないかと思っている。良い取引が流れたり、有望だった交渉が頓挫してしまったりすれば、たいてい責められるのは弁護士だ。そして多くの場合、彼らには責められるだけの咎《とが》がある。だがここにも目立たぬ犯人がいる。依頼人だ。一〇回のうち九回は、そもそも依頼人が弁護士に事業判断を任せたせいで問題が発生している。弁護士の大多数は、判断を下す役割には向いてないのだ。賢い弁護士はそれを理解しているので、法的なアドバイスを提供するにとどめる。それほど賢くない弁護士は、余計な口を出して事態を混乱させてしまう。

私の知人の例を紹介したい。何年も前から小売店を立ち上げようと頑張っていた人物だ。彼女のことはポリーと呼ぼう。ポリーは約一五〇〇万ドルの資金が必要だと考え、二人の投資家に頼むことにした。彼らは、口では相当の金額を出すつもりがあると言うのだが、一向に投資協定について議論を始めようとしない。当然、資金はまったく入ってこない。一方でポリーは理想的と思える立地を見つけていた。投資家たちにそのことを話すと、彼らはリースの交渉に参加させろと主張した。そこでポリーは、不動産の持ち主との会合に投資家の一人を連れて行った。

だが、それがまずかった。投資家は細部という細部をチェックしたがった。特に、その物件には大幅な改築が必要である点に注目した。基準に達するレベルまで改築するのに一〇〇万ドルかかると見積

▶ノームに聞け！

親愛なるノーム

私たち夫婦はコンサルティング会社を営んでおり、15年にわたって順調に経営しています。このたび、ワインの小売業を始めようと計画しています。顧問委員会が必要だと思っているのですが、どう思いますか？

レスリー

レスリーへ

顧問委員会というのが、定期的に会議を開く公式なグループのことをおっしゃっているのであれば、あなたにそれが必要かどうか怪しく思います。すでに足場を確立した事業を次のレベルに進めたいと思う場合や、経験豊かで先頭に立てる経営陣がいない場合であれば、顧問団の設置は有効です。また、投資家や重要な顧客からの信頼性を高めたい場合も、顧問団は必要かもしれません。しかし、新規立ち上げ事業の大多数にとっては、正式な顧問団を抱えるというのはさまたげにしかならないものです。反対に賢明なのは、経験豊かな企業家からアドバイスをもらうことです。私だったら、ワインの小売業や、類似のビジネス経験のある人をできるだけたくさん探して、相談するでしょう。そのために顧問団を設ける必要はありません。

ノーム

もり、賃料はそれに応じた額に引き下げるべきだと主張した。不動産の持ち主は怒りをにじませて、自分ならその改築作業は二万五〇〇〇ドルでやると言った。会合では終始こうした険悪なやりとりが続き、最後に不動産の持ち主がポリーに向かって言った。「次回は一人で来てください。あなたが決定するんですよね。ほかの人とは話す必要がありません」

ポリーは頭を抱えてしまった。投資家を会合に連れて行くことで契約の折り合いをつけ、同時に多少なりとも投資協定についても話を進められると期待していたのだが、明らかにそうはならなかった。どちらを優先すべきなのだろう？　まるでニワトリと卵だ。投資家は物件契約がまとまらなければ資金は出さない。不動産の持ち主のほうも、彼女に支払い能力があると確信できなければ契約にサインはしない。投資してもらわなければ支払い能力を証明することはできない。

ポリーは、弁護士に相談する必要があると考えた。契約書の作成と検討には必ず弁護士の手を借りていたからだ。リース契約であろうと投資協定であろうと、その点は同じなので、弁護士に相談するのがよかろうと思ったのだ。自分が抱えているジレンマを説明すると、弁護士は、リース契約のほうを先にまとめるべきだと言った。

「資金は限られています。その立地を必ず押さえられると確信する前に、投資協定のほうを進めてしまったら、ムダになるかもしれない契約書の作成費用が発生します。リースのほうが流れてしまったら、あなたは貴重なお金をたくさんドブに捨ててしまうことになりますよ」

この意見はもっともと思えたので、ポリーはリースに関する交渉を始めようと計画をしていた。私に会いにきたのはこのタイミングだ。契約を早くまとめたいと思っている不動産の持ち主と、契約書の一行一行まで精査するべきだと主張する投資家との衝突に、どうやって対応すればいいでしょうかというのが、ポリーの相談内容だった。

私は彼女の話を聞き終えて、言った。

「私は普段、他人に対して『何をするべきだ』という発言はしないのだが、今回は例外にしようと思う。弁護士はビジネスマンではない。あなたの弁護士がくれたアドバイスは、私がこれまで聞いた中でも最悪のアドバイスだ。絶対に、リース契約を優先すべきではない。投資家の書類のほうを先にしなくちゃいけない。そうしないと、請け合ってもいいが、その取引は永久にまとまらない」

明らかに面食らっているポリーに、私はさらに言葉を重ねた。

「きみの話によれば、その有望な投資家は徹底的に交渉するタイプだ。そうだろう?」

ポリーがうなずく。

「それから、不動産の大家は、ものごとをシンプルに片づけたいと思っているタイプだと話してくれたね」

ポリーはそれも肯定する。

「だったら、この状況をビジネスパーソンとしての視点から見てみたい。リースについて交渉していて、サインをする心積もりもできている。リース契約がまとまったら、次は何をする?」

「投資協定をまとめて、投資家たちにサインさせて、資金を得るつもりです」

「徹底的に交渉するタイプの人間に、すぐにサインさせて資金を出させられると期待できるかな?」

「いいえ、それは絶対にムリでしょうね」

「そう。絶対にムリだ。投資家は、そこから投資契約にも修正を入れはじめるだろう。仮に私が投資家だったとしても、同じようにすると思う。それで、大家のほうは、支払いを三十日待ってくれるか?　六十日、九十日と待ってくれそうなのか?」

「あり得ません」

「そうだね。大家は、『カネができてから出直して来い』と言うだろう。それから大急ぎで資金が調達できたとしても、相手に疑惑のタネを植えつけてしまっている。最初にお金はあると言って、それからないと言ったのだから。この人を信頼して、この先一〇年間にわたる賃料の支払いを期待してもいいものか、と大家は思ってしまう。信頼を失ってしまうんだよ。状況が呑み込めたかな？」

ポリーは「見えてきました」と答えた。

「弁護士は、ビジネス上のアドバイスをするべきではない。あなたにムダな出費をさせまいとするのはいいことだが、彼には全体像が見えていないし、かかわっている人たちの性格など考慮に入れていないので、いずれは取引をダメにしてしまう。弁護士が言っているのは『不必要な弁護士費用を払うことはない』というだけのことだ。それは弁護士の考え方であって、ビジネスマンの考えではない。もしそれが私の事業だったとしたら、さっさと投資協定をまとめて、投資家には『サインをお願いします。お預かりする資金は、リースに関する承認が取れるまで、第三機関に預託します。仮に取引がうまく行かなくても、利子を受けとっていただけますよ』と話す。そのうえで、大家に連絡してこう言うことができる。『リース契約がまとまるという前提で、銀行に一〇〇万ドルを預けています。支払いを心配なさる必要はありませんよ』と。だいぶ話が変わってくるだろう？」

「そうですね」とポリーは言った。「私、そんなふうに考えていませんでした」

さらに私が「そもそも、あなたの投資家は、投資で何を得ようとしているんだろうか」と尋ねると、ポリーは「まだ話し合っていません」と言った。

彼女がいかにまずいアドバイスをされていたか、ありありとわかってきた。資金調達の経験がある人なら、「投資する」という言葉と、書面での約束とでは、どれほど大きな違いがあるかよく知っているはずだ。書面での約束と、実際の送金のあいだにすら、大きな溝が横たわっている。最後の最後になって、投資家は約束したお金を出せないありとあらゆる口実を出してくるかもしれない。いわく、「すぐに欲しいとは知らなかった」。「ちょうど今、別の投資の追証が必要になった」。「妻が許してくれない」。「飼い犬に小切手帳を食べられてしまった」。資本調達はポリーが直面している最大のハードルだ。投資家が専用の預金口座に資金を振り込み、関与の意志をはっきりと示すまでは、リース契約に時間をかけるのは意味がない。それに、資金が確保できれば、見つけた建物の契約が成立しなくても別の選択肢が出てくるはずだ。投資家にこう言えばいい。「この不動産取引は流れてしまいました。でも、あなた方がまだ興味を持ってくださるのであれば、別の物件を探します。もちろん、あなた方の承認を得ることが前提ですが」

弁護士はそういうふうには考えない。彼らは依頼人を守ることに主眼を置くよう訓練されている。企業家は目標達成に主眼を置く。弁護士は、依頼人が潜在的な法的不利益をこうむらないようにするのが最大の責務だと思っている。企業家は、ときには法的不利益のリスクを冒さなければ先へ進めないこともあると知っている。とは言うものの、ポリーの弁護士がポリーにまずいアドバイスをしたのが、一〇〇%弁護士の咎だったとは思わない。部分的にはポリー自身の間違いでもあるからだ。弁護士に情報を求めるべきタイミングで、アドバイスを求めてしまった。最終的に行動を決めるのは自分であると理解した上で、この道を選択したらどんな結果になるか、あの道を選択したらどんな結果になるか、と意見を求めるべきだったのだ。なぜポリーはそうしなかったのか。私が思うに、それは、初めて事業を起こす企業家の大半がそうであるように、自分の決定に責任を持つ覚悟ができていなかったせいだ。その責任を真に理解し、受け入れて初めて、アドバイスを求める相手を選ぶ目も生まれる。そうすれば、リスク排除を最優先にする相手にアドバイスを求めに行ったりはしない。

大半の事業判断にはリスクが伴う。それは事実だ。だからこそ企業家が判断しなければならない。

どれだけのリスクなら進んで甘受できるのか、本人以外の誰にわかるというのだろう。不幸なことに、それを理解していない弁護士も少なくないし、ポリーの弁護士も明らかに理解していなかった。弁護士を正しい方向に導き、法的アドバイスの提供と事業判断の境目をはっきりとさせるのは、ポリーの責任だったのだ。そうしなかったことで、彼女は最悪のリスクを抱え込んだ。事業立ち上げの機会を失いかねないというリスクだ。

弁護士は実業家ではない。弁護士も実業家だと思わされてしまう場合が少なくないが、実際には、弁護士の仕事に携わっていると、ビジネスを成功させるために必要な思考の習慣とは正反対の習慣が身につく。弁護士をさげすんだり、貶めようとして言っているわけではない。私も大学を出てからロースクールに通ったし、それは人生でも最高の判断の一つだったと思っている。ロースクールは、ビジネスに役立つさまざまなスキルを教えてくれた。問題を区別し、分析し、解決策を見極める方法を示してくれた。リサーチの方法も学び、必然的に、どんな行動を決断するにあたっても役に立つ専門知識を得た。さらに、法律分野の学歴は、商談にあたって有利にはたらく。法的文書の意味もわかるし、法的問題が生じた際にはその内容が理解できる。それに打ち合わせの場でなにがしかの尊敬を寄せてもらえる。何より重要な点として、弁護士の考え方がわかる。その考え方が、いかに優れた事業判断をさまたげてしまうものであるか、理解できる。

事実、短期間とはいえ法律を学んでいた頃の私にも、先ほど述べたような考え方の癖がついていた。細部に注目し、重箱の隅という隅をつつくことが重要だと学んだ。あとから依頼人を困らせるかもしれないあらゆる潜在的問題を探し、依頼人を確実に守るべきであると学んだ。だがビジネス界に足を踏み入れたときには、まったく別の考え方を身につけなければならなかった。弁護士のように細部にこだわり、小さな範囲に固執する余裕はない。最終的に成否を決める要素、変動しつづける要素をすべて念頭に入れつつ、目標達成のためには積極的に妥協もしなければならない。問題をあらかじめ想定しようと努めるのは変わらなかったが、身を守ろうという目で見るのではなく、対処しようという目で見るようになった。企業家としての私は、トラブルこそ最大の教師になりうると学んだ。トラブルは私を止めるのではなく、私を刺激した。問題を解決し、次へ進むときには、大きなやりがいと喜びを感じたものだった。

幸い、私が法律の世界にいたのはごく短いあいだだったので、こうした発想の転換に対処することができた。弁護士として十年か十五年も過ごせば、実業家的考え方をしはじめるのはきわめて困難になるのではないだろうか。同様に、現時点での私が優れた弁護士になれるとは思いにくい。あまりにも長期にわたってビジネスの世界で過ごし、ビジネスの思考の習慣が深く染みついてしまっている。

だから私は、大きな判断をする前に、必ずベストな法的アドバイスをもらうようにしている。自分が見落としかねないものごとを思い出させてもらわなければならないからだ。だが、起用する弁護士には、たとえば次のように伝えて、必ずはっきりとした共通認識を持つようにする。

「いいかな、とてもシンプルなことなんだ。私があなたに求めているのは、優れた法的アドバイスであって、それ以上でも以下でもない。私が下す判断に伴う法的責任を説明してくれれば、それであなたは私を守ることになる。ビジネス的な見地から行動を指示してもらいたいわけではないのだ。ビジネス上のアドバイスは別の人にもらう」

こうしたルールに従うのが、一部の弁護士にとってはどれほど難しいことであるか。まったく驚くほどだ。ある弁護士からは、最初から負けるとわかっている訴訟に二万ドルの弁護士費用を払うなど正気の沙汰ではない、と言われたことがある。彼は、それは間違った事業判断だと主張していた。私は、その状況に関しては、こちらの意見表明のために二万ドルをかける価値があると確信していた。

二万ドルは、将来に類似の問題に直面する危険を避けるための費用だ。弁護士は受け入れようとしなかったので、私は彼をクビにした。

だが、優れた弁護士であれば、たいていは私の提示する条件をすんなり受け入れてくれる。中でも、長らくつきあっている弁護士のハワードは最高だ。彼は弁護士が企業依頼人のためにするべきことを正確に執り行なう。さまざまな法的条件の意味を説明する。私の法的義務を明らかにし、特定の行動をした場合にそれがどう適用されるか明確に示す。私が取ろうとしているリスクをしっかりと理解させてくれるし、たとえば銀行取引など、別の契約と矛盾する点があれば、それを指摘する。

そうしたタイプの意見こそ、企業家が弁護士からもらうべきものだと私は信じている。もちろん、ビジネスに関して誰かのアドバイスが必要なときというのも一度ならず訪れるだろう。その場合は、経験豊かな実業家にアドバイスをあおぐのだ。そのアドバイスのほうが良質だし、おそらくは時給単位で顧問料も請求されることもない。

安定収入のルール

経験豊かな実業家の助けをあおぐ必要性は、会社の規模が拡大しても消えるものではない。だが私たちの多くは、日常業務ベースでつねに何らかの問題を抱えている。私はシティストレージの成長過程における重要なポイントにさしかかるたびに、ビジネスの基本ルールを適用して問題を解決してきた。そのルールとは、「安定した収入がある限りは、どんなことをやってもいい」というものだ。ここで言う安定収入とは、自分が欲しいと思う額、あるいは必要だと感じる額ですらなくてもかまわない。重要なのは毎週、そして毎月、ある程度の収入を見込めることなのだ。定期的な資金の流入がなければ、目標から始終気が散ってしまう。だが定期的な資金の流入があれば、自分が一番楽しめる仕事、自分が一番能力を発揮できる仕事に打ち込む自由が生まれる。そんなルールは誰でも知っていると思われるかもしれないが、実はそうでもない。飛びぬけて賢く能力の高いビジネスパーソンであっても、その点をわかっていない場合がある。

たとえば、どんな企業でも優れた人材をぜひ幹部としてつなぎとめておきたいと思うだろう。事業経営に携わり、取引をまとめ、知識があり、人脈が広く、会社を次のレベルへと引き上げてくれるような経験豊富な幹部が入社してくれれば、これほど心強いものはない。中小企業の経営者は、そんな人材を抱える金銭的余裕はないと考えるが、私の経験から言って、先に述べた「安定収入のルール」を活用すれば、本来なら手の届かなかったような優秀な人材と契約することも不可能ではないのだ。しかも一銭も余計なコストはかからない。そうした人材が存分に力量を発揮する場を与えさえすれば、彼らは元をとってあまりある成果を出してくれるからだ。

ベン・チトロンの例を紹介したい。彼は、抱えていた二、三の取引をダメにして、かなりの損害を負った。二人の子供の学費もある。突如として金策と職探しの必要性に迫られた彼は、私に雇ってもらえないかと頼みにきたのだった。ベンは商談交渉者としては私が知っている中でも最高の部類に入り、数百万ドル規模の合併をまとめたり、株式上場の手助けをしたり、資本調達をしたり、さまざまな実績を挙げている。過去に多種多様な事業を経営した経験もある。売り込みもできるし、交渉もできる。私にできることはすべてできる。だが彼は「安定収入のルール」を学んでいなかった。だからこそつねに綱渡りの状態で、わずか二件ほどの取引を失敗させただけでも窮地に陥ってしまうのだ。

今回、のっぴきならない窮地に陥った彼を、私はもちろん助けたいと思った。しかし彼を従業員として抱えたとしても、少なくとも一般的な意味では意味がないだろうという確信があった。ベンは一匹狼タイプなのだ。能力に見合った給料（おそらく年収三〇万ドルを超えるだろう）を約束して、どんな仕事をあてがってやったとしても、そこに彼の全神経を集中させる方法などない。もちろんベンは腕を振るってくれるだろうが、遠からず担当の商談を先送りにしはじめ、自分のやりたい取引を追求し、私を激怒させるだろう。そして口論になる。ほかの従業員も不平をもらすようになる。そうなったら最悪だ。

私はよく検討し、一つの提案に行き着いた。

「ベン、私はきみのことをよく知っている。きみに必要なのは仕事ではない。きみが愛する仕事、すなわち交渉人としての仕事に戻れるような安定した収入が必要なんだ。きみを雇うつもりだが、正社員としては雇わない。私のために特定のプロジェクトをやってもらう。私の直属で働くんだ。スケジュールは自分で決めていい。私のプロジェクトをしっかり取り仕切ってくれる限りは、社外で好きなように活動していい。見返りとして、きみがまとめた全契約の一パーセントを我が社に入れてほしい」

これはあまり褒められた提案ではない、というのはわかっていた。たとえパートタイムだとしても、ベンには数十万ドルの年収を払うことになるので、会社としては何とかしてその元を取らなければならない。それがムリなら雇ってはいけない。ベンには何か別の方法で手を貸す道を探すべきだったかもしれない。

だが、ちょうどその少し前に、我が社はニューヨーク州立裁判所と大口の契約をまとめていた。年間売上高二五万ドル相当の契約だ。その領域で取引先を開拓していく人材が必要だった。最高裁判所の職員とも打ち合わせができ、契約をした部署以外にも我が社のサービスを売り込んでくれる人材。ベンが現れなかったとしたら、年収五万ドルで別の営業担当者を雇っていただろう。そう考えればべンに払う金額は多すぎることになる。だが、私には結果がわかっていた。長期的には、ベンは年収総額の三倍から四倍にものぼる利益を出してくれるはずだ。

結果から言えば、彼は私を失望させなかった。八カ月も経たないうちに裁判所との取引を拡大し、年収を充分にカバーする売上を出した。しかも、その後も精力的に活動を続け、莫大な分け前を我が社にもたらした。ベンが担当した事業は四年間で年間売上高二五万ドルから一〇〇万ドルへと成長した。その大部分が彼の功績だ。一方で二件の大口顧客との契約をまとめ、資金調達も手助けしてくれた。彼がいなかったら、社外から誰かを雇ってその契約にあたらせていただろうし、だとしたら約五万ドルのコストがかかっている。さらにベンは、低所得者層の雇用創出を目指す市当局のプログラムを活用して、新倉庫の建設用に八〇万ドルの助成金をとりつけた。

のちに私が、右腕となるサム・カプランを雇ったときにも、ベンのときと同様のアプローチを採っている。だが、ベンよりサムのほうが落とすのは簡単だった。サムはすでに「安定収入のルール」を知っていたからだ。実際、彼はものの五分で元をとらせてくれた。当時の我が社は新施設を建設したいと考えていたのだが、充分な資金が調達できない。意見を求めたところ、サムは計画書にざっと目を通して、二、三の単純な変更を提案した。すると二カ月で資金調達のめどがついた。彼の意見がなければ、必要な敷地を賃貸で確保しなければならなかったはずだ。サムの意見は少なくとも年間一〇万ドル、しかも十年間分におよぶ節約につながった。ここまで言えば、あとは説明しなくてもおわかりだろう。

そういうわけで私は、通常なら数百万ドルから数千万ドルの料金がかかるアドバイスやサービスを提供してくれる二人の一流の人材を確保したというわけだった。おかげで事業は三十年にわたって存続しているし、サムやベンという友人もできた。しかし、似たような能力を持った人材はそこらじゅうに存在している。昨今の国内を見回せば、事業を売却したもののまだ引退には早い経営者や、自分の商談能力を発揮できる場を探している経験豊富な実業家はたやすく見つかるだろう。

中小企業はそうした人材の重要性を軽視しがちである。ここで言っているのは、創業まもない若い企業のことではない。新興企業には師となる存在、おそらくは顧問団が必要だ。たとえば年商五〇〇万ドル以上のサービス会社のようにすでにある程度の規模で足場を築いた企業の場合、アドバイスをするだけではなく、実際に業務を遂行できる幹部が必要だ。事業が直面している大きな問題を相談できる人材が、会社の内部にいなくてはならない。難しいのはそうした幹部を維持するために、ときには経営者のニーズを後回しにして彼らのニーズに応えなければならないことだ。経営者は、そうした人材がハッピーでいられる環境を作らなくてはならない。彼らは報恩の気持ちとか、忠誠心とか、あるいは働き口が必要だという理由で、仕事を続けるわけではない。儲けを出し、しかも楽しんで働けるという場合のみ、彼らはとどまってくれる。

そうした人材のことも、個人事業主は考慮すべきである。彼らを雇うのは、一つの会社に投資するのと同じことなのだ。見返りを得たかったら、彼らが彼らのビジネスをやっていく自由を与えなくてはならない。これはなまやさしいことではないだろう。少なくとも私には難しかった。ベンにはたびたび腹を立てた。彼は自分の気が向いたときだけ姿を見せる。自分のスケジュールで、自分のアイディアで、自分のやり方で仕事を進める。これがたまらなく苛立たしかった。帰宅して、妻のエレーンに「まったくバカなヤツだ！　あいつのやっていることはめちゃめちゃだ」と愚痴をこぼしたりもした。彼のやり方に耐えるのが、何より大変な部分だった。考えてみればおかしなものだ。フレッシュな視点が欲しいという理由で、才能ある創造性豊かな人材を雇っておきながら、いざそれが提供されると、すんなりと受け入れられないものである。

最終的に、ベンは自分のプロジェクトを進めるために辞めていったが、その時点までに、莫大でしかも長期的に効果の続く貢献を会社のためになしてくれた。一方のサムは、会社にとどまる道を選び、私の共同経営者になった。

▶ノームに聞け！

親愛なるノーム

わたくし共は小さな会社ですが、経験豊かな企業家に経営に加わってほしいと思っています。中小企業支援団体SCOREの支部を訪ねてみたり、クチコミに頼ったり、インターネットでも探したりしましたが、すべて空振りです。どうしたらいいのでしょうか。

ドナルド

ドナルドへ

手っ取り早く確実な解決策をお教えすることはできません。でも、がっかりなさらないでください。優れた人材を見つけるのは、つねに時間がかかるものなのです。１つコツをお教えしましょう。あなたが求めている人材は、おそらく、職探しをしていません。退職しているかもしれませんし、何らかのプロジェクトの途中かもしれません。今やっていることに退屈しているかもしれません。彼らが仕事を探すとしたら、おそらく友人に尋ねるのではないでしょうか。だからあなたも人脈を活用すべきです。顧客、外注業者、銀行、その他知り合いの企業家などに相談してみましょう。いずれは誰かが現れると思います。

ノーム

まとめ――真の「損益」を決めるポイント

❶ 問題を抱えているときは、外部の視点を入れて、本当の問題を確実に理解し、適切な解決策を見つけること。

❷ 会計士は過去の経緯を説明するのは得意だが、彼らにビジネス上のアドバイスを求めてはいけない。経験豊かな実業家にアドバイスを仰ぐこと。

❸ 弁護士の仕事は、経営者の判断や一連の行動によって生じうる法的責任について説明することだ。ビジネス上のアドバイスをすることではない。

❹ 中小企業でも一流の幹部を抱えることはできる。彼らが利益を出し、かつ楽しんで働くことのできる状況を進んで整えてやればいい。

第十六章　弟子の準備ができたとき、師は現れる

どこまで深く追求しようと、どれだけ多くを学ぼうと、ビジネスのすべてを知ることはない。ビジネスとは終わることのない冒険、尽きることのない学習だ。私はキャリアの過程で数え切れないほどの師とめぐり合ってきた。具体的に導きアドバイスをくれたメンターもいる。師とは出会ってきた「人」でもあり、くぐり抜けてきた「体験」でもある。いずれも貴重なレッスンとなり、私はそれを活用して自分自身を伸ばし、事業を伸ばしてきた。

たとえば、ブルックリンのオフィスを訪ねてくれた人に対して、いつも私が守っている習慣がある。その人が立ち去ろうとするとき、私はジャケットを着て車のところまで一緒に行く。訪問者はたいていこう言う。「大丈夫ですよ、送ってくださる必要はありません。お忙しいのですから。帰り道はわかりますよ」。

私は「いいえ、必要なことなんですよ。その理由は歩きながら説明しましょう」と返す。そして、ヨルダンの国王と会ったときの話をするのだ。

あれは一九九〇年代なかば、当時の私が理事として参加していたサイモン・ウィーゼンタール財団（サイモン・ウィーゼンタールは、ホロコーストを経験し、その後ナチス戦犯の追及に尽力した活動家）の手配で、視察旅行に行ったときの話だ。国王フセイン一世の招きでヨルダンを見学し、王およびヌール・アル＝フセイン王妃に目通りすることになっていた。財団

理事会のメンバー七人は、設立にかかわったセンター長のラビ、マーヴィン・ヒエールに率いられてヨルダンの首都アンマンを訪ねた。用意されたリムジンで数日間ほど観光をしたところで、国王の接見準備ができたと知らされた。

運転手が指定された時刻に私たちを王宮に連れて行く。敷地内の建物に案内され、その一室に通された。部屋の中央に巨大な楕円形のテーブルがあり、上座に国王が座る椅子がある。お出ましを待っているあいだに、外交をつかさどる長官のような役職の人が私たちを一列に並ばせた。「国王はお一人お一人とじきじきに顔を合わせたいと思っておられます」と長官は言った。

二、三分後、フセイン一世とヌール・アル＝フセイン王妃、その側近たちが姿を見せた。一列に並んだ私たちに対し、国王は順繰りに、それぞれ名前を呼んで声をかける。私の前に来た王は、「ミスター・ブロドスキー」と呼びかけた。

「あなたはニューヨークのビジネスマンでしたな」

私の胸には二種類の感情が湧いた。まず第一に、深く光栄に思った。ヨルダン国王が私のことを知っていて、私の仕事を知っている。そう思って、温かく、えもいわれぬ気持ちに包まれた。そして第二に、圧倒される思いがした。国王はこうした接見が一週間に二十回から三十回はあるはずだ。私たちと会うにあたって準備をしていてくれたように、接見する相手全員に対して事前に心積もりをしているのだろうか。

最初の挨拶が済むと、テーブルに着き、それから一時間ほど王や王妃とお話をした。最後に国王はこう言った。

「大変残念ながら、別の約束があるので行かねばならない。おいでくださったことに礼を申し上げる。我が国での残りの観光を楽しんでいただきたい。車のところまでお送りしよう」

一国の長に車まで見送られるなど、一度も経験したことがない。しかもこのときは車までの距離がかなり長かった。フセイン一世は歩きながら私たちに話しかけ、一緒に回廊を進んでひと続きの階段を降りた。外に出ると、王宮の正面で写真撮影のためにわざわざ立ち止まってくれた。

「本当に信じられません」と、私は外交長官に言った。

「何が信じられないんです?」

そう聞き返されて、「国王が車まで見送ってくださるだなんて」と答えると、外交長官は「これは普通の礼儀ですよ」と言った。

私はその後の何日間も、この言葉について考えつづけていた。客を車まで送るのが国王にとって普通の礼儀にすぎず、会う前に相手のことを知っておくのも普通の礼儀にすぎないとしたら、私も、会いに来てくれた人に同じようにできないわけがあるだろうか。フセイン一世と、そのもてなしに対して私が感じた気持ちは、まさに、私と私の会社に対して来訪者に感じてほしいと思う気持ちだった。つまり、えもいわれぬ温かい気持ちだ。私も、私が相手を一人一人気遣っている、というメッセージを伝えたい。長期的な関係性はそうやって築かれるものではないか。

私がヨルダンで得たのは、素晴らしい思い出の数々と、ビジネスに関する大切な二つのヒントだった。あれ以来、初めて会う人が来社する際には、必ず事前に相手の背景を調べ、親しみを築くきっかけとして使える知識を頭に入れておくことにしている。そして会談の最後には、必ず車までお送りする。

ビジネスに役立つ発想をこのような経緯で得るのは珍しいことではない。どこに出かけてもアイディアは見つかる。出会う人それぞれが、私の仕事を改善するヒントの源になる。直接アドバイスを乞うのではなく、相手の行動を注意深く観察し、その行動が自分を含め周囲におよぼしている影響を観察する。そうやって私は、社内外での人間関係を強固にできる新たなヒントを頻繁に発見しているのだ。

もう一つ別の例を挙げよう。少し前の話だが、ニュージャージー州プリンストンで地元の衣料品店に行く機会があった。私は買い物は嫌いなのだが、販売員の行動を眺めるのは大好きだ。よしあしにかかわらない。どんな行動からでも学べるものがある。休暇でリゾートに出かけて、コンドミニアムを売り込む現地のセールスマンの話を聞くのも、楽しいと感じる。私にとって、それは純粋なるエンタテイメントなのだ。

プリンストンの衣料品店は、そんな私にとって、まさに天国のような場所だった。私を待ち受けていた店員が、それまで見てきた中でも最高の店員の一人だったのだ。彼は決して押しつけがましくはしなかった。フレンドリーでゆったりした態度で、私が一番似合う商品を選べるよう心から気を遣っている、と感じさせた。私は服を買うときにはあれこれと文句を言ってしまうタイプなのだが、優れた店員に会うと、必要だろうと必要でなかろうと何でも買ってしまう。このプリンストンの店では、スーツを二着、スポーツジャケットを一着購入し、オフィスに配達を頼んだ。そして礼を言い交わして店を出た。

三日後、例の店員から手紙が届いた。来店に感謝している、買い物の手伝いができて嬉しかったと述べ、またいつかお役に立てるときがあったら知らせてほしいと書いてあった。それは形式的な手紙ではなかった。コンピュータで機械的に打ち出されたものではない、個人からの手書きの文書だった。私はそれを妻のエレーンに見せ、「素晴らしいと思わないか?」と言った。すると妻が「私たちもこういうことをやらなくちゃいけないわね」と言い、私も同意した。その後、妻は新規の顧客に必ず手書きの文書を書くようになった。顧客になってくれたことへの感謝と歓迎を示し、必要があれば夫婦どちらにでも遠慮なく直接連絡してほしいと伝えた。

こういう行為の重要性を疑問視する声もあるだろう。それで本当に意味があるのか、車まで見送り、手書きの手紙を書くことで、何の効果があるのか。顧客関係性とは値段とサービス、そして特典によって築くものだ。そうした利点で競えないなら、そもそも競っているとは言えないのではないか、と。私も別に反対はしないが、長期的な関係性は、そういう基本的な利点だけでは培えない。値段や特典なら他社に追いつかれたり、追い越されたりする。優れたサービスも、どんな会社でも約束できる。顧客をつなぎとめたいなら、それ以上のことができなければだめだ。この会社を利用しつづける理由を与えるのだ。その最高の理由となりうるのが、「好きだから」「信頼しているから」「一緒に仕事をしたいと思わせるから」という気持ちである。そうした絆を生み出す魔法の法則は存在しない。愛着（ロイヤルティ）と信頼を築くささやかなこと――電話をしたり、顧客のもとを訪ねたり、五年や十年も取引が続いた後であっても知り合ったばかりの頃と同じ手厚い対応をしたりすることで、関係性は育っていくのだ。

・

問題、問題、問題

問題やトラブルも、こちらに学ぶ姿勢がある限りは、経営知識を獲得する絶好の機会となる。残念ながら、多くの問題は一度限りの出来事として対処されてしまう。その結果、問題が教えようとしている教訓を学ばないのだ。

エレーンと私が数年前にダラスのしゃれたシーフードレストランで体験したエピソードを例に考えてみたい。レストランは混雑していた。予約を入れていなかったのだが、給仕係は「二十分ほどでご

▶ノームに聞け！

親愛なるノーム

　私は、大学生だった15年前から、ずっと「起業家熱」に浮かされています。現在では結婚して２人の息子に恵まれ、幸せに過ごしています。こうした立場は人生に喜びと意味をもたらすと同時に、多大なる責任ももたらします。そのため私は、フォーチュン500の企業で幹部として働く今の仕事を大切に続けていくつもりですが、わが起業家熱をどうにかして満たしたい、という気持ちもあるのです。それなりの経験と知識もあり、新規事業を立ち上げようとする誰かの役に立てるという気がします。週のうち20時間ほどプライベートな時間を割いて、新興企業でボランティアとして働こうかと思うのです。給料も株式も要りませんが、見返りとして、共同経営者として扱ってほしいと頼もうと思っています。どう思われますか？

グレゴリー

グレゴリーへ

　難しい人生の決断をして、家族への義務を最優先に考えたことは、称賛されてしかるべきだと思います。それができる人は多くありません。そして、あなたが考えているアイディアには確かに多くのメリットがあると思います。私も事業を立ち上げるのは大好きですし、他人を助けることで、自分の起業願望を満たせると感じています。けれど、週に20時間というのは野心的すぎます。それより、週に一度か二度の機会を作って起業家に会い、アドバイスをして、意見を整理するための聞き役となることを勧めます。そうして貴重な援助をする一方で、あなた自身がいつの日か事業を立ち上げるときに役立つ教訓を学んでいけるでしょう。

ノーム

案内できると思います」と言った。そこで私たちはバーに行き、エレーンがシュリンプカクテル（茹でた小エビにソースをかけた前菜）を頼んだ。それが運ばれてくる前に、給仕係が呼びに来た。メインのダイニングルームを見渡せるバルコニーに席が用意できたという。

「今、シュリンプカクテルを頼んでしまったんだけど」

エレーンが言うと、給仕係は「大丈夫ですよ、テーブルに運ばせますから」と言った。

私たちがテーブルに着いた直後に、そのシュリンプカクテルが来る。味見してみたエレーンは、少し辛すぎると感じた。味をやわらげようとテーブルの上のケチャップに手を伸ばす。キャップを開けたとたん、ポンッと大きな音がしてケチャップが吹き出した。そして、妻のセーター、ブラウス、スカート、腕にまでべったりとかかったのだ。妻はケチャップまみれで、呆然と座っていた。テーブルを担当していたウェイトレスが走ってくる。「申し訳ありません！」とわびながらナプキンを手渡し、大あわてで惨事の収拾に乗り出す。「明日、お召し物をお届けください。クリーニングさせていただきますから」とウェイトレスは言った。

それからすぐに支配人が現れ、謝罪をした。椅子に付いたケチャップをきれいに掃除してから、名刺を差し出し、「本当に申し訳ございませんでした」と言った。彼も、クリーニング代の負担はさせないと告げ、「私が責任持って対処させていただきますので」と強調した。

エレーンも私も感銘を受けた。我が社を含め、どんな会社であっても、偶発的で回避不可能で悪夢のような顧客トラブルが発生することはある。自分が顧客側としてかかわった場合、相手には、心から申し訳なく思っていると感じさせる行動をしてほしいし、ダメージの修復にできるだけの手を尽くしてほしい。このレストランでも、支配人がその時点で立ち去っていたならば、私たちはかなり満足していたと思う。ところが支配人は、謝罪を終えて立ち上がり、「ある意味で、お客様はラッキーでしたよ」と言った。

「どういう意味ですか?」とエレーンが尋ねる。

「前回これが起こったとき、そのお客様は髪の毛一面にケチャップを浴びてしまったんです。美容室にお連れしなければなりませんでした。あなた様の場合は、少なくとも服だけでしたから」

私が「これと同じことが前にもあったのですか?」と聞くと、支配人は「ええ、ありましたとも」と答えた。

「よくあるんですよ。店内でも、このバルコニーのあたりは、日中はかなり暑くなります。ケチャップボトルの内部で気圧が高まらないように、ウェイトレスにはボトルキャップをゆるめておくように言ってあるんです。ところがときどきそれを忘れてしまって、お客様が開けようとしたときにケチャップが飛び出すというわけなんですよ」

支配人はそう言い残し、挨拶をして歩み去っていった。

私たちは怒りもしなかったし、笑いもしなかった。二人ともあきれて物も言えなかったのだ。客がケチャップを爆発させないようにする方法など、いくらでも考えられる。ケチャップを放置せず、毎日閉店後に奥へ引っ込めてもいい。バルコニーに小さな冷蔵庫を置き、日中はケチャップをそこへしまっておいてもいい。あるいはケチャップを通気性のある容器に入れる。もしくは顧客が頼んだときだけケチャップを出す。ところがこのレストランでは、そうした工夫をするかわりに、何も解決しない解決策を選んでいた。そしてボトルは爆発を繰り返し、ケチャップが空を飛び、そのたびにスタッフが掃除と謝罪を繰り返す。犠牲者はこの体験を会う人会う人に吹聴する。そうして一度だけの恥で済むはずだった出来事が、レストランのイメージをどんどん下げていくのだ。間違いから学ばないと、こうしたことが起こるのである。

ケチャップ事件は極端な例だが、このような現象は珍しくはない。問題が山積みになると、人は自然と手近な危機に主眼を置き、対処して、それから次に目についたトラブルへと移ろうとしてしまう。たとえば私の知っている夫婦は、婦人服メーカーを経営していたのだが、つねに需要に応えられる充分な在庫を確保しておこうとして、習慣的に必要以上の商品を生産してしまっていた。必然的に大量の余剰在庫が出るので、赤字を覚悟で売りさばかなければならなかった。在庫が不足するより、あるいは正確な売上予測を立てられていない問題をどうにかするよりも、赤字処分のほうが簡単で手っ取り早い。だから夫婦は何年も何年もそのやり方を続け、結果的には倒産してしまった。

実際のところ、根本的原因を排除しなければ、問題は一時的にしか片づかない。だからこそ私は、問題解決には二つのステップがあることを定期的に社内に周知して、一種の規律をもたらそうと努めている。第一のステップは、出血を止める。すなわち、引き起こされた結果に対処し、ダメージを最小化することだ。そして第二のステップは、事故が起こった原因を見極め、二度と起こらないように対処することだ。

私の文書保管サービスで初期に発生した例を紹介しよう。当時の我が社には多くの新規保管箱が運び込まれていた。管理のためにバーコードシステムを導入して、それぞれの箱を特定し、置き場所をピンポイントで見つけられるようにしていた。そうすれば保管の位置を気にする必要はない。見つけなければならないときは、いつでも見つけることができた。

ところが、しばらくも経たないうちに、顧客から苦情の電話を受けるようになった。預けた箱の一部がなくなっているというのだ。最初は疑わしく思った。我が社のシステムは絶対確実だと信じていたからだ。我々が箱をなくした可能性よりも、顧客の記録のつけ方が間違っている可能性が高いと考えていた。だが、なくなっていた箱の一部が我が社の倉庫で見つかり、こちらに問題があるとわかる。

そこで二ステップの問題解決モードに取り組むことにした。

まず、チームを作ってなくなった箱を捜索させた。倉庫じゅうを回り、それぞれの場所で箱のバーコードをスキャンして、コンピュータ上のリストと突き合わせる。幸いなことに当時は箱の数が膨大ではなかったので、その作業も何とか手に負えた。二年ほどあとだったらもっと困難になっていたはずだ。

箱を見つけた時点で作業は終わりにして、もう二度と起こらないよう、ただ願っておくこともできたかもしれない。だがそれでは根本的原因の解決にならない。そこで私は、状況がはっきりするまでは新規の箱を常時保管場所に持っていってはいけない、と命令を出した。そうして別のチームを作り、原因の特定と解決策の見極めにあたらせた。

長くはかからなかった。箱の管理手順を見直してみたところ、基本的な間違いをしていることに気づいたのだ。ヒューマンエラーの不可避性を考慮に入れていなかった。作業をダブルチェックするシステムがなかった。ドライバーは顧客のところで箱をピックアップし、倉庫に運ぶ。箱はそのまま棚に片づけられる。トラックから降ろした箱の数が顧客から預かった数と一致しているか、倉庫に運んだ箱の数がトラックから降ろした数と一致しているか、立ち止まって確かめるポイントを設けていなかった。

明らかに、我々の箱管理の手順にワンステップの追加が必要だったのだ。そこで搬入口に三角コーンを目印とした一次保管場所を作り、トラックがピックアップから戻った時点で、すべての箱をいったんそこに降ろすことにした。三角コーン・エリアに置いた箱のバーコードをスキャンして、情報をコンピュータに入れる。それから箱を常時保管の場所に移動し、そこでもう一度バーコードをスキャンする。常時保管場所のスキャン情報が入ると、コンピュータが三角コーン・エリアの情報と比較する。リストが一致しなければ、ミスをしたことがすぐにわかるので、即座に対処に乗り出せる。

この新しいシステムで、箱の紛失問題は過去のものとなった。その後、ドライバーが客先で箱のバーコードをスキャンできる機材を購入して、さらなる安全策を設けた。結果として、客先からトラックに運ぶまでのあいだ、トラックから降ろして三角コーン・エリアに移すまでのあいだ、そして三角コーン・エリアから棚に移すまでのあいだに、それぞれチェックが入るようになった。箱がなくなる可能性は理論上ではゼロではないが、もう何年も紛失は起きていない。

トラブルの症状と原因の両方に対処しなければ、真の意味で問題を解決したとは言えない。ごく当たり前のことに思えるのに、日々の業務に埋もれて、たいていの場合その点を見失ってしまう。どうすれば念頭に置きつづけていられるのか。私の考えでは、その方法は、自分とスタッフに問いかけの習慣を持たせることだ。「どうしてそもそもこの問題が生じたのか？」と、問いかける癖をつけるのだ。そしてもう一つ――ダラスのしゃれたシーフードレストランに行く機会があったら、ケチャップを開けるときには重々注意することも、忘れないでいただきたい。

備える

まだ私が若かった頃、一人の判事から、こんにちまで生きつづけている大切な教訓を与えられた。当時の私は二十三歳。ブルックリンのロースクールを出たばかりで、司法試験には受かっていたが、一人前の弁護士ではなかった。あの頃は試験を受けたあとに認可が降りるまで六カ月から八カ月かかっていたのだ。若き弁護士の大半と同じく、私もその期間を法律事務所で働いて過ごすことにした。そこが、弁護士として働くにあたってのイニシエーションを与えてくれたのである。

イニシエーションは勤めはじめて数日後に始まった。午後五時半に帰宅の準備をしていると、上司である弁護士が分厚いファイルを渡してよこした。私が翌日の審理に出向き、上司が依頼人にかわって提出した事案の申し立てをせよ、と言うのだ。私は面食らった。

「私に法廷に出ろとおっしゃるんですか？　一度も出たことがないんですよ」

すると上司は「心配ない」と言った。「たいしたことではないから。とにかく朝の九時半に現地にいるように」

「九時半！」私は叫び、分厚いファイルをまじまじと見る。「これを今夜中に全部読めっていうんですか？」

「いや、ちがう、そうじゃない。何も読まなくていい。何も起こらない。順番が来たら、『申し立てのとおりです』と言えばいい。判事は『それでは検討する』とかなんとか言うだけだ。それで帰れるから」

「わかりました」と私は言ったが、不安は消えなかった。翌朝、ニューヨークのクイーンズ地区にある薄汚い裁判所に足を運び、傍聴席に座る。周囲の人々はみんなひどく高齢に見えた。起立して判事の入廷を迎える。判事もまた九十歳くらいのようだ。私の担当の事案が読み上げられる。そこで習ったとおりに「申し立てのとおりです」と言った。

私の声が響くと、判事はメガネをかけ直し、私の方向を見て、「きみかな？」と言った。「今の発言はきみか？」

胃がぎゅっと縮み上がる。「そうです、判事殿」

判事は長く節くれだった指を私に向け、それをぶっきらぼうに曲げて見せた。「こちらへ来なさい」。私は立ち上がり、中央の通路を通って裁判官席のもとへ行く。周囲の忍び笑いが聞こえた。判事は私が正面に立つのを待って、「さーて」と言った。そして私をじっと見下ろしながら、ゆっくりと言葉を続ける。「法廷に出るのは、これが初めてかな?」

「そ、そうです、判事殿」。傍聴席で笑い声がした。

「もう弁護士の認可は下りたのか?」

私の顔は真っ赤だったに違いない。「いいえ、まだであります」。さらに笑い声が広がる。

「なるほど。では、この申し立ての内容を私に説明してくれ」

私は口ごもり、もじもじした。「ええと、それは……つまり、我々がこの申し立てをしましたのは……というか、私ではなくて、私の上司の弁護士が……」

判事はさえぎった。「きみは内容をまるでわかっていない。そうだろう? 準備もせず法廷に来た、そうだね? それだけで、この申し立てを却下する充分な理由になると思うがね」

背後の笑い声がいっそう大きくなる。本当に恥ずかしくて恥ずかしくて、その場で消えてなくなってしまいたかった。「はい、判事殿」と答えた私に対し、判事は言った。

「だが、却下するかわりに、現実世界における人生最初の教訓を与えよう。決して、私の法廷に準備もせずに顔を出すな」

その教訓を私の中にしっかりと染み込ませるため、判事は一瞬、私をにらみつけた。それから面倒くさそうに片手を振った。

「さあ、行った行った。事務所に戻って、ちゃんとできなかったとボスに伝えなさい」

私は回れ右をして、すごすごと退散した。法廷内は大爆笑だ。誰かが「また一人やっつけたぞ」と言うのが聞こえた。脱兎のごとく裁判所をあとにして、事務所に戻ると、例の上司が満面の笑みを浮かべて待っていて、「何があった?」と尋ねた。

「何が起こったかご存じでしょう！」と私が言うと、上司は大爆笑した。はめられたのだ。あとからわかったのだが、その判事は新米の弁護士にそうした教訓を与えることで有名だった。この体験の衝撃は大きく、二度とあんな恥ずかしい思いをするはめにはなるまい、と心に誓った。それから数カ月、似たような審理に何十回となく出かけ、何度も「申し立てのとおりです」と言った。内容を問われたことは一度もない。だが、聞かれたら必ず答えられるようにしていた。ファイルを読み、充分に準備していった。

法曹界を離れ、ビジネスの世界に入った頃には、こうした綿密な準備の習慣が深く根づいていた。それが大きな競争上のアドバンテージになった。顧客について、担当者について、その他取引のあらゆる側面について私のほうがよく知っているという理由で、競合他社よりも相当に高い割合で成約に結びつけることができた。現在でもそれは変わらない。施設を見学に来てくれた見込み客の成約率は九五％を超えているが、それは単に倉庫が立派で、オフィスがきれいで、従業員が素晴らしいからではない（もちろんこれらも大きな助けになっているのだが）。我々は徹底的な準備をする。顧客の担当者が到着する前に、インターネットで先方の組織構造、社是、社歴についてできる限りの情報を入手する。会うことになっている来訪者について、営業担当者から漏れなく情報を引き継ぐ。どんな人たちで、我が社以外にどこの会社を検討しているか。決定はどのように下されるか。そういった情報に応じて、私のプレゼンテーションも調整する。

たとえばあるとき、何年も委託してきた業者から我が社へと切り替えを検討している顧客の代表者が来社し、施設を見学したことがあった。担当していた営業によると、彼らが一番気にしているのは、切り替え途中でもファイルを利用しつづけられるかどうか、という点だという。倉庫見学で全サービスを説明することはできないが、具体的な懸念点がわかっているのなら、尋ねられる前にその点について説明することができる。この場合も、こちらからその点について切り出すことにした。

「私共が何より気をつけている点の一つとして、移行の最中でも、お客様がファイルや箱を確実に利用できるようにしています。弊社の手法をご覧ください」

見込み客は喜び、契約は成立した。

さらに重要なのは、こちらが何か失敗をしてしまったあとで顧客に会うとき、入念な準備をしていくことだ。もちろん謝罪しなければならないし、その問題は二度と起こらないと約束しなければならない。だがそれと同時に、顧客が必ずする質問「どうしてこういうことが起こったのか」に答えられなくてはならない。それには準備が必要だ。何がまずかったのか、なぜそうなったのか、どうやって繰り返さないようにするのか、正確に見極めておく必要がある。そうすればこちらから先に切り出すことができる。

「今回の事故を調査したところ、原因はこのようなものでした。言い訳はいたしません。ただ、何が起こったかご理解いただき、この先御社を含め弊社の全顧客を守るために私共がどんな安全策を採ったか、ご理解いただきたいと思います。実のところ、御社は私共が気づいていなかった重要な問題を是正する機会をくださいました。お詫びすると同時に、心からのお礼を申し上げなければなりません」

このように伝えることができれば、経験から言って、たいていは二度目のチャンスを与えてもらえる。

たとえ長期的に取引を続けてきた顧客が相手であっても、こうしたプロセスに近道はない。長年サービスを続けてきたからという理由で、自分や相手が契約内容を正しく理解していると決めつけてはいけないのだ。細部は忘れやすいし、その細部が将来的な取引の続行可否を決めるかもしれない。

十二年ほど契約更新が続いていた顧客から、改めて入札を求められた経験もある。市当局の機関で、こちらは実績もあったし、担当者とも誠意を持って関係性を築いていたので、間違いなく再契約が獲れると思っていた。ところが、いざ入札が始まってみると、少なくとも書類上では我が社の入札額が他社より高いことがわかった。

営業部長のブラッド・クリントンが「どうしましょう？」と尋ねてきたので、私は「最初のステップは、契約書を読むことだ」と答えた。

ブラッドはおかしな顔をしてこちらを見た。

「わかりました、そうおっしゃるなら。でも……」

「でも、何だ？」

「私たちが内容をわかっていないわけがないでしょう。十二年も続いていたんですから」

初めて法廷に出たときの記憶が脳裏によみがえり、私は思わず笑顔を浮かべた。「じゃあ、一つ私の経験を聞かせよう」

ブラッドは私の意図を理解し、契約書を取り出してきた。二人で中身を熟読したところ、孫請けの利用を禁じる条項に目が留まった。これでほかの入札企業の一社は排除される。その一社は我々のような詳細な契約書の検討を省いていたからだ。加えて、我が社以外の業者が作業の進め方について非現実的な予測をたて、それに基づいて入札額を決めている事実を示すことができた。彼らは調査ではなく推測をしていたのだ。他社が実際に課金しなければならないはずの額を計算すると、我が社の入札額のほうが安くなった。再契約は勝ち取った。初めて法廷に出たときに出会った判事のおかげだと思っている。

急がば回れ

私のビジネスキャリアにおいて最も教育的価値があった体験と言えば、決して他人にお勧めするものではないが、破産法の適用を受けたことだ。破産前の私は、今の私にアドバイスを求めに来るたくさんの若き企業家たちと同じだった。彼らはみな一様に急いでいる。自分で定めた目標が何であれ、それを何が何でも今すぐ達成しなければならないと思っている。たいていはすでに達成後のステップも決めていて、ほとんど足を踏み出しかけている。彼らが私に求めるのは後押しだ。だが私が与えるのは、「立ち止まって考えろ」というアドバイスである。

切迫した気持ちのときには、絶対に重要な事業判断を下すべきではない。その切迫感が自分の焦りから来るものであれ、他人のプレッシャーから来るものであれ、関係はない。急いで決断をすると、本来なら検討すべきことを考えない。そうするとあとになってしっぺ返しを食らう可能性が高いのだ。とはいえ、このルールを守るのは簡単ではない。企業家とは一般的に焦りやすい人たちだ。何かに到達したい、何かを実現したいという強い衝動がなければ、そもそも事業を始めようとは思わない。だが、その衝動をコントロールするすべを学ばないと、それこそが自分の最大の敵に変わる。私もそうだった。いったん完全に打ちのめされたあとでなければ、目標達成へと急ぎすぎることの危険性を認識できなかった。

結局のところ、一九八〇年代後半の私が問題ある会社を買収してしまったのは、目標に向かって急ぐ気持ちがあったからだ。心の中ではまずい取引だとわかっていた。内なる声が、「お前はバカか?」と言いつづけていた。「考えなしに進めるもんじゃない。会社全体を危険にさらしているんだぞ」。だが、切迫感に駆られているとき、人は内なる声に耳を貸さない。正しい直感を無視してしまう。いくつもの言い訳を考える。自分が聞きたがっている内容だけを自分に言い聞かせる。以前にほかの事業で業績建て直しに成功したことがある、部下の扱い方も心得ている、営業たちがどんな問題を持ってきても対応できる……と。私はスーパーマンのような気持ちになっていた。

そういうわけで、私は交渉を進め、買収契約をまとめた。その結果がどうなったか、すでに第二章で書いたとおりのありさまである。それから三年間にわたって、破産法の適用から脱却しようともがきながら、私は自分の失策について考えつづけた。あれは単に間違った判断というだけのものではなかった。基本的な私の性格に関係があった。その一つが、即時的な満足を求めたがる傾向だ。結果を事前に検討せず、他人に相談もせずに、とっさの衝動で行動してしまう。目標を定めると、たとえその目標が間違っていたとしても、その達成だけを念頭に置いた。振り返ってみれば、ビジネスにおいてもプライベートにおいても、そうした性質のために長年で数え切れないほどの間違いを犯してきたのがわかった。この傾向をどうにかしてコントロールするすべを見出さなければならない。完全には捨て去れないだろうとわかっていた。深く染みついてしまっていたからだ。だが、もう二度とそのせいで判断を誤りたくはなかった。

そこで私は、一つのルールを編み出した。シャワーを浴びずに大きな判断をしてはいけない、というルールだ。

ここで言う「大きな」とは、長期にわたる影響をもたらす判断を指している。ルーティンのような、日々の問題のことではない。そういうものは起きた時点で対処する。だが、何らかの機会が生じた場合や、対応しなければならない大問題が起きた場合、あるいは事業方針の変更をしなくてはならない場合、私は必ず決める前にシャワーを浴びる。ここで理解していただきたいのは、シャワーを浴びるのが最高のシンキングタイムになるとはいえ、日中にシャワーを浴びる時間など取れないという点だ。

つまり、判断を二十四時間ほど先延ばしするよう、自分に言い聞かせるのである。これは、少なくとも最初のうちは非常に難しいことだった。私はすぐに決断するのが好きだ。誰かに何かをするよう求められて、「考えなくちゃいけない。すぐには答えが出せない」と言うのは、とても困難なことだった。

私に必要だったのは、自分を押しとどめるために利用できるメカニズムだった。シャワー・ルールはその目的に適っていた。私に待つことを教えた。私は決断すべき内容を徹底的に考え、他人の意見に耳を貸し、自分の判断によって起こりうる影響を考慮に入れるようになった。結果的に、最初に下そうとしていたのと同じ判断に戻ってくる場合も多かったが、適切な思考プロセスを経たという自信を持つことができた。ときには、その思考プロセスのおかげで、陥るところだったミスを回避したり、気づかなかったチャンスを見つけたりすることもあった。

シャワー・ルールはのちに私の習慣になった。焦りを自覚し、それを止める方法が身についた。今では、大きな判断を下すときは、いつでも本能的にこのルールを適用する。幹部は先延ばしだと批判するが、それは違う。私の行動は、自分の無意識の部分に問題解決のチャンスを与える行為である。焦りが内なる声を駆逐しないようにするのだ。ほかの成功した事業家、特に長期にわたって会社を経営している企業家には、これと同じ特徴が見られると気づいた。彼らにとって緊急なものなど何もない。時期尚早な判断を焦って下したりしない。何歩かあとずさりして、すべての要素を吟味し、進むべき道を冷静に決断するのである。

だが、先へ進みたがる若き企業家にとって、何歩か退いて見るのは簡単な話ではない。当然ながら、目の前の機会を失ってしまうのではないか、という恐れがある。賢い営業・販売担当者は、そうした恐れにつけこむ方法を心得ている。今日提供しているチャンスは明日にはもう存在しない、と信じ込ませる。焦りを利用し、決断を急がせるのだ。しかし年齢と経験を重ねると共に、こちらも二つのことを学ぶ。一つは、世界には素晴らしい機会が満ちており、活用しきれないほどのチャンスが存在していること。そして二つ目は、真の機会は消えたりしないということだ。シャワー・ルールを適用したせいで逃した機会など、一つも思い浮かばない。

おまけに、私はおそらく街で一番身体の清潔なＣＥＯなのだ。

▶ノームに聞け！

親愛なるノーム

私は15年間ほど管理職専門の人材斡旋業をやっています。2年前にクライアントの一社と提携関係を結び、それが非常にうまく行っています。需要に応えていくため、2人の新しいリクルーターを雇いました。年間売上高はすでに15万ドルから80万ドルまで成長していますが、まだまだ序の口です。我が社が大手企業へと成長するにあたって、障害となるものは、たった1つしかありません。この私です。私は、自分がフランチャイズを管理し成長させていく能力も、忍耐力も、ノウハウも持っていないということを痛感しました。どうしたらいいでしょうか。

ブルース

ブルースへ

まず、あまりご自分を責めてはいけません。会社をトラブルに巻き込む前に、その点を認識できたのはラッキーです。私自身は、事業経営に必要な資質、中でも最も重要な忍耐力を持ち合わせていないと自覚するのに、辛い体験を経なければなりませんでした。最終的には、自分には会社をここまでの規模にする力があっただけであって、これ以上の経営を楽しんでやっていくことはできない、と理解しました。だから真にふさわしい管理者を迎え入れる必要があったのです。忍耐強く、細部に気を配れる人を。そうした人材は起業には向いていませんし、私は経営には向いていません。そうやって適材適所でうまくやっています。あなたに必要なのは、迎え入れた人材と良好な業務上の関係性を結ぶことだと憶えておいてください。それはつまり、双方が心を開き、お互いから学ばなければならない、ということです。

ノーム

まとめ――真の「損益」を決めるポイント

❶ どんな場所でも貴重なビジネスのヒントは得られるが、自分から探すことを忘れてはいけない。

❷ 問題解決は二ステップだ。第一に、出血を止め、第二に、根本的な原因に対処する。

❸ 準備は大きな競争優位をもたらす。たとえ古くからの契約であっても、立ち戻って読み返すことなしに、その契約書の内容をわかっていると決めつけてはならない。

❹ 急いで判断をするよう強くせっつかれたときほど、強行に検討時間の確保を主張すること。

第十七章　先へ進む力

本書はボビー・ストーンとヘレン・ストーン夫妻の話から始まった。だから、最後も彼らの話で終わりたいと思う。夫婦とはその後何年もやり取りを続け、成長を見守ってきた。一九九二年に一六万二〇〇〇ドルだった年商は、二〇〇七年には三二〇万ドルになった。振り返ってみると、これまでの道のりにはいくつか重要な節目があったことがわかる。

最初の節目の一つは、二人が事業を始めて四年半後、順調な企業が必ず直面する分岐点にさしかかったとき、つまり経営者以外にも営業担当者が必要だと判断したときのことだ。事務を補佐するスタッフや、なんらかの専門職を雇うというのであれば話は違う。その場合は自分では対処しきれない仕事があり、雇うしかないから雇うのである。だが営業担当者を雇うというのは、成長しようという決断を下すことであり、その採用によっては、自分および会社にとって長期的な影響が生じる。ボビーとヘレンは一九九六年なかばにこの転換期を迎えた。私は夫妻と定期的に会っていたのだが、二人は、二十七歳になる息子のスティーヴンを営業の正社員として採用する案について意見を求めてきた。私は、ビジネスにおけるたいていの事柄と同じく、きちんとしたプランニングが必要だと答えた。

営業担当者を雇うとき、特に初めて採用するときには、三つの大きな課題がある。まず、その人物が充分に長く勤めてくれるかどうか見極めなければならない。短期間で辞めていくようではどのみち成果は挙がらない。その妥当な期間は事業によって異なるし、販売サイクルによっても多少は左右される。たとえば私が経営する文書保管サービスの場合、取引をまとめられるようになるまで二年かかるのが普通だ。ほかのビジネスでは数週間程度の場合もあるだろう。だが、サイクルの短いビジネスであっても、新しい営業担当者が社風になじみ、商品知識を身につけ、営業基盤を開拓するための時間を与えなければならない。きちんとした利幅のある売上を勤務初日からあげると期待することはできない。実際のところ、新人は一年目にはまったく売上を出せないと考えるのが無難だ。売上で収支をとることだけを求めているようでは、彼らの働きを客観的に判断できなくなってしまう。

そこで私はボビーとヘレンに、最初の一年分の給料を払える資金が貯まるまで、スティーヴンの採用を延期するようアドバイスをした。さらに、それだけの資金が貯まっても、初年度のスティーヴンの貢献がゼロだとしても前年と同じ売上高が確保できると見込めない限りは、やはり雇うべきではない。私のアドバイスが非常に保守的だというのは認める。ボビーとヘレンには万全の備えで臨んでほしかったのだ。ほかの人なら、それほど慎重にはならなかったかもしれない。必要とする備えの大きさは、銀行の預金がゼロの状態で経営する際に感じるプレッシャーのレベルにかかわってくる。この二人はそうしたストレスには弱いはずだ。だから、スティーヴンが加わったあとに万事がうまく行かなくなっても生き延びていけるような目標を立てよう、と話し合った。

結果的には二人は年度末を待たずに資金目標を達成した。次なる課題は、スティーヴンにきちんとトレーニングしていくことだった。

営業担当者を雇うというのは、一種の投資だ。一定期間でリターンを期待する権利がある。その人物の給与と福利厚生で年に四万五〇〇〇ドル、その他の支出（電話代、交通費など）で五〇〇〇ドルかかるとしよう。売上総利益率の平均が四〇%だとしたら、その営業担当者に初年度に投じた経費を相殺するためだけでも、四〇％の利幅で一二万五〇〇〇ドルの売上を出してもらわなければならない（一二万五〇〇〇ドル×四〇％＝五万ドル）。

こういう考え方は理解しにくいと思う。教えようとする企業も少ない。だが営業担当者が事業の動きを理解せず、自分に求められている貢献を理解しなかったとしたら、その人物は頻繁にトラブルを起こすはずだ。ちゃんとした売上は出せない。ルールは守らない。状況が把握できていないので、自分は正しく評価されていない、しかるべき報酬を受けていない、と不平を漏らしつづける。こうした危険に対処する唯一の方法が教育だ。その営業担当者の「考え方」を変えなくてはならない。仕事をさせながら事業について教えていくプロセスが必要なのだ。

ボビーとヘレンは、私がボビーに用いたのと同じ手法をスティーヴンに活用することにした。プランを作り、売上だけではなく粗利益に関する目標を与える。そしてスティーヴン自身に進捗を記録させる。ささやかながら競争意識を持たせたのが奏功した。スティーヴンはボビーの初年度からの記録をかき集め、それを超えようと決意した。また、父子は毎月それぞれの最高の売上と粗利益を比較し、ヘレンが審判役を務めて勝敗を判断した。

スティーヴンの学習には時間がかかった。一年目の一九九七年が終わった時点で、彼の売上高はボビーの一年目の売上高を大きく上回っていたが、粗利益は下回っていた。自分の給料の分はカバーしたものの、会社に投資のもとを取らせることはできていなかった。実質的に息子は両親に支えられていたのだ。そこで立ち戻って粗利益の問題に焦点を置き直したところ、今度はスティーヴンも少しずつ要領が呑み込めて行った。一九九八年八月には、売上の面でも粗利益の面でも最高の一年になるのは明らかな状態だった。

そうなると、今度は三番目の課題がやってくる。スティーヴンのフォーカスとモチベーションを維持することだ。

秋になってボビーとヘレンとスティーヴンが揃って私に会いたいと言ってきた。翌年に向けた新しい報酬体系を考えたのだという。スティーヴンが目標数値を超えられるよう、インセンティブを与えて鼓舞しようという腹積もりだった。本人が納得した目標値を定め、毎月一定の給料を出して、その目標値を達成させる。目標以上の売上を出したらスティーヴンに歩合が入るという仕組みだ。三人は私の意見を求めた。私は、まずいアイディアだと告げた。

第十四章で説明した理由で、私は歩合制を好まない。新規採用の営業担当者には歩合制で支払わざるを得ない場合もあるが、最終的に優秀な人材には給料制に移ってもらう。そのほうが彼らにとってもいいし、私にとっても、会社にとってもよいことだからだ。給料制なら営業も会社全体のチームの一員になる。歩合制のままだと、個々人が自分の方針でやっていく動機を与えることになる。

私はスティーヴンにもそれと同じことが起きるのを心配していた。たとえば彼の月間目標が売上二万ドルだったとしよう。一万八〇〇〇ドルまで達成し、月末まであと三日しかないというときに、ボビーとヘレンが通販業務にスティーヴンの助けを求めたとしたら、彼はどう思うだろうか。あるいは月末の時点で利益率の高い顧客口座へのサービスと、利益率は低いが新規の取引の獲得で迷ったとしたら、スティーヴンはどうするだろうか。会社にとっては前者のほうが重要だが、後者のほうが彼にとっては明らかに得だ。歩合制は社内に断絶を生む。スティーヴンと両親とのあいだに不和をもたらしうる。給料制にして、会社に対する貢献は年間で反映し調整していくほうがいいのではないだろうか？　もちろん彼が何か本当にずばぬけた成果を出したときには、ボーナスを出してもいい。だが、報酬は会社全体にとってベストな行動をした場合に出るべきではないか。家族は私の提案を検討し、賛同した。

そうして、ボビーとヘレンは七年かけて節目を越えた。会社を立ち上げ、存続性を確立し、クリティカルマスを越え、新たな営業担当者を迎えることにも成功したのである。一九九二年の総売上高は一六万二三〇〇ドルだったが、一九九八年には七二万五〇〇〇ドルを達成した。平均利益率は三八%だ。今の大きな問題は、三人の正社員とパートタイムの事務員、そしてコンピュータサプライ用品の在庫があるせいで、もはや自宅では場所が足りなくなっていたことだった。倉庫として裏庭の物置を使っていたし、地下室もいっぱいだ。子供たちが昔使っていた寝室も保管庫に変わっていた。もうこれ以上倉庫に転用できる場所はない。

遅かれ早かれボビーとヘレンが選択を迫られるのは間違いなかった。ビジネスの拠点を新たな場所に移すか、成長を止めるか。二人はまだ決断する準備ができていなかった。

インターネットがもたらす機会

一方で、ビジネスをめぐる環境も急速に変化していた。とりわけインターネットが普及し、新たな課題と機会を提供するようになった。少なくとも私から見れば、ウェブを基盤とする新しいビジネスの大多数が長続きしないだろうというのは明らかだったが、インターネットが従来のビジネスにとって非常にパワフルな販売ツールとなり得る点も、また疑いようもなかった。ボビーとヘレンの事業も、そうした恩恵にあずかった多数の企業のうちの一社だ。事実、インターネットは営業としてのボビーとスティーヴンの役割を完全に変質させた。

それまでの二人が慣れていたのは、営業の電話をかけ、面会の予約をとりつけ、売り込みをすると

▶ノームに聞け！

親愛なるノーム

私は年商300万ドルの企業を経営し、会計士や弁護士といった顧問を抱えています。ですが、心もとないというか、はっきり言うと混乱させられてしまっているんです。偏りのない視点で話を聞いてくれる相手をどこで見つければいいでしょうか。

ヘンリー

ヘンリーへ

まず、心もとなく感じて混乱してしまうのは珍しい話ではない、ということをご理解ください。企業家はいつでも孤独です。私たちはみな、暗闇を手探りして行かなければならないのです。現実問題として、孤独感こそ私たち全員が直面する最大の課題です。幸い、バイアスのかかっていないアドバイスをもらいに行ける場所はたくさんありますよ。業界カンファレンス、ビジネスセミナー、業界内外の交流会、それから中小企業支援団体SCOREのような組織もあります。現役の企業家から１対１でアドバイスをもらいたいのであれば、お住まいの市内を探して、心から尊敬できる会社を選びましょう。そうして、その会社の人に手紙を書くか、電話をするのです。

ノーム

いった昔ながらの方法だった。ところが一九九七年、「最初の一カ月のホスティング料は無料」というキャンペーンを利用してウェブサイトを持つことになった。一カ月後からはサービス料として月二五ドル払うというものだ。夫婦はこのオファーに乗り、ウェブサイトに会社情報（社名、住所、電話番号）および商品リストを掲載した。数日のうちに、一年分のサイト利用料をカバーするだけの新規売上があがった。

ボビーとヘレンは新しいビジネスを拓くことができて喜んだが、インターネットの販売ポテンシャルが真に理解されたのは翌年、ボビーが追加のウェブサイトを立ち上げて、ウェブベースのマーケティングを独学で学びはじめてからのことだった。ボビーが主眼を置いたのは検索エンジンだ。売りたい商品が検索結果の先頭に表示されるようにして、顧客をサイトに呼び込む方法を模索した。たとえば誰かが「ＤＬＴ　バーコード　ラベル」とグーグルで検索すれば、ボビーたちの会社データリンク・アソシエイツが確実に先頭または二番目に出てくるよう、工夫を凝らしたのである。

ボビーとスティーヴンがインターネット販売の技術を伸ばすにつれ、会社の売上は飛躍的に増えた。一九九八年は五〇％増、そして一九九九年にはほぼ二倍の一四〇万ドルに届いている。二〇〇〇年にも売上を伸ばし、一五〇万ドルを達成した。同時に、データリンク社の新規取引の九五％から九八％はインターネットから生じるようになっていた。それ以外は紹介による新規顧客だけだった。

私が最も興味深く感じたのは、インターネットが営業としてのボビーとスティーヴンに与えた影響だ。二人の仕事内容、やり方、会社にもたらす成果も変わってきた。オンライン販売へ移行したことによって発生した重大な変化は、私の目から見て、少なくとも六種類あった。

1　見込み客が成約につながる可能性が高まる

外回りに出て顧客を探すのではなく、顧客に自分を見つけさせる方法を開拓・模索するようになった。この変化は重要な波及効果を生んだ。その一つが、営業担当者と見込み客との関係性を根本的に変えたことだ。営業という仕事が、売り込み電話をかけて相手をイライラさせるものではなく、見込み客からの問い合わせに答えるものになったのだ。これは心理的に相当大きなメリットだった。結果として、高い確率で成約をまとめられるようになった。

2　売り込みの時間が増える

二〇〇一年には、ボビーは最後に車で営業に行ったのがいつだったか思い出せないほどになっていた。スティーヴンも、少なくとも過去一年間は一本も売り込みの電話をかけたことがなかった。私は営業活動の利点を強く信じているが、それが時間のかかるものであることは間違いない。判断決定者を見極め、約束をとりつけ、打ち合わせに出向くといった作業に何時間もかかる。そうした作業がすべて省けるようになったことで、ボビーとスティーヴンには、ウェブサイトから生じた取引に割く時間が増えた。問い合わせに答え、取引をまとめ、発注書を書く。それから売上データとトレンドの分析にあてる時間も増えた。特定の商品の人気が出ているのか、何か特別サービスを提供すべきか、ウェブサイトには修正が必要か、ボビーは検索エンジンを活用したマーケティングにもっと時間をかけるべきなのか。そういった戦略を練る時間が生まれたのである。

3　顧客へのアクセスが安く、迅速に、簡単になる

データリンク社の新規顧客は基本的にインターネット利用者だったが、昔からの顧客の多くもイン

ターネットを利用していた。ウェブサイトを立ち上げたところ、常連客も大多数がインターネットの利用を好むことが判明する。結果として、ボビーとスティーヴンは顧客基盤のほぼ全体に対して、前よりも迅速かつ低コストで接触できるようになった。以前はパンフレットを郵送し、ファックスでチラシを流し、業務時間内に電話でつかまえようとするのに多大な時間とコストをかけていた。今では顧客がウェブサイトをチェックして、パンフレットの中身を確認したり、特別キャンペーンを探したりすることができる。また、Eメールを多用して昼夜を問わず直接的なコミュニケーションが可能になった。

4　市場の拡大

当然ながら、インターネットは地理的障壁を取り払う驚異的な力を持っていた。ウェブサイトができる前のデータリンク社の市場は、ニューヨーク、ニュージャージー、ペンシルベニア、コネチカットに限られていた。つまり、ストーン一家の家から車で行ける範囲だ。顧客獲得のためにはボビーやスティーヴンが出向いて先方と会わなければならなかった。だが、オンラインに進出してからは、オーストラリア、南アフリカ、シンガポール、アラブ首長国連邦など、遠方の顧客にも販売できるようになった。

5　クレジットカード取引の割合が上昇

小規模な企業にとって、つけ売りの判断をしたり、ごくごく小額の請求書を送って代金を回収したりするのは、実に頭の痛い問題だ。ほとんどの場合、顧客にとってもクレジットカードで払えたほうが都合がよいのだが、こちらから電話営業をかけた際にクレジットカードの利用を切り出すのは難しい。インターネットを通じて接触してきた顧客なら、話は違う。オンラインに進出する前のデータリンク社は、売上の約一%がクレジットカードで支払われていた。オンライン進出後は、その数字が二〇%近くに伸びた。その結果として、ヘレンが二〇〇〇年に郵送した請求書の数は一九九七年より二五〇通も減り、売掛金の回収について心配する件数も二五〇件減った。

6　単発購入者に関する問題が解決

たいていの企業はリピート顧客の基盤を固めたいと考えるが、一度限りの購入者も悪いものではない。ただし、常連顧客に提示するディスカウントを単発購入者に提供しなくて済むなら、という条件がつく。問題は、単発購入者は獲得にコストがかかるし、売掛金の回収も困難になるという点だ。ウェブサイトを通じて顧客を獲得できるようになってからは、単発の購入者もきわめて安価に獲得可能になった。また、クレジットカードでの支払いか、代金先払いを規則にすることで、売掛金の回収にも困らなくなった。

データリンク社がウェブベース販売に移行したことによる利点は、おそらくほかにも指摘できるが、以上で大体の理解はしていただけたと思う。この変化は間違いなくあらゆる面で会社を強化した。しかも、アマゾンなどと違って、ストーン家のオンライン事業は利益率三二%を維持していたのである。

数字を追いかける

ストーン家は自宅での営業を続けたが、ビジネスは成長の一途をたどった。二〇〇一年にはボビーとヘレンの娘であるジェニファーが三人目の営業として入社。翌年の年間売上高は初めて二〇〇万ドルを超え、さらに上昇を続けた。二〇〇五年前後には、毎年必ず三〇〇万ドルを上回るようになっていた。

一方で夫婦は、数字を細かく追いかける作業もやめなかった。何か懸念点が見つかれば必ず私に電話をよこし、そのたびに会合の場を持つようにしていた。話し合いをして、その後に一緒に夕食を食べるか、食べてから話し合いをするというパターンがほとんどだ。あるとき、不穏な傾向と思われるものが見つかったのだけれど、と連絡があった。話によると、ここ五カ月の月間売上高が通常より二五%から三〇%低いというのだ。中でも「特殊な売上」——リピート購入ではなく、量が多く、利益率が低い売上のことだ——が、ほぼゼロになっているという。それはまさに、会社の規模が小さかった頃は決して受け入れてはいけないと私が諭していたタイプの売上だ。だが、ここ数年はそれが旨みのある収益源となっていたのである。

このタイプの売上がなぜ初期には危険なのか、なぜ事業が確立してからなら問題ないのか、少し言葉を重ねておくべきだろう。それはリスクと関係がある。顧客に対する信用枠を広げると、支払ってもらえないリスク、売ったものの原価と配達費用を自分でかぶるリスクが生じる。売上が多ければ多いほど、リスクも大きい。事業が存続力を持ち、内部的に発生するキャッシュフローで維持していけるようになるまでは、量が多く利幅の薄い売上を抱え込むのは、一般的に危険なことなのだ。三〇%の利益率で二五〇〇ドルの売上（粗利益七五〇ドル）だったとしたら、顧客が支払い前に倒産したり、何らかの理由で支払いを拒否した場合、こちらは一七五〇ドルを失う。一〇%の利益率で二万五〇〇〇ドルの売上（粗利益二五〇〇ドル）なら、失うのは二万二五〇〇ドルだ。一度に得られる粗利益の額が多いほうに惹かれてしまうのは当然のことだし、特にその取引が簡単そうに見える場合は強い誘惑を感じるだろうが、会社が存続力を確保するまでは、立ち上げ資本を宝石のように大切に守らなければならない。一度に大幅な損失を抱えるリスクをとる財政的余裕はない。その二万二五〇〇ドルが会社の生死を決めるかもしれないのだ。

だが、存続力を獲得してからは、全体の構図が変わる。赤字の可能性に無関心になっていいという意味ではない。大口の取引の場合はもちろんだが、顧客の信用照会をしておくことの重要性は変わらない。だが、仮に未払いを食らっても会社が破綻しないとわかっているのなら、量が多く利幅の薄い取引も多少は受け付けることができる。そのタイプの取引が全売上の中で高い割合を占めないように注意し、未払いで事業全体が揺るがされることのないよう気をつけなければならないだけだ。

データリンク社の場合、利益率の高い基幹事業がしっかりと成長していたので、量が多く利益率の低い売上も増やすことができた。おいしい取引だった。夫婦は月間損益計算書で、この「特殊取引」を独立した欄に記載し、注意深く見守ってきた。こうした取引の機会が生じるたびに、量が少なく利益率の高い通常の取引の動向を鑑み、それから支払い回収できる見込みを鑑みて、受け付けるかどうか判断していた。

そうして徐々に、この特殊取引のおかげで月間総売上高が二五万ドルから三〇万ドルとなる状態に慣れてしまっていたので、それがある月に大きく落ち込んだのを見て夫婦は心配になったのだ。だが、ひと月の落ち込みは異状とは言えない。二カ月以上続いたら、何が起こったのだろうと気にする。三カ月続いたら、「こちらアポロ13号、問題が発生した」という状態になる。ボビーとヘレンが私に会いにきたのは、すでにその時点が過ぎてからのことだった。

ヘレンが過去二、三カ月間の計算書を示して説明する。確かに特殊取引はゼロになっていた。

「なるほど。こうなった理由は？」と私が尋ねる。

「わからないんだ」とボビーが答えた。

「その答えが重要だ。おそらく何か間違いがあり、それを改善できるはずなんだから」

「どうやって見つければいい？」

「まずは、過去に特殊取引をした顧客に電話するといいだろう。どうして最近はご利用くださらないんですか、と聞いてみるんだ。その一方で、特殊取引が今後二度と発生しなかったらどうなるか、考えてみよう」

ヘレンが「そうなったら大変！」と言う。だが私は「いや、大変じゃない」と返した。

「事業はすこぶる良好だ。特殊取引がなくても、充分に儲けをあげている。だが、もし特殊取引を失ったら、きみたちはたぶん、また別の収入源を見つけようとするんじゃないかな」

説明する必要はなかった。二人が理解していたとおり、事業の〝本線〟が飽和点まで達していたのだ。基本の売上は四年か五年ほど横ばいの状態が続いていた。

「特殊取引の減少を調査するのと同時進行で、まだ試していない方向で拡大する道を検討してみるといい。そのうえでもう一度話し合おう」

二週間ほど経って再び顔を合わせたとき、ボビーとヘレンは、特殊取引がなくなった理由と思われるものが複数見つかったと報告した。一つは、その商品を提供する競合他社が増えていたことだ。それから、顧客はインターネットを通じて、安く大量に商品を買う別の手段を見つけていた。加えて、ある大手顧客が、以前に買った商品の一部が不良品だったと主張して、データリンク社からの購入をやめていた。結果的にはその主張は真実ではなかったのだが、顧客はもう注文しなくなってしまっていたのだ。「こうしたことを全部考慮に入れて、試合続行は可能だろうか？」と私は問いかけた。

二人には自信がなかった。特殊取引はインターネット経由で発生していたものだ。新たに生じるかどうかは予測できない。ストーン一家にできる最大の努力は、ウェブサイトを改善してチャンスを増やし、検索エンジンでの表示向上に努めるくらいだ。だが、二人の話によれば、追求できるチャンスはほかにもあった。数年前から銃器収納用のキャビネットとケースの販売を始めていたのだ。メインで使っている納入業者が、たまたまオフィス家具のほかに銃器用のキャビネットを製造しており、その業者に強く請われて商品に追加するようになった。先日その製造業者から、「データリンクは政府の一般調達局（ＧＳＡ）の認可業者ではないので、そのせいで取引のチャンスを逃している」と教えられた。そこですぐに申請書類を提出し、ＧＳＡの認可をとりつけ、地元警察やその他の政府機関との取引を可能にした。

「今のところ、ＧＳＡの取引で月に二、三〇〇〇ドルの売上が出ているの。平均売上高は例の特殊取引ほどではないし、粗利も低いんだけど、機会そのものはほぼ無限と言っていい状態なの」と、ヘレンは説明した。

私が「じゃあ、この先五年間に最大の収入源となりそうなのは？」と問いかけると、ボビーは「明らかにＧＳＡ関係だ」と答えた。ヘレンもうなずく。私も同感だった。特殊取引はほとんどが一回限りだった。別の商品すら一切注文しない場合もあった。それとは対照的に、政府機関との取引には、注文が繰り返されるポテンシャルがある。つまり、長期的にそこでビジネスを固めることができるのだ。事実、ＧＳＡ関連の売上はすぐに月間四万ドルを超えたし、ウェブサイトの改善に努めてからは特殊取引も多少は復活するようになってきた。

だが、このエピソードの中で私が最も嬉しかったのは、とるべき行動についてストーン夫婦が自分たちで答えを出せたことだった。ビジネスを理解していたからこそ、答えが出せた。数字をしっかりと把握し、それを活用して、会社にとって賢い判断を下したのである。

汝のビジネスを愛せ

ストーン夫婦との共同作業が二人にとって有益な経験となったことを願っているが、私にとっても実に得るものが多かった。特に今から話すエピソードは、すべてのビジネスパーソンが胸に刻むべきと思われる教訓を与えてくれた。きっかけは、一家がインターネットを販売のツールとして独創的に活用していたことだ。世界各地の顧客と関係性を広げていたのだが、そのうちの一社が、高品質なメディアストレージ・キャビネットを製造するカナダのメーカーだったことがわかった。偶然にもデータリンク社はそうしたキャビネットを販売していたのだが、アメリカの流通業者が高い価格を設定していたせいで、そのカナダの会社の商品を扱うことができなかった。

二〇〇二年春になって、ボビーは、カナダのメーカーが流通戦略を変更し、アメリカでの販売代理店になる会社を四社か五社ほど探しはじめたと耳にした。そこですぐさま先方の国際販売部長に電話をしたところ、候補会社の面接のため渡米する予定があるという。ボビーは候補リストにデータリンク社を加えてくれるよう頼んだ。販売部長は快く了承し、訪問する日時を約束した。

このとき先方の部長は、自分がどんな会社とかかわることになったのか、まったくわかっていなかった。彼が慣れていたのは、オフィスビルや工業団地に拠点を置く会社との取引だった。代理店候補の企業は、いずれも広々としたオフィスにモダンな家具や冷水器を備え、その他一般的な会社によくある装飾品のそろった環境で仕事をしていた。面会の約束をして訪問すると、まず受付で出迎えられ、いったんコーヒーがふるまわれてから改めて会議室に通され、そこでスーツ姿の人々と会うのが普通だったのである。

だから、ニューヨークのロングアイランドの中間所得層の住宅街で、ストーン一家の自宅の前に車を停めたときの部長がどう感じたか、読者にも想像していただけるだろう。玄関に出てきたヘレン・ストーンは、三歳の孫娘レベッカを腕に抱いていた。彼女が挨拶して夫を呼ぶと、ボビーが地下室からあがってきて、握手を求めた。そして客人を促して家の後ろ側へと移動する。裏に回ると、データリンク社の「地下本社」へとボビーが先導した。

地下室にはほとんど動き回るスペースがなかった。デスクと椅子、ファックス機、コンピュータ、ファイルキャビネット、収納ラック、出荷を待つ商品の箱で埋め尽くされている。ところがボビーはその惨状を何とも思っていなかった。彼にとって、それは単に成功の副作用だったのだ。一方カナダのメーカーの部長は、不信の念を抱いてあたりを見回した。散乱したものの隙間をぬうようにして、ボビーが狭くて急な階段に案内する。それを昇ると一階で、ボビーは客人を食卓の椅子に座らせた。そこが会議室というわけだったのだ。

「ほんとにショックを受けてたわよ」とヘレンはこのときのことを語っている。「『一体ここで何が起こってるんだ？』って感じの顔で私たちを見ていたわ。ボビーが話をしている後ろで、レベッカが踊りながらリビングルームを横切ったりして、私がレベッカを追いかけまわしたりしてるんだもの。少なくともボビーは短パン姿ではなかったんだけどね。こういうときのためのズボンとシャツを着ていたのよ」

「部長さんが一番知りたがったのは、僕たちのビジネスのやり方だった」とボビーは言った。「僕らの業績の数字が信じられないようだった。営業部も持たず、地下室で事業を経営しているということに、すごくびっくりしていたんだ。質問を百万個くらい浴びせられたよ」

ボビーは喜んですべての質問に答えた。ヘレンもそうだが、ボビーは自分たちの事業について語るのが本当に好きなのだ。彼らにとってビジネスとは、発見と挑戦と充実に満ちた冒険だった。備品の不足は高い処理能力でカバーしていたし、特に営業力は会社の規模の小ささを補ってあまりあるものだった。中でも、私が先に触れたように、インターネットを活用して昔ながらの営業プロセスを一新する方法を編み出していた。外回りに出て扉を叩いて歩くのではなく、インターネットで顧客のほうから連絡が来るようにしていた。どうやって検索結果で先頭に表示されるようにしているか。どうやってトレンドを見抜き、情報を活用し、展開すべき特別プロモーションを決めているか。いかに幅広く市場を開拓しているか。クレジットカード支払いの割合を増やして、いかに顧客が増えても売掛金をしっかり回収しているか、ボビーは営業部長に説明した。

打ち合わせは一時間半続いた。最後に、夫婦は客人を正面玄関から見送った。すると一週間後に電話があり、例の部長が「ぜひよろしく」と言ったのである。二十社ほどの会社を訪問し、最終的に五社を選んだと説明し、「あなたがたはきっと素晴らしい仕事をしてくれると確信しています」と告げた。

だが、真の経緯をストーン夫婦が知ったのは、翌年になってからのことだった。打ち合わせからちょうど一年が過ぎた頃、部長が電話をしてきて、市内まで来る用があるのでデータリンクの人々をディナーに招待したい、と言ってきた。今回は手順をわきまえていて、到着して車を停めると、家の裏に回り、地下室に続く扉をノックした。夫婦がそこで出迎えると、部長は、レストランに向かう前に数分だけ話がしたいと切り出した。

「前回お訪ねしたあと、私が作った書類を見ていただくべきでした」と、部長はリビングの椅子に腰を落ち着けて語り出した。

「こう書いたんです。『この会社は大きな成果を出すか、まったく出さないか、どちらかである。私にはどうなるかわからない』と。」

あのとき、カナダに戻ってから、部長はデータリンクに関する全情報を報告した。社内の面々はみな首を振りながら笑っていたという。ところが部長は、データリンクを流通業者に選ぶと宣言した。幹部たちはあっけにとられたが、彼は「自分が全責任を持つ」と告げた。ボビーとヘレン、そして二人がビジネスについて語る姿には、賭けてみる価値があると思わせる何かがあったのだ。その直感は正しかった。データリンクの初年度の売上高は、アメリカの流通業者として選んだほかの四社を大きく上回ったのである。

「あなたがたは、我々の期待を大きく超えてくださいました」と部長は述べ、取引関係を新たなレベルに発展させたいと話した。もっと幅広い商品の販売を始めてほしいのだという。夫婦は同意した。

この部長に、データリンク社とやって行こうと思わせたものは、一体なんだったのだろうか。ばかげた物言いに聞こえる危険は承知だが、私はそれを「愛」と呼びたい——具体的に言うなら、ボビーとヘレンが事業に対して寄せる愛情だ。彼らが事業について語るとき、そこに込められている熱い愛情は、意図してでっちあげられるものではない。そうした感情は心の底から湧き出てくるものなのだ。

私も、自分の事業に対して似たような気持ちを抱いている。我が社を訪れ、倉庫を見学する人々が目にするのは、とにかく箱ばかりだ。何十万という箱が、五六フィート（一七メートル）ほどの高さの天井までそびえたつ棚に、きれいに並べられている。だが、私が倉庫を回るときに見ているのは違う光景だ。私は、従業員と私とで一から築き上げてきた、見事なビジネスの姿を見ている。変な話に聞こえるかもしれないが、段ボールの匂いをかぐと、私は元気が出てくるのだ。

自分の仕事に対してそんなふうに感じない人が、成功する企業家になれるとは思えない。どんな仕事であれ、それが一番面白く、胸が躍り、その瞬間の自分が従事できる価値ある作業だと実感する必要がある。そうでなければ、従業員、顧客、投資家、その他誰でもこの会社にかかわりたいと思わせられるわけがない。棚に積んだ文書保管箱などつまらない、と私が思っていたとしたら、共に働く優れた人材を引きつけることもできなかっただろうし、ここで達成してきたことは実現不可能だっただろう。幸いなことに、私は当初から文書保管ビジネスのあらゆる側面に楽しさを見出していた。今でも、この施設を来訪者に見せるのが嬉しくてたまらない。そして、私の情熱には伝染性があると思う。情熱というのはそういうものなのだ。事実、真の熱意こそビジネスにおける最も強力な武器である。ストーン夫婦が示してくれたように、それがあれば多くの障害も乗り越えられるのだ。

こうした情熱には、事業構築には避けて通れぬさまざまな頭痛やトラブルを体験するだけの価値が充分にある。もしそれだけの気持ちがないのなら、おそらく別に追いかける対象を探したほうがいいだろう。人生は短いのだから、自分が打ち込めないものごとに自分と他人の時間を浪費するわけにはいかない。反対に、情熱さえあれば、企業家精神の意味、起業の意味を私と同じように考える日が来るだろう。

それは最高の旅路であり、人生で与えられた時間を費やす真に素晴らしい方法である、と。

▶ノームに聞け！

親愛なるノーム

私は韓国人の女性です。大学で社会学を専攻し、卒業後は雑誌記者になりました。その後、アメリカに２年滞在してウォートン（ペンシルベニア大学ウォートン・スクール）でMBAを取得し、韓国に戻りました。シティバンク・コリアで５年にわたってビジネスプランニングを手がけたのですが、刺激がなくなってしまって退社し、韓国の大手インターネット会社に入社しました。問題はここからなんです。夫が、ロサンゼルスで韓国人が立ち上げたばかりの企業の内定がとれました。私も一緒に行ってアメリカで自分の事業を始めたいと思うのですが、成功できるかどうかわかりません。コネもありませんし、知識もありませんし、言葉の壁も多少はあります。どう思いますか？

ジョンウォン

ジョンウォンへ

あなたは夢を追いかけるべきだ、と私は思います。私に言わせれば、成功とは特定の目標を実現することではなく、試してみる勇気を持つことです。もちろん成功する事業を構築したいと思うでしょうし、おそらくはできるでしょう。あなたがハンディキャップだと考えている要素は、昨今では簡単に克服できるものですよ。あなたの経歴を考えるに、言葉も人脈も問題ないでしょうし、これまでの経験も実に見事なものです。ですが、あなたが築く会社以上に大切なのは、あなたの送る人生です。夢があり、それを追わなかったら、あなたは永久に後悔しつづけるでしょう。

ノーム

まとめ——真の「損益」を決めるポイント

❶ 新しく営業担当者を雇うときは、その雇用にまつわるコストを埋めるだけの生産性があがるまで持ちこたえられるよう、最高一年間分の備えをしておくこと。

❷ 営業担当者に優れた売上をあげてほしいのなら、事業が利益を出す構造を理解させること。

❸ 数字を慎重に見守り、何か変化があったときは、理由をつきとめること。理由は必ずある。

❹ 情熱こそ、ビジネスを生かす力である。情熱を惜しんではいけない。

謝辞

本書が生まれるきっかけとなったのは、私たち（ノーム・ブロドスキーとボー・バーリンガム）が一九九五年から『インク』誌で連載していたコラム、「ストリート・スマート」である。そこで書いた内容と、連載にあたって行なった調査が、本書に多くの素材を提供してくれた。雑誌で取り上げたエピソードを本書に転載する許可をくださった皆さんに、心からのお礼を申し上げたい。雑誌読者から寄せられた反響を鑑みるに、こうしたエピソードは多くの人々の企業家人生に多大な影響を与えたようだ。雑誌読者にも（特に、ドクター・フィリップ・レオポルド、あなたに）感謝している。見解、コメント、質問、エピソード、励ましの言葉、思慮に満ちた批評の数々をいただいた。残念ながら送られてきたEメールのすべてに返信することはできなかったが、すべてに目は通しているし、それぞれに感謝している。

『インク』誌編集部の方々には、十四年間にわたって心強いサポートをしていただいた。特に歴代編集長の三人には厚くお礼を述べたい。最初の七年間に私たちを指導してくれたジョージ・ジャンドロン。その後を引き継いでくれたジョン・コテン。つねに我々を励ましインスピレーションを与えてくれたジェーン・ベレンソン。それからコラムの進行を手伝ってくれたジェフ・セグリンと、同じくコラムを支えてくれたナンシー・ライアンズ、マイケル・ホプキンス、イヴリン・ロス、カレン・ディロン。ローレン・フェルドマンには、その卓越した編集能力に七年間にわたって助けられた。私たちの記事の中でも、最も出来がよかった記事の何本かは、彼の見解、考察、提案を直接的に反映したものだ。もちろん、このような意見発信の場を生み出した『インク』誌創立者、今は亡きバーニー・ゴールドハーシュには、特別の謝意を捧げたい。現在の経営者として、この素晴らしき媒体を維持してくれているジョー・マンスエートにもお礼を申し上げる。

加えて、『インク』誌の発行全般と、特に私たちのコラムに対して尽力してくださった――今も同誌を支えている――社員の方々にも感謝している。広告ディレクター、写真エディター、発行人、副編集長や編集主任、編集主幹、制作マネージャー、校正・校閲者、コピーライター、編集アシスタント、広告販売担当者、流通責任者、イベントマネージャー、マーケティング部長などなど、何十人もの人たちにサポートしてもらった。お一人ずつ名前を挙げたいところだが、そのためには過去十四年間に発行された全『インク』誌の奥付を網羅することになってしまうし、うっかり誰かを書き漏らしてしまうかもしれない。そのため、こうした形でお礼を述べることをお許しいただければと思っている。

それから、シティ・ストレージと、USドキュメント・セキュリティで働くすべての人々に、感謝の気持ちを伝えたい。彼らは本書と私たちの人生に大きな役割を果たしてくれている。特にお礼を述べたい人々は以下のとおり――ブラッド・クリントン、ピーター・ガンダーソン、マイク・ハーパー、ブルース・ハワード、シェリー・ジェームズ、サム・カプラン、ノエル・キーティング、パティ・ライトフット、パティ・カンナー・ポスト、ルイス・ウェイナー、そしてもちろん、エレーン・ブロドスキー。

ペンギン社ポートフォリオ部門の創業者兼発行人で、私たちに本書の執筆を提案してくれたエイドリアン・ザックハイムにも、お礼を申し上げる。同じくペンギン社のウィル・ウィーザーは、膨大なマーケティング知識を活用して、本書のコンセプトの精度を高めてくれた。ペンギン・ポートフォリオのチーム――フランチェスカ・ベレンンジャー、コートニー・ノービレ、ジョー・ペレイス、コートニー・ヤング――は、いつも素晴らしい仕事をしてくれた。

そうそう、私たちの出版エージェントであるジル・ニーリムを忘れるわけにはいかない。彼女は本当に最高だ。十年前に彼女のオフィスで初めて顔を合わせて以来、決してサポートを惜しむことなく、アドバイスはつねに的確で、私たちのために疲れを知らぬ尽力をしてくれた。ボストンの弁護士事務所フィッシュ&リチャードソン内にあるエージェンシー、ニーリム&ウィリアムズの面々、特にホープ・ディーンケンプとカーラ・クレン、ジュディ・シーの協力もありがたかった。

本書を読んでくださった方なら推測がつくように、筆者である私たちは、二人とも事業計画の前に人生計画ありきだと強く信じている。私たちの人生計画の中心にあるのは家族であり、家族の存在がなければ私たちなど無力だ。だから、エレーン・ブロドスキーとベス・ブロドスキー、レイチェル・ルナとアダム・ルナ、バーリンガム家のリサ、ジェイク、マリア、オーウェン、スカーレット、それからケイト・バーリンガム・ナイトレーとマット・ナイトレーに、心からの感謝を捧げる。

ノーム・ブロドスキー
ボー・バーリンガム

訳者あとがき

「有機的成長」という言葉がある。ビジネスの文脈で用いられる場合、それは企業が買収ではなく内部的な力で拡大していくことを意味するが、本書を読んでいると、そこに「体」を補って「有機体」と表現したい気持ちになる。著者も言うように、ビジネスはまるで生き物だ。ひとりでに育つわけではないし、計画どおりの道を歩むわけでもない。だが一つ確かなのは、その生き物の長期的な成長をつねに視野に入れ、しっかりと向かい合って愛情をこめて育てていかなければならない、という点ではないか。そして、その過程で親（経営者）も多くを学び、成長していくのではないだろうか。

本書の主たる対象読者は、起業を志す人々、個人事業主を含む企業経営者といった人々であろう。だが、経営に関与しない立場であっても、何かの仕事をしている人全員に、ぜひ本書を読んでいただきたいと思う。利益はどうやって生まれるのか。ビジネスが存続し軌道に乗るためには何が必要か。コストはなぜ削減すべきなのか。なぜ顧客や業者や同僚を大切にすべきなのか。こういったことを理解して自覚的に仕事に臨むことができれば、目的意識も、やりがいも、おそらく成果も大きく変わってくるはずだ。そして起業とビジネスの意味を著者と同じふうに考えるようになるに違いない。

最後に、丁寧にご指導くださったアメリカン・ブック&シネマの芝崎章氏、トランネットの渡部有希氏、推敲段階で力を貸してくださった翻訳家の夏目大氏に、訳者より厚くお礼を申し上げたい。

上原裕美子

著者
ノーム・ブロドスキー（Norm Brodsky）
シティ・ストレージほか7つの事業を立ち上げた企業家。インク500で三度も優秀性を認められている。1995年からボー・バーリンガムと共にインク誌でコラムの連載を始めた。ニューヨークのブルックリン在住。

ボー・バーリンガム（Bo Burlingham）
インク誌の総合監修を務める編集者。ジャック・スタックとの共著で『グレート・ゲーム・オブ・ビジネス　社員の能力をフルに引き出す最強のマネジメント』（楡井浩一訳、徳間書店、2002年）と、著書『Small Giants　事業拡大以上の価値を見出した14の企業』（上原裕美子訳、アメリカン・ブック＆シネマ、2008年）がある。『Small Giants』は、フィナンシャル・タイムズ紙およびゴールドマン・サックスのビジネス・ブック・オブ・ザ・イヤーの最終選考に残った。マサチューセッツ州ケンブリッジ在住。

訳者
上原裕美子（Uehara, Yumiko）
1976年東京生まれ、筑波大学第二学群比較文化学類卒業。2005年より翻訳者として独立。ビジネス、マーケティング関連から、映画、エッセイなど様々な分野を手がける。最近の訳書に『Small Giants　事業拡大以上の価値を見出した14の企業』（アメリカン・ブック＆シネマ）、『エコがお金を生む経営』（PHP研究所）、『キャメロン・ディアス　Forever Girl』（ブルース・インターアクションズ）などがある。

THE KNACK
HOW STREET-SMART ENTREPRENEURS LEARN TO HANDLE WHATEVER COMES UP

経営の才覚
——創業期に必ず直面する試練と解決

発行日	2009年11月15日　第1版　第1刷
著　者	ノーム・ブロドスキー ボー・バーリンガム
訳　者	上原裕美子（株式会社トランネット）
発行人	出張　勝也
発　行	株式会社アメリカン・ブック＆シネマ 東京都千代田区丸の内3-3-1　新東京ビルB1 電話 03-5293-1888（代表）FAX 03-5293-1887
発　売	英治出版株式会社 東京都渋谷区恵比寿南1-9-12　ピトレスクビル4F 電話 03-5773-0193　FAX 03-5773-0194
装　幀	柿木原　政広　10.inc.
編　集	芝崎　章
編集協力	株式会社インスクリプト
印刷製本	中央精版印刷株式会社

［検印廃止］ISBN 978-4-903825-05-2

株式会社アメリカン・ブック&シネマの出版事業を始めるにあたって

二十世紀、世界のリーダーとなったアメリカは、さまざまな課題をかかえつつも、二十一世紀においても、政治、経済、文化、エンターテインメント、スポーツなどの各分野で世界のリーダーとして存在しつづけるのではないかと、私は考えています。アメリカが建国以来の「フロンティア精神」「未知の世界への挑戦」「自由な世界を創造していこうとする躍動的精神」を維持することができる限り。

日本とアメリカは、国の成り立ち、理念に対する取り組み姿勢において、非常に好対照な組み合わせです。それがゆえに、とかく閉塞的な状態に陥りがちな日本にとって、アメリカは唯一ではありませんが、非常に重要な「鏡」のひとつでありつづけるでしょう。

アメリカン・ブック&シネマでは、アメリカ発、あるいはアメリカ経由のユニークな書籍や映像作品を日本にご紹介して行きます。決して多数の作品を取り扱うことはありませんが、一つひとつの作品との出会いを大切にして行きます。

二十一世紀、われわれはインターネットの時代に生きています。出版事業を一つの柱としつつ、インターネットの双方向性、同時性、直接性を生かしながら、グローバル化する世界の動きに積極的に参加していこうとする人たちのコミュニティ作りを目指します。日本だけでなく、世界各地の人々が参加するコミュニティができあがることが、私たちの夢です。

アメリカン・ブック&シネマ　発行人　出張勝也